姚期 —— 著

教育管理行为逻辑 20 论

 上海科学技术文献出版社
Shanghai Scientific and Technological Literature Press

图书在版编目（CIP）数据

教育管理行为逻辑20论 / 姚期著 . —上海：上海科学技术文献出版社，2021
ISBN 978-7-5439-8357-1

Ⅰ．①教… Ⅱ．①姚… Ⅲ．①教育管理—逻辑学 Ⅳ．① G40-058

中国版本图书馆 CIP 数据核字 (2021) 第 131576 号

责任编辑：祝静怡
封面设计：袁　力

教育管理行为逻辑 20 论
JIAOYU GUANLI XINGWEI LUOJI 20 LUN
姚　期　著
出版发行：上海科学技术文献出版社
地　　址：上海市长乐路 746 号
邮政编码：200040
经　　销：全国新华书店
印　　刷：常熟市文化印刷有限公司
开　　本：720mm×1000mm　1/16
印　　张：19.25
字　　数：232 000
版　　次：2022 年 1 月第 1 版　2022 年 1 月第 1 次印刷
书　　号：ISBN 978-7-5439-8357-1
定　　价：85.00 元

http://www.sstlp.com

 # 前　言

　　进入新时代以来,党和国家密集、持续、系统地出台了一系列旨在适应新时代我国经济社会发展的教育制度和体系政策措施,涉及教育领域各个方面。其中,最为根本的是围绕"培养什么人、怎样培养人、为谁培养人"这一根本性的问题,进行了新时代的解读。正如习近平总书记在全国教育大会上讲话所强调的:"培养什么人,是教育的首要问题。我国是中国共产党领导的社会主义国家,这就决定了我们的教育必须把培养社会主义建设者和接班人作为根本任务,培养一代又一代拥护中国共产党领导和我国社会主义制度、立志为中国特色社会主义奋斗终身的有用人才。这是教育工作的根本任务,也是教育现代化的方向目标。"[①]回答了"培养什么人"和"为谁培养人"的问题后,另一个重要的问题就是"怎么培养人",习近平总书记进一步指出:"要努力构建德智体美劳全面培养的教育体系,形成更高水平的人才培养体系。要把立德树人融入思想道德教育、文化知识教育、社会实践教育各环节,贯穿基础教育、职业教育、高等教育各领域,学科体系、教学体系、教材体系、管理体系要围绕这个目标来

---

① 习近平.坚持中国特色社会主义教育发展道路　培养德智体美劳全面发展的社会主义建设者和接班人[EB/OL]. http://edu.people.com.cn/n1/2018/0911/c1053-30286253.html.

设计,教师要围绕这个目标来教,学生要围绕这个目标来学。凡是不利于实现这个目标的做法都要坚决改过来。"①

为深入贯彻习近平总书记重要讲话精神,落实立德树人根本任务,2019年6月,中共中央、国务院颁发《关于深化教育教学改革全面提高义务教育质量的意见》(以下简称《意见》),明确提出"'五育'并举"的基本要求。具体而言,就是坚持突出德育实效,提升智育水平,强化体育锻炼,增强美育熏陶,加强劳动教育。② 这里虽然没有明确提出"五育"中存在的问题,但是《意见》本身的颁发实际上就意味着,在当下中小学教育中"五育"是割裂的。或者更具体地说,我们的德育是停留在文本上的,智育水平是较低的,体育锻炼是不充分的,美育是技术性的,劳动教育是不够的。更进一步,它还表明不同"育"之间在水平、维度和程度上也是不一致的,有的是被忽视的,有的是被弱化的,有的是被排斥的。

那么,为什么会出现"五育"割裂或是偏重某一"育"的状况呢?这个问题在中国不仅有着深刻的历史和文化根源,也与我们当下所建构的教育评价体系有关。在这个效率主导的时代,几乎所有人都把目光投向学业成绩这把悬在所有人头上的"达摩克利斯之剑"上,一个学生是不是"好学生",有没有可能上大学,能否顺利通过各个阶段的学习进入我国学制顶端,进而在将来获得某种可能的收益等等,都被"算计"和"捆绑"在学业成绩上。以至于在很长一段时间里,人们干脆就把"成绩"等同于"智育",乃至与学生的"智力"画等号,然后

---

① 习近平. 坚持中国特色社会主义教育发展道路 培养德智体美劳全面发展的社会主义建设者和接班人[EB/OL]. http://edu.people.com.cn/n1/2018/0911/c1053-30286253.html.

② 中共中央、国务院关于深化教育教学改革全面提高义务教育质量的意见[EB/OL]. http://www.moe.gov.cn/jyb_xxgk/moe_1777/moe_1778/201907/t20190708_389416.html.

无论是政府、学校还是教师、家长,都倾注一切力量"用"之于"智育",消除一切不利于提升"智育"水平的因素。这种状况在今天依然占据很大市场,这并不是过高的估计,但确也是迫不得已的无奈。

作为教育基层工作者,我们也会面临很多困惑,乃至痛心。一方面,我国的基础教育在世界上享有很好的声望,特别是上海在国际学生评估项目(PISA)测试中几次获得全球第一的好成绩;另一方面,我国在高端人才及其培养上却"乏善可陈",鲜有标志性的或是成批的突出成果。而日本,他们虽然在PISA测试中表现没有那么亮眼,但进入21世纪后的18年里共有18人获得诺贝尔奖最受重视的自然科学领域三大奖,如此抢眼的成就引起国际社会的高度关注。这就表明我们现在的教育存在一个很大的误区。"五育"并举提供了一种思路,让我们重新思考教育的一些原初性的问题:我们对人的想象究竟是什么?如何能够达至这一目的?

如果把人的一生比作跑道的话,那么每个人的一生中一定会有多条跑道,而最主要的跑道应该是五条,即习近平总书记所强调的那样,"德智体美劳全面发展"。从教育的立场看,五条跑道一条都不能少,每个学生都不能输在起跑线上,这才是全面发展的教育观。德智体美劳这五条跑道,每条跑道都有一个起跑线,但是这五个起跑线的位置其实是不同的。比如我们最为关注的"智育",无论从人的身心发展规律来说,还是从教育教学的规律来说,最佳的"起跑线"应该是六周岁左右。又如"劳动教育"这条跑道,它的起跑线至少应该在三岁以前,自己学吃饭,学着整理自己的玩具,学着自己穿衣服、扣纽扣、系鞋带等等,都算劳动。"体育"的起跑线其实从出生后就开始了……德育、美育的情况也大同小异。"五道"并重的意义在于,它让人的各种基本素质与能力尽可能多方面地和谐发展,不是扼杀个性,而是为个性发展奠定正当而厚实的基础。

在此意义上，可以认为，"五育"并举并非只是一个宣传"口号"或政策"话语"，而是一种育人理念、育人方针、育人过程、育人实践。我们虽然不能准确界定"五育"并举的内涵，但是我们都知道什么不是"五育"并举。譬如，当社会中充斥着各种培优和成功学的时候，我们应该保持绝对的清醒；当家长都被"不能让孩子输在起跑线上"所"绑架"时，我们应该坚信教育的力量；当政府部门视"成绩"为"政绩"时，我们应该坚守教育的内在价值。我们要真正摒弃教育各种外在的功用或观念，静下心来思考教育的内在价值，去寻求教育的内在规律和要求，公平而合理地为每一位学生提供属于自己的"五条跑道"，成为一个"德智体美劳全面发展"的人。

本书的论述以"五条跑道"为基本指导思想，结合长期以来的教育实践经验，尝试以"论"的形式，分主题呈现我们在这些教育议题上的思考。首先，教育实践变革需要教育理论的滋养和教育政策的指导。在教育改革和实践中，既要关注国家层面改革的宏观背景，也要能够将日常的教育教学实践与这一宏观背景有机结合，在这个过程中，教育实践工作者的转化和生成作用至关重要。"适应论""木桶论""苹果论"和"汉堡论"正是着眼教育变革中"价值"的因素，主要探讨了教育变革中的价值取向、培养人的体系、"三维目标"以及处理问题的逻辑等问题。其次，教育实践变革是"人"的实践。特别是作为学校"一把手"的校长和作为课程"转化者"的教师，他们的作用不可或缺。"功臣论""阶梯论""礼仪论""机智论"聚焦教育变革中"人"的因素，探讨了优秀校长的成长之路，校长的个人魅力和管理品质，教师专业发展等问题。再次，教育实践变革是以学校为中心的变革。学校作为教育变革的"细胞"，是呈现教育政策成果的基本单位，任何教育变革最终都应该在学校中得以展现。因此，"蜕变论""动车论""伙伴论""标准论""体检论"以学校为中心探讨了学校治理改革、家

前 言

校社合作、学校文化和学校标准建设等问题。在新时代,学校要从传统的管理走向治理,这就要求学校领导在治理过程中转变管理理念与方式,体现多方参与协调、多元治理。一方面,尤处在教育发展的大变革背景之下,学校领导要保持蜕变思想,顺应时代发展趋势,引领学校变革。另一方面,要重视多主体在学校治理中的能力与作用,既突出功臣校长领导作用的发挥,强调教师人才梯队建设,还要发挥家长作用,重视家校伙伴关系的形成,促进学校的发展如同动车一样快速平稳、科学高效。最后,教育实践变革最终目标是促进学生的成长,这也是教育实践变革正当性的来源。要促进每个孩子都能在五条跑道上进步,就要抓住学校的核心工作,推动课程、教学和育人方式的全面变革。"食育论""鱼论""金牌论""小美论""生源论""学思论"重点呈现了"以学生为中心"和"以学习为中心"的学校基本架构。

这些思考既是经验总结,也提供了一种借鉴的可能。在探索"培养什么人、怎样培养人、为谁培养人"的具体实践中,这些思考和经验或许可以提供一个正当而厚实的基础。着眼未来,我们更坚信,在"五育"并举的教育改革和实践中,我们一定会寻得并营造教育变革的新生态。

目 录

第一章 适应论 001
  一、"适应"也是一种变革 001
    (一)"适应"时代需要 002
    (二)"适应"教师需求 003
    (三)"适应"学生需要 004
  二、"适应论"的学理辩护 005
    (一)培养人要因势利导 005
    (二)教育要因势而动 007
  三、"适应论"的长宁实践 008
    (一)建立适应时代变化的教育转型观 008
    (二)建立适应发展需求的教师发展观 010
    (三)建立以学生为中心的学生发展观 013

第二章 木桶论 016
  一、让学生各方面都得到发展 016
    (一)"五育融合",促进学生全面发展 016
    (二)因材施教,实现学生个性化发展 018
    (三)扬长避短,实现学生最大化发展 019

二、"木桶论"的政策与理论基础 　　　　　　　　019
　　（一）"五育融合"改革的必然要求 　　　　　019
　　（二）学生个性化发展的必然诉求 　　　　　021
三、长宁经验与实践探索 　　　　　　　　　　　024
　　（一）树立以人为本的基础教育观 　　　　　024
　　（二）推进"新优质学校"项目 　　　　　　　025
　　（三）注重教育优质均衡发展 　　　　　　　026
　　（四）坚持因材施教的教学观 　　　　　　　027
　　（五）建立学生综合素质评价体系 　　　　　030

第三章　苹果论　　　　　　　　　　　　　　　　033
一、为学生提供多种教育"营养" 　　　　　　　034
　　（一）聚焦"三维目标" 　　　　　　　　　　034
　　（二）培养"完整的人" 　　　　　　　　　　035
　　（三）关注学生终身发展 　　　　　　　　　036
二、"苹果论"的理论建构 　　　　　　　　　　037
　　（一）人的培养的必然需求 　　　　　　　　037
　　（二）新课程改革的新要求 　　　　　　　　038
三、"苹果论"的长宁实践 　　　　　　　　　　039
　　（一）以"三维目标"统整课程体系建设 　　040
　　（二）以校本课程建设助力学生全面发展 　　041
　　（三）以"改课"为中心推进学生终身发展 　　043

第四章　逻辑论　　　　　　　　　　　　　　　　046
一、教育变革要遵循"逻辑"秩序 　　　　　　　047
　　（一）起点逻辑 　　　　　　　　　　　　　047

（二）行为逻辑　　048
　　（三）策略逻辑　　049
　　（四）表达逻辑　　049
二、"逻辑论"的内在价值　　050
　　（一）遵照"逻辑"是推进宏观教育变革的必要前提　　050
　　（二）顺应"逻辑"是推进区域教育实践的必要基础　　051
三、"逻辑论"的长宁实践　　051
　　（一）培养全面发展的快乐学生　　052
　　（二）打造适应时需的教师队伍　　053
　　（三）建设优质特色的学校文化　　054

第五章　功臣论　　056

一、"功臣"校长的卓越品质　　056
二、培养优秀校长是教育大计　　059
　　（一）政府对校长队伍建设的现实要求　　059
　　（二）推动区域教育改革和发展的现实诉求　　059
　　（三）人民群众对优质教育资源的迫切需求　　060
三、培养"功臣"校长的长宁实践　　060
　　（一）创新校长培养理念　　061
　　（二）整合培训资源　　062
　　（三）拓展多种学习资源　　062
　　（四）构建个性化培养体系　　063
　　（五）搭建发挥示范引领作用平台　　064
四、长宁区推动"双百工程"　　064

（一）长思远虑谋发展　　065
（二）宁缺毋滥举优才　　067

第六章　阶梯论　　069

一、为教师专业发展搭建"阶梯"　　070
（一）教师专业发展的逻辑起点　　070
（二）教师专业发展是对"人"的教育　　071
（三）教师专业发展是对"被教育者"的服务　　071

二、教师专业发展理论　　072

三、教师专业发展基础与实现路径　　073
（一）教师专业发展的基础　　073
（二）教师专业发展的阶段　　075
（三）教师专业发展的实现策略　　078

四、长宁教师专业发展区域探索　　080
（一）完善区域基础教育教师专业发展的序列　　081
（二）完善区域基础教育教师专业发展的途径　　083
（三）搭设服务平台，促进教师专业发展　　085

第七章　礼仪论　　091

一、"礼仪"是校长的必备品格　　092
（一）"礼仪"作为校长的个性品质　　092
（二）"礼仪"作为校长的管理理念　　093

二、"礼仪论"的理论思考　　094
（一）校长成为"有礼"的教育主体　　094
（二）国家对于校长的"礼仪"规范　　094

三、"礼仪论"的长宁实践　　096

目　录

　　（一）培养校长的"党性"和"德性"　　096
　　（二）提高校长队伍的专业素养　　098
　　（三）引导校长规范约束自我言行　　099

第八章　蜕变论　　101

一、立足学校变革推进区域教育均衡发展　　102
　　（一）为学校配置规范的要素资源，实现区域
　　　　教育系统基础均衡　　102
　　（二）利用项目引领学校改革创新，在基础均衡
　　　　中开发优质资源　　103
　　（三）创新机制促进学校内生活力，追求新时期的
　　　　区域优质均衡　　104

二、学校变革与学校发展　　106
　　（一）学校变革的过程　　106
　　（二）学校变革文化的发展路径　　109
　　（三）推进学校变革与发展的策略　　110

三、学校变革的长宁实践　　112
　　（一）推进"新优质学校"项目，注重教育的人本
　　　　价值回归　　112
　　（二）注重教育优质均衡发展　　113

第九章　动车论　　115

一、学校是新时代教育改革的"动车"　　116
　　（一）学校内部的共治　　116
　　（二）学校内部的共建　　117
　　（三）学校内部的共享　　118

二、"动车论"的理论基础   119
  （一）学校从"管理"走向"治理"是必然趋势   119
  （二）学校治理是国家治理现代化的重要内容   120

三、"动车论"的长宁实践   122
  （一）注重学校文化建设   122
  （二）关注学校结构优化   124
  （三）促进区域教育优化   127

第十章 伙伴论   129

一、家、校、社要建立"伙伴"关系   129
  （一）推进"家、校、社"协同育人建设走向新常态   129
  （二）把握"家校共育"制度化、课程化新动态   130
  （三）推动有效的"家校合作"，建构教育新生态   130

二、政策引领与实践要求   131
  （一）建立家长委员会   131
  （二）拓展家校合作的范畴   132
  （三）建立家长学校   133

三、长宁经验与实践探索   134
  （一）构建家、校、社"三位一体"德育体系   134
  （二）推行"3＋X"计划，实现"家校共育"   138

第十一章 食育论   141
  一、"食育"提出的背景   141
  二、以"食堂工程"建设推进食育   143
  三、长宁区中小学的"食堂工程"   145

目录

第十二章 鱼论 153
- 一、教育要聚焦儿童经验 153
  - （一）教育即生活 153
  - （二）兴趣引导学生经验的更新 155
- 二、改革要着眼核心素养 158
- 三、教育与生活 160

第十三章 金牌论 165
- 一、课程建设是学校的"金牌" 165
  - （一）学校要建构完备的课程体系 166
  - （二）学校要开发凸显特色的校本课程 166
  - （三）学校要形成独特的课程文化 167
- 二、政策导向与理论基础 168
  - （一）新课程改革赋予了学校课程自主权 168
  - （二）学生核心素养的培育需要课程保障 169
  - （三）学校变革需要课程支撑 171
- 三、长宁经验和实践探索 172
  - （一）构建多元化课程体系 172
  - （二）加强学校特色课程建设 177
  - （三）促进学校品牌文化建设 178

第十四章 小美论 182
- 一、课程实施要标准化和体系化 183
  - （一）完善课程实施的制度建设 183
  - （二）以课程为载体推进教师合作 184

（三）加强教研组建设　　184

二、"小美论"的理论基础　　185
　　（一）深化课程体系结构改革的要求　　185
　　（二）新课程改革提倡教师合作　　187
　　（三）新课程改革倡导教研组转型发展　　188

三、长宁经验和实践探索　　189
　　（一）强化学校的课程改革意识　　189
　　（二）建立体系化的学校课程制度　　191
　　（三）赋权学校校本课程建设　　195
　　（四）以课程为载体的教师合作　　198
　　（五）加强教研组建设　　199

第十五章　生源论　　202

一、优质与均衡的导向　　202
　　（一）依法治教的需要　　203
　　（二）走向优质的保障　　204
　　（三）我们的理念和实践　　205

二、关注学生成长，学生经验的获得　　206
　　（一）聚焦教育转型性变革　　207
　　（二）关注学生健康成长　　209

三、快乐教育　　209
　　（一）快乐教育的内涵及特点　　212
　　（二）快乐教育的传统　　214
　　（三）快乐教育概念和基本信念　　215

四、打造学生乐学，教师乐教的快乐课堂　　218
　　（一）快乐地学　　219

（二）快乐地教　　219
　　（三）快乐成长　　222

第十六章　汉堡论　　225
一、教育改革要坚持价值领导　　225
　　（一）教育内容要体现个性化、有选择　　228
　　（二）教育方式要体现更适合、可操作　　228
　　（三）教育形式要体现有意义、有意思　　229
　　（四）教育转型要体现顺天性、得尊重　　229
二、分学段教育教学改革　　230
　　（一）系统推进区域素质教育综合改革　　230
　　（二）完善区域教育质量评价体系　　231
　　（三）办好群众家门口的好学校　　231
　　（四）促进区域教育教学质量整体提升　　232
　　（五）提高终身教育的受益面和有效性　　233

第十七章　标准论　　234
一、建立义务教育优质学校办学标准的意义　　235
　　（一）发掘学校办学优势　　235
　　（二）建设学校合作能力　　235
　　（三）促进公平和提升质量　　236
二、义务教育优质学校办学标准的内涵　　237
　　（一）生成性的办学理念　　237
　　（二）追求优质的课程教学　　237
　　（三）充满活力的内部管理　　238
　　（四）高支持性的外部环境　　238

三、优质学校办学标准制定的方法论 240
　（一）要兼具国际视野和本土经验 241
　（二）要上下合作 242
　（三）要多元主体的共同参与 242
　（四）要配套政策的协同治理 243
四、实现优质均衡教育的长宁探索 243
　（一）创新发展，探索区校合作办学 243
　（二）协调发展，推进"三好两优"
　　　系统工程 244
　（三）绿色发展，建构良好教育生态 245
　（四）开放发展，促进基础教育
　　　多样化 245
　（五）共享发展，完善组群发展机制 246
　（六）推进学校文化品牌形象建设 247
　（七）推进教育品牌项目建设 250

第十八章 ● 学思论 251
一、课堂教学的质量评价标准 251
　（一）体现以促进人的发展为根本宗旨的教学
　　　目标 252
　（二）科学合理的教学内容 252
　（三）学生主动学习的教学策略和方法 253
二、课堂教学质量监控的现实困境 254
三、质量监控的长宁实践 257
　（一）指向"三个指数"的学生评价 257
　（二）坚定实施作业质量监测观 258

第十九章 体检论 — 264

一、"体检"是教育评价的重要方式 — 265
  （一）指向学生的"三个指数"建设 — 265
  （二）指向学校的内部评价体系建设 — 266

二、"体检论"的学理基础 — 268
  （一）"以评促改"是教育发展的常态需要 — 268
  （二）"评价改革"是提高教育治理能力和水平的关键 — 269

三、"体检论"的长宁实践 — 270
  （一）指向"三个指数"的学生评价 — 270
  （二）聚焦党员教师专业发展评价 — 272
  （三）注重区域教育评价体系建设 — 273

第二十章 机智论 — 275

一、重视家校合作，共同育人 — 275
二、加大行政推动的力度，激活基层 — 280
三、加强自我管理意识，不断提升工作能力 — 282

后记 — 285

教育发展要遵循规律,这是一种常识。规律的遵循是原则,而适应才是关键。因为适应其实就是基于规律的融合过程。通常,人们往往会认为,"适应"总是被动接受的、个性缺失的和鲜有创造的。实际上,"适应"本身也是一种创新,特别对教育发展而言,要适应学生身心发展规律、教育教学规律和经济社会发展的规律。

第一章 适应论

英国文学家查尔斯·狄更斯在《双城记》中讲出了一句传世的佳语:"这是最好的时代,也是最坏的时代。"而身处于这个时代的个体与群体,面对社会发展大势,在无力改变或者不需要改变的情境中所要做的就是"适应"。英国生物学家达尔文的《进化论》提出:"物竞天择,适者生存。"这里的"适者"很大程度上就是能够适应自身所在环境的存在。这是一个前所未有的大变革时代,无论是哪个领域、哪个行业,都需要适时做出改变,进而适应时势,谋求变革、改进与发展。当然,教育领域也不例外。正是在这样的背景下,上海市长宁区针对国家不同时期发展的形势变化以及本区教育发展的实际需求,不断在社会发展进程中调整自身教育发展战略和方法,以提高本区教育发展的持久力。

一、"适应"也是一种变革

"变革"是一个时代热词,身处各个领域的主体都要适应这变化

的时代、变化的社会。从社会变化和时代发展的角度看,未来"变革"将不仅是生活中的一段插曲,而是生活的主旋律,生命将不仅是一种存在,而是被人们视为不断变化的过程①。在这样的背景下,教育改革要因时而变,"适应"不断变化的教育情境。

(一)"适应"时代需要

教育是社会的重要子系统,社会的变化会引起教育的变化,也决定了教育变化的内容和尺度。正如有论者所强调的:"教育绝非置身于真空,而是存在于社会之中","教育本身是一个复杂的大型场域,而教育置身于其中的社会则更是一个不知要复杂多少倍的'巨型场域',是一个极为复杂的场域之网"②。因此,社会在变化,教育也要随之发生变化,适应这个变化的社会以及教育发展处在的特殊环境,是区域教育改革与发展必须要做的选择。在这样的背景下,"适应"时代需要是"适应论"内涵的关键维度。近年来长宁教育开创了走在全市中心城区前列的新局面,而转型发展的教育需要长宁不断地反思,反思长宁的教育理念是否合乎教育规律,是否顺应孩子们发展的天性;反思长宁提供给孩子们的教育内容是否丰富多彩,是否让孩子们学得兴致盎然,是否能带领他们认识社会,掌握科学知识。对于这些问题的反思,实际上就是在反省长宁教育是否符合社会发展规律,是否适应现如今区域教育发展对于长宁教育的期许。

教育是社会的关键子系统,"适应"时局需要才能得到充分肯定、才能得以长久维系。为此,在长宁的教育转型发展中,我们始终坚持了三个原则:一是更适合的教育,教师要因材施教,学校要办出特色,学生要多样发展。二是可选择的教育,学校要提供可选择的课

---

① 于永华.树立以学生为主体的教育管理观[J].安徽工业大学学报(社会科学版),2004(3):88—90.
② 吴康宁.教育究竟是什么:教育与社会的关系再审思[J].教育研究,2016(8):4—12.

程,教师要给孩子可选择的作业,学生可根据自己的兴趣选择适合自己个性成长的社团活动。三是有竞争的教育,在适当的竞争中实现每个孩子身心的健康发展,学业成绩的科学提高。同时,"适应"时代需要的长宁教育转型发展强化三个举措:一是牢记长宁教育的理念,为每个学生提供更好的教育。二是更加科学地研究和测评三个指数,使每位学生都能在身心健康、生活幸福和学业发展这三个方面都有明显的进步和提高。三是继续抓好长宁教育的特色优势项目,即在学前阶段抓好"主题—运动"项目的推进,小学以"快乐拓展日"课程为载体促进学生快乐学习,初中依托"阅读领航计划"促进学生自主学习和自我管理,高中结合学校"主题轴"综合课程的实施促进学生综合素养的全面提升。

(二)"适应"教师需求

2013年9月9日,习近平总书记向全国广大教师致慰问信强调:"百年大计,教育为本。教师是立教之本、兴教之源,承担着让每个孩子健康成长、办好人民满意教育的重任"①。2014年9月9日,习近平总书记在北京师范大学与师生座谈时提出:"一个人遇到好老师是人生的幸运,一个学校拥有好老师是学校的光荣,一个民族源源不断涌现出一批又一批好老师则是民族的希望"②。在这样的背景下,长宁教育已经从战略高度来认识教师工作的高度重要性,把加强教师队伍建设作为基础性工作来抓。因此,"适应"教师需求是"适应论"内涵的又一关键维度。

教师在实现民族复兴、建设教育强国和培养优秀人才中发挥着

---

① 习近平向全国广大教师致慰问信[EB/OL]. http://www.xinhuanet.com/politics/2013-09/09/c_117294186.htm,2013-09-09.
② 习近平.做党和人民满意的好老师:同北京师范大学师生代表座谈时的讲话[N].人民日报,2014-09-10(002).

关键性和基础性的作用。我们在思考长宁教育发展的过程中,始终强调教师在教育改革中的特殊重要性。教师能否理解教育转型发展的迫切性、重要性,教师能否将自己的教育理念、教育方法、教育实践像老鹰重生那样经历痛苦的更新,将是长宁的教育能否真正实现转型的关键。长宁结合区内"师德育德能力和学科本体知识专项调研"、"实验教学能力专项调研"和"教师命题能力专项调研"的结果,给长宁的每位教师搭设职业成长的阶梯,积极地进行自我规划,助力长宁的全体教师都能够找到个人职业生涯发展的路径,充分利用区域搭设的平台,并最终在个人的职业生涯过程中得到成长和发展。

(三)"适应"学生需要

正如李希贵所说:"学生作为学校组织机构的重要组成部分,既是教育实践活动的对象,也是学习的主体"[1],教育的一切都应为促进学生发展和成长而组织起来,离开了学生主体性的发展,教育则失去了依托和生命力[2]。缘于此,我们高度重视对于学生理性需要的满足。特别是在变化的社会环境和教育环境中,我们始终主张建立以学生为中心的教育发展观,将育人为本作为教育工作的根本要求,尊重教育规律和学生身心发展规律,关心每个学生,为每个学生提供适合的教育,促进每个学生主动地、生动活泼地发展。这是长宁教育发展的根本理念和行动原则。因此,"适应"学生需要也是"适应论"内涵的关键维度。

教育要在符合学生身心发展规律,符合教育教学规律,符合党的教育方针政策的基础上,真正让学生感受到教师是尊重他的。这些

---

[1] 李希贵,李凌艳,辛涛.建立以学生为主体的学校自我诊断模式[J].教育研究,2010(9):69—74.

[2] 于永华.树立以学生为主体的教育管理观[J].安徽工业大学学报(社会科学版),2004(3):88—90.

是学生在校内接受教育的基本需要,也是作为教育的主要参与者适应变化的环境亟待满足的迫切需要。在这样的背景下,长宁教育把促进人的全面发展作为目标,特别强调以人为本,如果教育教学过程中偏离了这一要求,把分数作为根本的追求,这是很可怕的。例如,关于留级问题,义务教育阶段取消留级,家长申请可重读一年,不申请就升级,留级达不到教育的目的,可能造成成绩没有上去,却越来越和同学对立,和老师对立。长宁提出了学前启蒙学习;小学快乐学习;初中有效学习,强调要让学生认识社会、服务社会,让学生更多融入社会;高中综合学习,以往高中往往关注生源,现在是关注生涯,最终发展到全面关注学生生命质量的提升。因此,"适应"学生需要是长宁教育的一大特点,这也成了"适应论"的重要构成要素。

二、"适应论"的学理辩护

"适应论"是在如今教育环境发生改变的背景下,长宁教育敢为人先,主动作为,积极融合发展大潮做出调整和改变,适应这变化的情境所提出的教育论说。它的产生,有其自生的学理基础。

(一)培养人要因势利导

人是教育的对象,也是教育的目的,教育关键在育人。1972年联合国教科文组织发布的《学会生存》报告指出:"人永远不会变成一个成人,他的生存是一个无止境的完善过程和学习过程。人和其他生物的不同点主要就是由于他的未完成性。事实上,他必须从他的环境中不断学习那些自然和本能所没有赋予他的生存技术。为了求生存和求发展,他不得不继续学习。"① 随着社会的发展,教育所处的环

---

① 联合国教科文组织国际教育发展委员会.学会生存:教育世界的今天和明天[M].华东师范大学比较教育研究所,译.北京:教育科学出版社,1996:196.

境也变得多元。学生家长的背景各不相同,他们对教育的理解和认识不尽相同,对孩子的期望和要求也千差万别,仔细研究,每个学生的个体情况,甚至学生群体和学生群体之间的差异也非常大,教育必须要体现尊重学生个性发展,体现以人为本。因此,作为人的培养的教育要因势利导,让人的培养遵循人的成长规律和教育发展规律。要意识到,高素质创造性人才的成长,关键在于学校为学生提供一个能激发学生兴趣和潜能的教学环境,使学生成为学习和自我发展的主体,获得自主选择的权利和学习思考的乐趣,使学生的潜能和智慧得到全面的发展。而实施这种主体性教育,必须树立以学生为主体的教育管理观①。

青年心理学研究表明,青年学生正处于从依附关系向独立自主急剧转化的阶段,他们要求在学校管理上"多一些公开性,多一些民主",渴望提供更多的机会让他们提出批评和建议,直接参与学校的教改和各方面管理的活动②。其中,教育发展中教师是关键,与学生最密切相关的个体是教师,教师素质和专业化水平的全面提升,学生是最直接的受益者,只有具备强烈的教书育人责任感和使命感,教师才能成为学生健康成长的指导者和引路人。学生虽然是"受教育者",但至少在本源上、在人的"天性"与"天能"上,学生并不是一味顺应的"受教育者",而是具有超越性的"受教育者"③。学生主体强调的是在教育活动中,学生是受教育者,也是主体,具有整体性、个别

---

① 于永华.树立以学生为主体的教育管理观[J].安徽工业大学学报(社会科学版),2004(3):88—90.
② 于永华.树立以学生为主体的教育管理观[J].安徽工业大学学报(社会科学版),2004(3):88—90.
③ 吴康宁.学生仅仅是"受教育者"吗?——兼谈师生关系观的转换[J].教育研究,2003(4):43—47.

化、能动性的特点①。现如今学生的发展质量及其能否成为社会发展的积极力量是衡量教育质量的主要标准。在教育过程中,必须使学生真正处于主体地位,充分发挥主体作用,主动、积极和富有创造性地进行学习。

(二) 教育要因势而动

教育之所以能够为社会发展和人的培养做出贡献,其中一个重要原因就是教育自产生之时起就带有社会性,通过对"自然人"的培养使其具有社会性而成为"社会人",这种人的社会化培养的过程既增添、印证教育的社会性,又为社会的发展提供人力资源储备和做出贡献。发轫于14世纪欧洲的人文主义教育倡导以"人"为中心,歌颂"人"的价值,承认人可以通过教育成为理性的存在者,而这种教育必须在一定的社会背景下发生和发展,个体需要社会的时候,有其本身的愿望,社会主要通过教育对个体施加的影响,其目标和结果绝不是压制个体、降低个体的地位和歪曲个体,而是提高个体的地位,使之成为一个真正的人。因此,实践意义上不确定的教育形势需要适时改变。

随着社会的发展,教育所处的环境也变得多元。习近平总书记在党的十九大报告中指出:"建设教育强国是中华民族伟大复兴的基础工程,必须把教育事业放在优先位置,深化教育改革,加快教育现代化,办好人民满意的教育"②。这一重要的政策论述为中国的教育改革指明了方向,明确了道路。长宁区鼓励学校结合区域推行的"主题—运动"项目、"快乐拓展日"活动、"阅读领航计划"和"'主题轴'综

---

① 于永华.树立以学生为主体的教育管理观[J].安徽工业大学学报(社会科学版),2004(3):88—90.
② 习近平.决胜全面建成小康社会夺取新时代中国特色社会主义伟大胜利[N].人民日报,2017-10-28(001).

合课程",在市教委具有普适性的课程计划框架下,开发出具有学校个性化特色的课程方案,以满足学生的多样化需求、丰富学生的选择。

教育改革要创新教育教学方法,探索多种培养方式。要注重学思结合,倡导启发式、探究式、讨论式、参与式教学,帮助学生学会学习。要注重知行统一,充分利用社会教育资源,开展各种课外及校外活动,加强中小学校外活动场所建设。要注重因材施教,注重学生不同特点和个性差异,挖掘每一个学生的优势潜能。这些教学观大家都了解,但不能停留在想法上,而是要充分发挥教育智慧,研究怎样落实因材施教、先学后教、以学定教。长宁坚持"促进人的全面发展、适应社会需要"这条教育质量根本标准,以此为纲领,在不确定的教育环境中推进教育变革以"适应"社会各主体对教育发展的需要与期许。比如,小学教育注重快乐学习,关注激发儿童学习兴趣,培养良好学习习惯,增强学习自信心。初中教育注重有效学习,关注学生自我教育、自主学习方式的养成,提高学习效率。高中教育注重综合学习,强调学生综合素养、学有所长、多元发展,培养跨学科学习水平,形成良好思维品质。四个学段不同的侧重点,来自长宁对学生身心发展规律的尊重,教育应该顺其天性,因材施教,关注学生生命质量的提升。

三、"适应论"的长宁实践

上海基础教育正处于重大战略转型的关键时期和攻坚阶段,已经触及改革中的深层次困难和矛盾,因此以创新来驱动教育的转型发展是教育事业发展的重中之重。在深入教育一线的过程中,长宁看到了很多教育现实工作中的问题,期望通过创新的方式解决,教育转型发展中的问题,办人民满意的教育。

(一)建立适应时代变化的教育转型观

教育转型不是一次革命,应是一种优化,一种改善;转型不是颠

第一章 适应论

覆,长宁教育要结合自身特点,主动适应,主动转型。建立适应时代变化的教育转型观,是长宁教育发展的重要战略。

首先,教育转型必须坚持高质量。长宁的教育转型一定要把提高教育质量作为重要的任务。高质量不仅仅表现为高升学率,更在于教育内涵发展的高质量。在教育内容上应该从个性化有选择去思考。比如,四年级学生作业做到半夜12点钟,内容不是个性化有选择的不行,作业分层要作为一个主攻方向。作业多了有人说,少了有人说,作业应有选择,至少有A、B、C几种选择,有基本的、拓展的、提高的,老师要分得清,这对教师提出了很高的专业化要求。在教育方式上,要体现更适合、可操作。长宁区要求教师做到让每个学生勇于发言表达自己,给学生有可操作的方法。同时,校长提出了目标,要让教师集思广益想出操作的办法。此外,校长要给教师讲策略、讲方法。教研员组织教师教研活动要从可操作、更适合方面去思考。在教育形式上,要体现有意义、有意思。有意义的事情也要有意思,让学生愿意做。比如,有位信息化老师以前是教育学院的教研员,就很擅于将有意义和有意思结合起来。如讲二进制,提供5张表格,0～32之间的数据问学生,让学生先感到在玩,通过游戏了解二进制,达到理解。同时,这位教师通过教研活动,将有意义、有意思的教育智慧挖掘出来,然后分享,将好的方法与其他教师共享。

其次,教育转型的改革举措必须要"实"。在教育价值取向上,要从过度追求现实功利,转向追求教育对人的发展的价值。长宁提出学前教育注重启蒙学习,关注儿童身心和谐、社会性发展,培养儿童的好奇心和求知欲。在学生培养模式上,要从高度统一的标准化模式,转向注重需求导向的培养。长宁根据学生的不同需求,分层布置作业,不再按照"一刀切"的方式考核评价学生,给学生留下自主发展的机会和空间。在教师专业发展上,要从强调掌握学科知识和教学

技能,转向注重专业素养和教育境界。长宁牢牢把握住,教育缺少爱不能成为教育,没有爱就是伤害的原则,倡导教师对学生永恒的爱和关心,同时也鼓励教师充分发挥自己的教育智慧,解决教育教学中面临的各种问题、冲突和矛盾。在教育管理方式上,要从单纯依靠行政命令,转向更加强调思想和专业引领。长宁在推进基础教育转型发展的过程中,始终注重机制创新,比如成立了区域语文、数学、英语学科发展中心,作业效能监测中心和教育教学质量监测评估中心;搭设了区域网络平台,建设网络课程、探索无边界学习,为区域教育发展提供信息化技术支撑等。此外,还要尊重学生成长规律和教育教学规律,始终基于教育规律落实"立德树人"根本任务。

(二)建立适应发展需求的教师发展观

习近平总书记指出:"实现中华民族伟大复兴,坚持和发展中国特色社会主义,关键在党,关键在人,归根到底在培养造就一代又一代可靠接班人。"① 百年大计,教育为本。教育的重要地位决定了教师的重要性,教师是教育发展的第一资源,加强教师队伍建设是推进教育事业发展的基础性工程,是各级教育行政部门和学校的重要责任。因此,建立适应教育发展需求的教师发展观是长宁教育发展的重要举措。

第一,不断提高师德修养。长宁区教育局曾经组织全区教师参加视频会议,共同分享美国教师雷夫《第56号教室的奇迹》带来的启示,结合最近引起很多评论的南京拉萨路小学两位高才生拒绝接受学校"优秀毕业生"称号的事件,以及发生在长宁的师德违规事件,引发全体教师反思"教师究竟应该给学生什么?关注学生什么?"同时,

---

① 习近平在全国组织工作会议上的讲话[EB/OL]. http://www.12371.cn/2018/09/17/ARTI1537150840597467.shtml,2018 - 7 - 3.

提高教师的师德修养,在多元的背景下,倡导教师对学生永恒的爱和关心,同时也鼓励教师充分发挥自己的教育智慧,解决教育教学中面临的各种问题、冲突和矛盾——布置给学生的作业不应该异化为惩罚学生的手段;留级的根本目的是促进和帮助学生成长,而非其他;体罚学生也断不能成为教师炫耀的资本……反思每位教师行为背后的教育价值和教育意义。

第二,搭设教师发展阶梯。教师的职业生涯规划是对教师职业生涯发展的整体规划和系统设计,根据教师发展阶段的不同需求,有针对性地创造发展条件,目的在于激励教师不断提升专业化水平,提升教师自主发展的意识和能力。长宁将结合已经制订的《搭台建梯 循序渐进 追求卓越——长宁区基础教育教师职业生涯发展规划与实施方法》,积极构建教师职业生涯发展规划,实施分层分类培训,促进教师自主发展。在这一规划中,长宁明确了以"教坛新秀—教学能手—学科带头人—名师后备人选—特级教师"为梯次的教师荣誉称号序列和以"校本培训—区域教研—区中心基地—学科带头人项目制—市名师后备人选培养"为层级的专业服务平台序列,强化教师在专业发展上的主动意识和行动能力。同时积极推进与上海师范大学的区校合作框架,开展高端教师培训,包括:青年骨干教师学历培养项目、免费师范生精细化培养项目、新教师培养4+2项目等。

第三,关注教师身心健康。在近几年的教师体检尤其是校长的体检中,各种各样的重大疾病特别多,长宁也间接了解到有不少校长反映不想做学校领导,事务性工作繁杂,工作压力太大,成就感低。作为教育行政部门,长宁有责任和义务关心好为长宁教育默默耕耘的同志。以优秀的教育人才队伍支撑优质的长宁教育,保障长宁教育教学质量稳居全市前列。如:通过教育行政管理各大平台打造和联动,尽可能条块化学校管理者的行政管理事务,减少头绪,充分发挥各中心的专业支撑,提高学校管理者行政事务工作效率;通过区域师资队伍分层分类培训,帮助教师明确个人职业发展的方向和目标,获得职业尊严感和成就感;借助与高校的高端教师培训计划,为学校管理者和优秀教师创造个人再发展的学习机会等。

第四,深化"两名一基"工程,做实人才项目。一是作好市、区第三轮名校长培养工程,实行分层培训、个性化培养和双导师制带教,继续与"全国卓越校长培训基地""华师大校长培训中心"等部门合作开展专题培训。二是做强区、系统和学校三级创新团队,重点关注"区名师工作室"等5个区创新团队和"教育学院的中学政治、历史教学研究工作室"5个系统创新团队,积极推进各团队的工作项目。三是继续提升长宁区学科带头人项目负责制工作,加强学科带头人项目负责制工作的跟踪管理,进一步深化项目负责制的管理体制,创新工作模式、培养体制与管理方式,全面提升项目负责制工作品质。

第五,提升师资队伍专业水平。加强师德师风建设,完善教师职业生涯发展规划。结合教师素质调研结果,开展师资队伍分层分类培训,逐步形成基础培训、专项培训和高端培训三级,教坛新秀、教学能手、市优青学员、学科带头人、名师后备人选和特级教师六个跨度的"三级六层"的教师教育培训格局。实施教师高层次学历培训,继续鼓励在职教师进行硕士研究生学历(学位)进修,不断优化教师队伍的知识结构,提高教师队伍的学历水平。

第六,有序开展各项人事管理工作。继续完善教师区域统一招聘制度,加强新教师引进管理。开展见习教师规范化培训工作,提升新教师教育教学能力。继续实施高级教师评聘结合制度,实现中小学教师职务聘任和岗位聘用的统一;开展中学高级教师职务岗位跨校评聘工作,为教师流动提供制度保证,促进长宁区教师队伍均衡发展。继续开展市教委专项课题"上海市义务教育阶段人力资源优化配置"的研究。开展新一年度高级教师职务评审、中级教师职务聘任审定工作。继续做好高级、中级、初级专业技术职务的首次聘任及续聘管理工作。做好岗位设置后转岗人员的聘任审批工作和聘任管理工作。做好新一年度教育系统各单位岗位空额调研工作及职称评审（审定）的改革完善工作。进一步拓展人才交流中心功能，建立并完善区教育系统统一招聘人员的长效工作模式，优化学校临时聘用人员的管理办法和管理方式，规范学校在编制内管理用人。

第七，强化教师支教工作建设。根据市教委和长宁区有关安排和选派要求，安排符合条件的教师前往云南、海南支教，并做好相关培训、准备和其他工作。做好长宁与青浦等区教育对口合作交流，及时总结交流工作先进经验，不断促进教育合作与发展。

（三）建立以学生为中心的学生发展观

中国梦是每一个中国人的梦，由千千万万个国人的梦想立体组合而成。长宁的教育梦，是由长宁区域近百所中小幼学校的梦想组合而成，正是这些梦想推动长宁怀揣希望一路前行，践行着长宁教育改革和发展的实施理念："为了每个学生更好地学习与成长。"

第一，让学生成为大写的人。立德树人是教育的根本任务，《国家中长期教育改革和发展规划纲要（2010—2020年）》明确指出，"要坚持德育为先，使学生具有符合中国特色社会主义建设要求的理想信念、公民素质和健全人格。"长宁全面梳理了区内各中小幼学校的育人目标，发现这也是长宁教育人的共识。有不少学校将"学会做人"放在学校育人目标的首位；华政附中"培养'明德·尚法·精业'的现代公民"完全契合了时代要求的现代公民素养培育；而娄山中学的"品行端正"、开元学校的"开元至诚，固本修德"、东展小学的"立人为本，成人于品"等则更注重强调学生健全人格的培养。

第二，让学生成为身心健康的人。两年前，长宁区启动"三个指数"教育质量监测评估工作,长宁做过这样的比喻,如果每个孩子都是一粒种子,"身心健康"就是这粒种子的内核、内芯,它是这粒种子能否茁壮成长的基础,"学习生活幸福"是肥沃的土壤和阳光雨露,"学业成就发展"则是这粒种子最终结出的果实。通过梳理发现,很多学校在育人目标中都提到了"学会健身""学会健美""健康第一,发展为本""善于锻炼,具有良好的体魄""善运动""健康活泼"等,相信这也是长宁教育人共同的梦。长宁今后将通过"三个指数"来全面评价学校的办学质量,长宁不鼓励长宁的学生为了取得所谓较好的学习成绩,而付出巨大的学习代价,希望长宁的学生"快乐多一点、体验多一点、睡眠多一点;肥胖少一点、近视少一点、负担少一点。"

第三,让学生快乐成长,自主发展。2011年,长宁基础教育的"区域分学段推进素质教育综合改革实验"获得了第二届全国教育改革创新特别奖,如今这个实验项目已经全覆盖到区域的每所学校,并开始深入课堂,真实的推动着"教师教"与"学生学"的转变。比如,长宁在小学"快乐拓展日"课程活动中,所强调的"快乐学习,激发儿童学习兴趣,培养良好学习习惯,增强学习自信心",就是希望能够为孩子们创造"自信(基金会幼儿园)""愉快(长宁实验幼儿园)""乐观、健康(威宁小学)"的学习生活环境,让"每一个孩子都有一个快乐的童年(东展小学)",让长宁的"学生充满生活力(长宁实验小学)""能享受成长之幸福(新虹桥小学)"。初中的"阅读领航计划"则注重有效学习,关注学生自我教育、自主学习方式的养成,提高学习效率,这与"自信、自强、自主、自立(东延安、西延安)"的育人目标不谋而合。

第四,让学生学会学习,学有所长。长宁期望每一个长宁学子都能够有一个快乐的童年生活和健康的身心,他们应该具备一定的自我教育和自主学习能力,并带着强烈的好奇心和求知欲迎接高中学习的挑战。高中的"主题轴综合课程",注重综合学习,强调学生综合素养、学有所长、多元发展,培养跨学科学习水平,形成良好思维品质。"人人有才,人无全才"只有"扬长补短",才能"人人成材(仙霞高中)",长宁始终强调培养"具有乐学、勤学、善学……良好学习品质的学生(复旦初中、哈密路小学、北二小学、古北路小学)",要让学生"学会求知(天山中学)""学会学习(北三小学)",并鼓励学生在此基础上多元发展、学有所长。因此长宁的每所学校都致力于打造特色,为每个学生多样化的发展需求提供服务,长宁有"文理相融,理科见长"的学校,也有"人文底色,书香情怀"的学校……

第五,让学生视野开阔,面向世界。"提高教育国际化水平,注重培养学生的国际视野和国际交流能力",是上海市规划纲要中明确指出的战略主题。长宁有"面向世界、理解世界、走向世界(天一小学)"的小学,有培养"具有国际视野(姚连生中学)""世界眼光(省吾中学)"学生的中学,还有一所培养闻名国际的开放型现代女子中学……这些教育国际化元素,提升了长宁教育的品位,彰显着长宁国际城区的特点。长宁应该"发展全人教育,传承中华文化,拓展国际视野(包玉刚)",长宁的学生不仅要"德行好、基础实、能力强、特长显",还应该"视野阔(建青实验)"。

第六,顺应学生天性,为学生减负。长宁教育改革的宗旨——"顺天性而教"体现了这一点,那就是想方设法把孩子的眼光引向校园外无边无际的知识海洋,让孩子们知道,生活的一切都是他们学习的课堂,告诉孩子们怎样去思考问题,教给他们如何在陌生领域寻找答案的方法,肯定孩子们的一切努力,赞扬孩子们自己思考的结论,保护和激励孩子们所有的创造欲望和尝试。因此,开展小学作业效能监测工作,就是力求以优化作业推动教育改革,把孩子从繁重、重复、机械的作业中解放出来,让他们拥有快乐的小学生活,尝试幸福人生。

学生的发展具有差异性,教育要关注学生身心发展的一般规律。我在做校长的时候,曾经遇到过这样一个中学生,他的数学成绩非常优秀,甚至有些天赋。但是他做广播操的动作极不协调,甚至有些滑稽,而他已经非常投入了。基于以往的思路,我们的教育就会像"木桶效应"一样,通过"补短板"的方式来提高学习的整体效能。但我更主张发展和强化学生的优势,增强学生自信心,通过自身优势的迁移,实现整体的提升和发展。这就是好比木桶不能让短板决定其大小,而是要让长板决定其容积。学生发展更是如此。

第二章 木 桶 论

习近平总书记在全国教育大会发表重要讲话指出,"培养什么人,是教育的首要问题"。学生全面发展作为中国特色社会主义教育的育人目标,贯穿中国特色社会主义制度体系,是中国特色社会主义的制度命题。培养人,应遵循人的发展规律,这也是"木桶论"的核心思想。

一、让学生各方面都得到发展

(一)"五育融合",促进学生全面发展

2019年,《中国教育现代化2035》提出要"更加注重学生全面发展,大力发展素质教育,促进德育、智育、体育、美育和劳动教育的有

机融合",明确提出了"五育融合"的教育发展目标。2020年,中共中央、国务院发文要求"着力提升学生综合素质,促进学生全面发展、健康成长"。从本质上说,让学生"德智体美劳"全面发展,归根到底就是"立德树人",这是教育事业发展必须始终牢牢抓住的灵魂。从内容要求来看,加强德育,就是要在加强品德修养上下功夫,教育引导学生培育和践行社会主义核心价值观,踏踏实实修好品德,成为有大爱大德大情怀的人;加强智育,就是要在增长知识见识上下功夫,教育引导学生珍惜学习时光,心无旁骛求知问学,增长见识,丰富学识,沿着求真理、悟道理、明事理的方向前进;加强体育,就是要树立健康第一的教育理念,开足开齐体育课,帮助学生在体育锻炼中享受乐趣、增强体质、健全人格、锻炼意志;加强美育,就是要全面加强和改进学校美育,坚持以美育人、以文化人,提高学生审美和人文素养;加强劳动教育,就是要在学生中弘扬劳动精神,教育引导学生崇尚劳动、尊重劳动,懂得劳动最光荣、劳动最崇高、劳动最伟大、劳动最美丽的道理,长大后能够辛勤劳动、诚实劳动、创造性劳动①。

为此,学校教育要从目标定位上、教育内容上、课程设计与活动开展、评价评估、家校社协同合作等方面发力。尤其是在课程建设方面,学校要下大气力,以国家课程标准为依托,以学校文化建设为引领,以构建校本课程体系为目的,创设与国家课程、地方课程相融合的多元路径,不断完善"以儿童学习为中心"的学校课程体系,在儿童生活的真实世界落实核心素养,在"知识、技能、态度和价值观"等层面实现"立德树人"的育人目标。如:学科课程、活动课程以及融合课程,学科课程面向全体,促进学生全面发展;活动课程尊重差异选

---

① 张俊宗.努力构建德智体美劳全面培养的教育体系[J].中国高等教育,2019(Z3):70—72.

择,引领学生个性发展;融合课程属于精准选修,以便学生扬长避短,最大限度地发展自己。

(二)因材施教,实现学生个性化发展

一般而言,我们所说的"个性"指称"个体特性",是区别于共性的个体差异性。尊重学生的个体差异,这一思想蕴含在诸多古今中外著名教育家的著作中,也为他们躬亲实践。如:古代孔子的"因材施教"、苏格拉底的"产婆术";近代卢梭的"爱弥尔式"的自然教育、陶行知"创造的儿童教育";现代杜威的"儿童中心"、进步主义教育思潮下的"个性化教学法"等。[①] 诸如此类的教育思想和实验,无一不蕴含着"尊重学生个体差异,实施差异化教学,使学生得到适合他自己的发展"这一思想。"学生之间具有差异性"这一论点无论是从生理上还是从心理上来看,都是不证自明的。西方主体性思维和马克思人的主体性理论揭示出每个人都是主体化的,是不同于他者的,应当获得独特的差异化的自我发展。

因而,学校教育应当充分考虑到学生的个体差异,从学生个体差异出发,合理教育教学,使学生获得适合他自己的发展。为此,因材施教的思想应当蕴含在学校教育的全过程之中,尤其是现代课堂教学,同样要关注学生个体特性,在教学目标上、教学设计、教学过程、教学评价上体现出差异性,从而助力于学生个性化发展。主要表现为:教学之前要辨别和分析学生差异,提供、设计多种可能;教学实施要以学生为中心,采取多样化的形式、策略;另外,在教学过程中要使得学生尊重性参与;教学之后需要差异化的作业设计以及多元化的评价。

---

① 张琼,张广君.教学中的"个体差异"理念:解读、批判与重建:生成论教学哲学的立场[J].当代教育与文化,2012.(4):33—39.

(三)扬长避短,实现学生最大化发展

个人是处于一定社会关系中的个人,与个体无差别的动物群体不同,人类个体的存在及发展具有独立性,但这种独立性只有在社会这一有机体中才能实现。因此,为了更好地提升自身的综合实力,有助于个体社会化,我们应当使每个学生达成其自身最大化的发展。因此,学校教育应尊重学生兴趣,找准其优势,实行鼓励教育,让学生找准自身定位,实现自身优势发展最大化,从而扬长避短,增强自身竞争力。因而,学校教育应丰富课程建设,为不同学生提供多样化的选择;为学生提供针对性的教育评价,以勉励学生及时补缺补差;做好对学生的生涯规划指导,根据学生的个性特征与现有发展情况,实施个性化的发展规划指导与教学。

二、"木桶论"的政策与理论基础

(一)"五育融合"改革的必然要求

学生的全面发展是指学生在"德智体美劳"等方面的全面发展,全面发展由德育、智育、体育、美育、劳动技术教育构成。他们相互依存,相互制约,构成了一个有机整体,共同促进人的全面发展。《关于深化教育教学改革全面提高义务教育质量的意见》中,明确提出"坚持'五育'并举,全面发展素质教育",指出"五育并举"是新时期推进素质教育的重要原则,也是落实立德树人根本任务的重要途径。为此,走向"五育融合",变革学校课程、教学体系是实现学生全面发展的重中之重。具体表现如下。

第一,强调课程建设的丰富性和全面性。一是加强国家课程和地方课程的"五育"成分和功能,教师通过选择、改编、整合、补充、拓展等方式,对国家课程和地方课程进行再加工、再创造,使之更加符合学生"德智体美劳"全面发展的需要。教师要超越学科原有视野,

汲取"德智体美劳"各科教师的经验，融入自己的学科教学之中。二是充分利用校本课程的实践性、探索性、综合性、学本性优势，从现有校本课程入手，通过整合协调，使之向"五育"并举方向聚焦和转型升级，如挖掘和强化 STEAM 课程蕴含的"德智体美劳"成分。三是根据不同学段不同年级"五育"发展特点和需要，专门设计开发独立的"五育"并举校本课程，增设"五育"并举通识教育。借鉴综合实践活动课程多元目标融合的优势，系统设计"五育"并举专门或专题校本课程的理念、目标、内容、路径、方法、考评等理论和实践体系，合理配置"德智体美劳"课程资源比例并确定彼此的排列组合方式，形成内部联动的统一整体，利用课外活动或主题班会、周会或设置专门课时，开展"五育"并举专门或专题教育。①

第二，强调改变育人的方式。要将"五育并举"真正落地，需要教育教学和管理方面的变革，包括评价方式也要做一些深度改革。教学需要更多的项目式的学习，基于问题乃至跨学科的学习。学校教育要转向学科协同，促进跨学科有机融合，打破学科边界，运用学科间的内在融合解决真实问题。与此同时，要做到对学生的综合性评价。教学不应当是"教师传授—学生接受"的教学活动，而应是"以学生为中心"的参与和学习体验活动，它的"学习"更多发生在学生与"综合情境"之中。因此，对于学生学习效果评价考核应当以学生的"参与学习"为中心，以"课程或活动"为载体，针对学生的参与与学习体验做出监测，从而达成形成性、表现性评价，所以学生成长档案袋的建立必不可少。并且随着教育信息技术的发展，电子监测技术成为可能。因此，学生成长电子档案袋的建立迫在眉睫，记录下学生的

---

① 孟万金，姚茹，苗小燕，张冲.新时代德智体美劳"五育"并举学校课程建设研究[J].课程.教材.教法，2020，(12)：40—45.

发展、变化、成长过程,这将对于实现"立德树人"理念、综合"实践育人"目标具有现实性意义。

第三,强调"家—校—社"协同育人。"五育并举"也要求教育、要求学校、要求管理者能够真正利用多方面的社会资源,形成教育的合力。教育是一个系统的工程,教育的发展需要各方面力量的共同关注和支持,教育的成就是各种因素共同努力的结果。如:将劳动教育落地,同样需要家庭、社会、学校多方合力。学校作为教育的主要场域,对劳动教育的实施负有重要责任,要将劳动融合于学校综合教学之中,给予教师的课程开发与设计的自主权。社会要发挥在劳动教育中的支持作用,要利用政府的经费投入,引进社会力量,开发多种劳动教育资源,建立健全第三方监督评估机制。家庭是人才培养的起点,可将劳动教育作为构建和谐家庭关系的契机,家长做好对子女的陪伴式、成长式劳动教育。

(二)学生个性化发展的必然诉求

1. 学生个体存在客观差异性

在群体之中,我们常指称的学生个性主要是指个体差异,指"个人在认识、情感、意志等心理活动过程中表现出来的相对稳定而又不同于他人的心理、生理特点"。它表现在"质和量两个方面""质的差异指心理生理特点的不同及行为方式上的不同,量的差异指发展速度的快慢和发展水平的高低"。① 还可分为人与人之间的横向差异和个体成长的纵向差异;也可具体分为智能差异、情感差异、态度差异、社会人际关系差异等等。具体到学习者,这种差异又可具体分为学习基础差异、学习能力差异、学习风格差异、学习兴趣差异、学习态

---

① 朱智贤.心理学大词典[Z].北京:北京师范大学出版社,1989:233.

度差异等。① 这种类别划分源于心理学理论对"差异"进行科学化研究的结果。也有研究者从学生主体素质结构的分析入手,将影响学生学习的因素概括为八个,即思想品德发展水平、身体素质、活动能力、成就动机、知识结构、智力发展、科学方法、人格特征等。②

根据现代心理学对个体差异的研究,与学习有关的个体差异可分为可变差异和不变差异。可变差异是指表现为学生在知识储备、学习策略、态度与技能等方面的差异,即被美国教育心理学家加涅称之为"学习结果"的差异。这种差异是习得的,也是可以加以改变的,它的具体内容是我们的教学必须完成的任务。不变差异指的是相对于可变差异而言的较为稳定的、表现为个性特征方面的差异。它包括学生的认知方式、智力类型、气质、焦虑程度、控制点等方面的差异。③ 基于学生个体身上所存在的不变差异,作为教育者,应做到尊重和差异对待,使得学生可以得到适合他自己个性的发展。

2. 实施个性化教学,走向差异性教育公平

教育中的公平是一个复杂的议题,实现教育公平是提高教育质量的重要保障。而学校教育作为教育的主要场域,常常出现"不公平的声音",值得教育实践者去关注和思考。一般而言公平意味着"平等待人""一视同仁"。公平与平等密切相关,两者都是实现正义的手段。柏拉图把公平等同于正义,亚里士多德认为正义就是平等,但公平不意味着完全平等,而是"同等对待相同的人,差别对待不同的人"。因此,从实现教育公平出发,基于学生的个体差异需要不同的

---

① 张琼,张广君.教学中的"个体差异"理念:解读、批判与重建——生成论教学哲学的立场[J].当代教育与文化,2012,(4):33—39.
② 韩华球.论现代课堂教学中学生的个体差异及其教学策略[D].北京师范大学,2000.
③ 毛景焕.谈针对学生个体差异的班内分组分层教学的优化策略[J].教育理论与实践,2000(9):40—45.

教育、教学对待。优质课堂、多样化的学生结构都需要差异化教学。"差异教学"一词,最早出现在美国学者卡罗尔·安·汤姆林森(Carol Ann Tomlinson)2003年所著的《多元能力课堂中的差异教学》。他指出:"差异教学的核心思想是将学生的个别差异视为教学的组成要素,依据学生现有的不同学习水平、学习兴趣和学习风格,设计差异化的教学内容、过程与结果,以促进不同学生在原有水平上得到不同的发展。"①在我国,学界对于差异教学的释义以中央教育科学研究所华国栋研究员2001年在其著作《差异教学论》中的界定较为权威,他从学生差异的角度谈差异教学,指出:"差异教学是指立足于学生个性的差异,满足学生个别学习的需要,以促进每个学生在原有基础上得到充分发展的教学。"②

面向学生差异的个性化或者说差异化教学是指根据学习者的个体特征差异和发展潜能需要,采用灵活、适合的方法和策略组织实施教学活动,进而实现学生个体发展目标的一种教学组织策略。从其内涵看,个性化教学真正体现了"以学习者为中心"的现代教学理念,强调整个教学过程的组织实施应尊重学生的个体差异。教学活动、教学内容的设计应围绕学生的发展需求而动态调整设置,在激励学生积极主动参与式学习下能促进学生个性和谐全面发展目标③。

而面向学生差异的个性化教学的实现是一个过程,涉及教学设计、教学实施以及教学评价等诸多方面。研究者楼朝辉从学生学习出发,将学习以时间维度分成学习前、学习中、学习后三个阶段;将教

---

① TOMLINSON.多元能力课堂中的差异教学[M].刘颂译.北京:中国轻工业出版社,2003.
② 华国栋.差异教学论[M].北京:教育科学出版社,2001.
③ 赵约孔,龙世荣.以个性发展为导向的混合式教学模式研究[J].教育教学论坛,2020(37):263—264.

学要素分成教学目标、教学内容、教学实施和教学评价四个维度;将学生差异分成认知差异、情绪差异、社会差异和身体差异四个领域;将学习环境和教师这两个重要的教学因素作为整个差异教学的支持系统①。而姜智从涉及差异化教学的诸多影响因素出发构建了一个完整的差异化教学框架,关涉整个课堂教学的组织,包括教学目标、教学过程、教学评价乃至教学的支持系统、物理环境、伙伴关系等诸多方面②。

三、长宁经验与实践探索

(一)树立以人为本的基础教育观

以人为本是现代教育的基本价值,也是和谐社会的基本理念。以人为本的基础教育就是以学生发展为本,尊重学生的自我选择,焕发学生的生命活力。以人为本的基础教育目标就是促进学生"德智体美劳"全面发展。其途径就是大力推进素质教育,其基本内涵是全面贯彻党的教育方针,面向全体学生,全面提高学生的思想道德素质、科学文化素质和健康素质。坚持育人为本、德育为先,把"立德树人"作为现行基础教育的根本任务,努力培养"德智体美劳"全面发展的社会主义建设者和接班人。这是现代基础教育的根本原则。融汇古今、兼通中西是现代基础教育的文化使命。

在构建社会主义和谐社会的大背景下,现代基础教育面临着一系列改革和发展,既要实现自身的优质均衡发展,又要为和谐社会乃至和谐世界培养具有健康人格和全面素质的人才,这是现代基础教育改革与发展的光荣而艰巨的历史使命。作为现代基础教育学校应

---

① 楼朝辉.面向不同差异学生的差异教学支持策略探究[J].教育科学研究,2018(7):65—68.
② 姜智,华国栋."差异教学"实质刍议[J].中国教育学刊,2004(4):54—57.

该遵循教育规律,高瞻远瞩,务实创新,全面贯彻党的教育方针,以人为本,尊重学生的主体个性,使德、智、体、美有机结合;加强基础课、拓展课、活动课相结合的课程改革;让社会主义核心价值体系融入基础教育全过程,大力弘扬以爱国主义为核心的民族精神和以改革创新为核心的时代精神,帮助学生形成正确的世界观、人生观、价值观,做合格守法的好公民;通过行、习、赏、唱、礼等多种形式,丰富学生的课外实践活动,形成循序渐进、规范有序、互动探究、体验训练相结合的课外活动体系……以此点燃学生心中智慧的火把,在学生纯洁的心田播撒爱国的种子,帮助学生编织五彩缤纷的梦想,激起学生探索创新的美好愿望,促进学生主体健康成长。让阳光照亮学生的心灵世界,让学生稳步走向可持续发展的道路。

(二)推进"新优质学校"项目

"新优质学校"中的"新"主要不是指靠学业成绩排名和升学率成名,而是靠育人质量过硬成名,核心在于让教育回归人本价值,把学生的发展作为学校关注的起点和终点,关注每一个学生内心世界,通过课程的浸润使其内心世界丰富而有追求。长宁区将这项工作持续深入地推动进行,积极行动,总结和辐射"新优质学校"的经验,研究促进学校实现新优质发展的政策体系和环境建设,鼓励中小学校探索实施素质教育的有效途径和方法,关注教育过程的丰富、师生关系的和谐、多样化学习需求的充分满足,破解影响学生积极主动发展的难题,形成实施素质教育的良性机制,回应老百姓日益增长的对优质教育资源的需求。

长宁区地处中心城区,基础教育一直处于比较高的水平,随着课程改革的不断深入,长宁提出了"为了每一个孩子更好地学习和成长"的教育理念,重在为每一个孩子提供合适的教育,其中就包括为不同层次的孩子提供不同的作业。同时全区在2009年进行教育质

量评价改革,推出了"学校生活幸福指数""学生身心健康指数""学生学业成就发展指数"即"三个指数"的测评工作,不仅关注学业成绩,同时关注学生为了取得该成绩所付出的代价,即学习成本及学习品质,关注学生的全面发展,这就要求必须根据学生的个性差异实施个性化的教学,使教师的教学适合学生的学习,让不同的学生都能够在原有基础上得到较大的提升和发展。

(三)注重教育优质均衡发展

实施教育优质均衡发展,就是要逐步缩小区域之间、校际之间和学生之间教育机会的不均衡。在学校层面,要以学生为出发点和落脚点,大力提倡学生的个性化、特色化发展,在更大范围、更高程度上满足更多学生的合理教育需求。这与科学发展观中"以人为本"的内涵保持一致。

第一,学校坚持从公正、公平的原则出发。围绕学生的发展特点和现实需求,妥善协调学校各方面的利益关系,促使教师树立牢固的教育事业观,增强他们的服务意识和奉献精神。为了使学生享受"优质均衡"的教育,学校尝试取消了重点班,合理配置师资及其他教学资源,从而确保每个班级的学生在起点上都有同等的受教育机会和学习环境,同时也使教师的工作有了共同的、自然的"基点"。过去人为地将学生归入"重点班"和"薄弱班",无形中是在给学生贴上"标签",根据罗森塔尔效应,这种"标签"非但不能缩小学生之间的差距,反而会进一步强化学生原有的自我概念;同时,在薄弱班级任教的教师,往往缺乏积极性,缺乏服务学生的热情和动力,最终受损的实际上是这些班级的学生。"强者"自强,而暂时后进的学生更需要学校的关心、教师的扶持、同学的帮助。唯有使这些学生在学校制度安排中获得最大的利益,才是真正体现公正、实现均衡的成功学校。

第二,要求每个学生走上"全面发展"的道路,使学生真正成为社会主义事业的可靠的接班人和合格的建设者。教师在推动学生的全面发展的过程中担任关键角色,因此教师必须注意"修炼内功"、拓展知识、陶冶情操、锤炼意志,与学生共同成长。

第三,在比较中,学校明确了自身在促进学生"全面发展"方面的不足,这种不足主要体现在学生自我管理和自主学习的能力上。为了弥补这种不足,使学校学生获得更好的发展,学校要求各年级组、各教研组认真研究学生实际,把培养学生的自我管理、自主学习的能力作为重要的目标和任务,列入教育教学工作的"议程"。目前,这些工作仍处于不断的完善和落实的过程之中,其效果也逐渐显现出来。

(四) 坚持因材施教的教学观

《国家中长期教育改革教育改革与发展规划纲要(2010—2020)》[①]提出:根据学生不同特点和个性差异,发展每一个学生的优势潜能。推进分层教学、走班制、学分制、导师制等教学管理制度改革。建立学习困难学生的帮助机制。改进优异学生培养方式,在跳级、转学、转换专业以及选修更高学段课程等方面给予支持和指导。据此,长宁区在教育目标、教育内容、教育方式以及教育评价上均遵循一定的差异教学原则,具体表现如下。

1. 教师要正视学生差异,合理教育

重点中学学生和普通中学学生有差异,其表现有显性和隐性两个方面,显性的差异在入学分数;隐性的差异在自觉和自主。所谓自觉,就是指自觉做好行为规范,自觉学习。所谓自主,就是自主管理,自主学习。首先,教育者要控制心态、调整认识。有这样一则故事:有位秀才第三次进京赴考,住在一个旅馆里。考试前两天他做了两

---

① 国家中长期教育改革和发展规划纲要(2010—2020年)[EB/OL]. 2010-07-29[2021-04-25]. http://www.moe.gov.cn/srcsite/A01/s7048/201007/t20100729_171904.html.

个梦,第一个梦是梦到自己在墙上种白菜,第二个梦是下雨天,他戴了草帽还打伞。这两个梦似乎有些深意,秀才第二天就赶紧去找算命的解梦。算命的一听,连拍大腿说:"你还是回家吧。你想想,高墙上种菜不是白费劲吗?戴草帽打雨伞不是多此一举吗?秀才一听,心灰意冷,回店收拾包袱准备回家。店老板非常奇怪,问:不是明天才考试吗,你怎么今天就回乡了?秀才如此这般说了一番,店老板乐了:我也会解梦的。我倒觉得,你这次一定要留下来。你想想,墙上种菜不是高种吗?戴草帽打雨伞不是说明你这次有备无患吗?秀才一听,觉得有理,于是精神振奋地参加了考试,居然中了个探花。想法决定我们的生活,有什么样的想法,就有什么样的未来。绝对不要对自己失去信心,不要对老师失去信心,长宁区各学校中有很多优秀的老师,普通学校的老师也不比重点中学逊色。一位先知对他的门徒说:自信自强是成就任何事物的关键,人不一定能改变环境,但一定要适应环境。你认为教师不好,当学校把特级教师给请来时,实际上也有学生骂特级教师的。

2. 教育内容上,体现个性化、有选择

教育内容要从学生的个性化发展出发进行设计。四年级作业需要到晚上12点钟才能完成这就背离了课程作业的初始目标,推行作业分层极为重要。因此在学校课程作业设置上,应该对学生作业进行分类,提供多种选择性。有基本的、拓展的、提高的,老师要根据学生水平和特点进行分类处理,这也对老师提出了较高的专业化要求。

3. 教育方式上,体现更适合、可操作

教师的教育方式是关乎学生发展的重要策略。教师在教学中要努力促使每个学生积极发言表达自己,要给学生有可操作的方法。如《文汇报》记者苏军写道:有个教师很有教育智慧,启发不愿意回答问题的学生,老师打电话给家长,有的老师可能会告状,告诉家长学生上课不发言。这个老师对家长说:学生各方面较好,如果能做到上课发言会很好,明天我讲课文,会讲五个问题,今天家长可以让学生读课文看明天能回答几个问题,于是家长让学生阅读了几遍,学生告诉家长可回答两个,家长告诉了老师是哪两个问题,第二天老师就提问这两个问题,学生回答出来很高兴,几次下来学生就发生了转变。校长要给教师讲策略、讲方法。教研员组织教师教研活动要从可操作、更适合方面去思考。此外,要提高教师课堂教学水平。在撰写五年级第二学期第三单元作业指导建议的基础上,某校以《慈母情深》一课参加了单元整合的四区联动的教学活动。在备课组团队的共同努力下,大家发挥了集体的智慧,根据《单元作业指导建议》的思路进行了备课。与众不同的教案设计新颖别致,颇有创新,最重要的是学生在这样的课堂教案中学有所得,掌握了语文阅读学习的方法。"授人以鱼,不如授人以渔",这是教师们一直在教学中追求的目标,关键是教师自己得首先掌握"渔"。

4. 实施差异化评价与考核方式

一是个性化作业设计。主要措施有:依托长作业,在自主、合作、分享、体验中彰显个性;注重学生的学习分工、学习合作和学习分享;打破学科界限,融合多元教学元素,发展学生个性。短作业主要有分层设计、自由选择和凸显个性。数学作业设计策略:充实常规作业内容(每日一练、每周一练);长短作业相互配合;作业设计呈现多形式(操作、研究、听类、观察类、游戏类、调查类等)。

二是作业差异性设计,提升作业的针对性。①作业量分层;②作业难度分层,即分成三级作业——基本题、提高题和综合运用题;③完成方式分层,主要体现在自主完成作业,学生可以选择自己的方式完成作业,如朗读方式、绘画方式,可以把语文与美术、音乐、计算机等多种学科相结合完成。

三是改进评价方式,鼓励个性特长。在长作业评价方面也采用形成性评价的方式,重视对过程的评价和在过程中的评价,重视学生在学习过程中的自我评价和自我改进,使评价成为学生学会实践和反思、发现自我、欣赏别人的过程。我们增加了评价的多元化。评价者由单一的指导老师拓展为老师、小组学习成员、家长。评价的内容也更加丰富。

四是促进教师的多样化作业设计。作业的具体设计始终是这项工作的难点,教师容易受到教材中已有作业设计的干扰。《单元作业指导建议》的撰写和运用,使教师打破了思维的窠臼,敢于拓宽设计思路,设计灵活多样的作业。

(五)建立学生综合素质评价体系

为了贯彻落实国家和上海市中长期教育改革和发展规划纲要精神,实施"为了每个学生更好地学习与成长"的核心理念,长宁区很早就启动了教育评价改革试点,推进"学生身心健康指数、学生学习生活幸福指数、学生学业成就发展指数"研究和试点测评工作,强调诊断性、过程性、全面性和个别化的评价,发挥区域学科发展中心、作业效能监测中心、教育教学质量监测中心三个中心专业指导作用,进一步倡导形成科学的教育质量观。在做好大量准备工作的前提下,教育局组织召开了全体小学教师视频动员会,全面阐述了"三个指数"测评工作的出发点和目的。随后以"区中小学教育质量监测评估中心"成员为主要力量,并邀请第三方评测机构,共同对长宁区所有小学的指定学段学生开展了"三个指数"监测评估试点工作。从整个区域测评统计结果来看,"三个指数"在小学阶段测评有一定成效,在某些方面达成了一定共识,引发了一定思考,形成了一些有价值的发现。具体情况如下。

1. "学生身心健康指数"测评

"学生身心健康指数"分为身体素质评价和心理成长评价两部分。身体素质主要从运动能力、营养评价和视力状况等方面进行测评;心理成长主要从认识兴趣、成就动机、情绪稳定性等十个方面进行测评。测评抽取了区域小学五年级的部分学生。测评发现,身体素质方面,随着近年学校"三课两操两活动"切实落实,长宁区小学生身体总体素质不断提升,其中,速度、力量、灵敏度和柔韧等素质均达到较好水平,相比较而言,力量素质略有不足;女生营养不良率高于男生,男生肥胖率高于女生;此外,随着电子产品的广泛使用,学生的近视率呈现出随年级增长而增加的态势。心理成长方面,长宁区五年级小学生心理成长状况整体良好,特别是在责任感和意志力方面表现优良,但在安全感、好胜心以及耐挫力方面还需要加强。从性别上看,女生在认识兴趣、成就动机、责任感、好胜心和时间管理等方面的表现均明显好于男生,而男生的安全感要明显高于女生;主要由父母照料的学生情绪稳定性和安全感稍胜,而祖辈照料的学生一般好胜心比较强。

2. "学生学习生活幸福指数"测评

该测评主要是对学业安排、师生关系、同学关系、课外课间活动、总体感受等方面内容的综合评定。测评抽取了区域各小学三年级的部分学生。测评结果显示,长宁区三年级小学生学习生活总体幸福指数良好,相比较而言,女生比男生更具幸福感。在"学生最喜欢的事"测评中,春秋游、和同学一起玩、自由地度过周末等受欢迎程度高,男生更喜欢参加运动会,而女生则倾向于帮助有困难的人。学生眼中的校长职责是开好课,减点压,多活动,饭好吃。

3. "学生学业成就发展指数"测评

"学生学业成就发展指数"分为学习成绩、学习成本、学习品质三个指标。测评对象覆盖了区域内各小学四年级学生。测评结果显示,长宁区四年级小学生的平均学业成就发展指数为良好;学生的学习成本与学习成绩并非均成正比,比如,有些学生虽然成绩较好,但在承担学校正常课业之外,业余时间还被家长安排参加各类辅导班,付出的学习成本较大,减轻学业负担需要家校合力,共同努力。

> 课堂教学有三维目标：知识技能、过程方法、情感态度价值观。树人就像栽苹果树，知识能力相当于苹果，过程方法相当于苹果树的枝干，情感态度价值观则相当于我们看不见的土壤下的根。苹果每个人都看得见摸得着，我们都希望苹果长得大，一看情况不对，马上打点药水，苹果就长大了，好看了。但如果根系不够发达，枝干不够茁壮，我们再怎么围着苹果花力气，也只能让苹果表面好看一点，吃起来却味如嚼蜡。要想让苹果长得好，苹果树必须要枝繁叶茂；要想苹果树繁茂，必须根系发达。所以，教育真正应该做的事情是为树人的立德根基提供健康肥沃的土壤和水分给树根；提供充足的阳光给枝叶，那么苹果自然而然就长好了。教育就犹如苹果树，其实是个系统，而不是单一的某个方面。从根入手，才能枝繁叶茂，硕果累累。

 # 第三章　苹　果　论

"苹果"是一种常见的果品，它预示着"平安"、"祥和"与"美好"，正是因其美好的寓意而成为传统中国社会文人墨客歌颂"美好"的隐喻本体。比如，"昔曾珍北果，何日渐南来？闻道可祈福，窗前手自栽"（《冬日杂咏八首·其六》）；"古庙东西辟广场，雪消齐露粉红墙。风光谷雨尤奇丽，苹果花开雀舌香"（《伊犁纪事诗四十三首·其七》），如此等等，不一而足。教育是教人求善、使人向善、引人成善的崇高事业，它本身自带"美好"的底蕴，将"苹果"与"教育"勾连，促成借助教育隐喻表达教育意义的成效。其中，"作为本源性存在的教育

隐喻,有着独特而丰富的人文精神意蕴""隐喻的回归,教育更易达成人性完善的目的"①。在这样的背景下,借助"苹果论"表达对于教育目的等相关议题的诠释,是长宁教育的一大特色,也是长宁教育的一种创新。

一、为学生提供多种教育"营养"

人作为教育的中心,既是教育的起点,也是教育的目的,教育本身的作用就是为人的全面发展和终身发展奠基。可以说,教育正是在为人的全面性成长提供营养,其功用与苹果助长人的身体内在的逻辑一致。因此,借助"苹果论"探讨长宁区教育变革的贴地式的举措正当且适需。

(一)聚焦"三维目标"

新课程改革实施以来,关于"三维目标"的争论就不断发生,但是这并不妨碍区域教育改革沿袭知识与技能、过程与方法、情感态度价值观这三个维度推进教育教学改革。在钟启泉教授看来,"三维目标"是基础学力的一种具体表述。第一维目标(知识与技能)意指人类生存所不可或缺的核心知识和基本技能;第二维目标(过程与方法)的"过程"意指应答性学习环境与交往体验,"方法"指基本学习方式和生活方式;第三维目标(情感态度与价值观)意指学习兴趣、学习态度、人生态度以及个人价值与社会价值的统一②。沿此逻辑,长宁教育将"推进三维目标实现"作为区域教育改革的重心来抓。

对于"分数"的态度与行动是长宁教育推进三维目标落实成效的鲜明要素之一。在长宁教育变革过程中,分数并不重要,但是分数也

---

① 宋晔.隐喻语言:一个被忽视的教育范畴[J].清华大学教育研究,2003(5):25—29.
② 钟启泉."三维目标"论[J].教育研究,2011(9):62—67.

不可回避,这是体制问题。学生每天都花时间准备各种各样的考试,但是这个时间只占他们每天学习的很小一部分。一天中的大部分时间,学生用来学习生活中更加重要的事情。长宁并不为取得好的数学成绩花大量的时间,但是长宁花大量的时间去学习"数学";长宁并没有花大量的时间来准备阅读考试,但是花大量时间去"阅读"。正因为这样,长宁孩子们在数学、阅读等各个方面表现很好,同时,他们的考试成绩也非常好。长宁的学校不关心孩子们本学期的期末考试成绩,但是长宁教育在乎孩子们在学校学到的东西对他们今后的人生有没有帮助。教会学生更多的生活技能是长宁最重要的工作。因此,严格按照三维目标的实践逻辑开展学生培养、推进教师队伍建设、推动现代学校改进、谋划区域教育发展战略是长宁教育的发展重心与特色。

(二)培养"完整的人"

"培养什么人""怎样培养人"和"为谁培养人"是新时代中国人才培养体系改革面临的时代"三问"。对于学校"培养什么人"习近平总书记言道:"我先给一个明确答案,就是我们的教育要培养德智体美全面发展的社会主义建设者和接班人。"[①]"全面发展"即是指"德智体美劳"的全面发展,缺一不可。进入新时代,中国教育的目的成型是"培养'德智体美'全面发展的社会主义建设者和接班人",以国家需求为导向的"培养什么人"指向"培养'德智体美劳'全面发展的社会主义建设者和接班人"的人才培养目标。长宁教育充分考虑到学生的个性发展,将引导学生树立正确的人生观、世界观、价值观视作为孩子带来"快乐教育"的基石。这是长宁教育的传统,它的长时段存在让"指向完整的人培养"成为"苹果论"的又一重要内容。

---

① 习近平.在北京大学师生座谈会上的讲话[N].人民日报,2018-05-03.

教育的意义在于让人生更美好,它能给人带来自信与快乐,对于培养完整的人意义重大。长宁区教育改革批判过于重视知识和技能,缺乏对过程方法、态度价值观的整合。人的培养好比是种植一棵苹果树,只有根系发达了,才能枝繁叶茂,硕果累累。人的培养也是一样,只有接受了完整的教育,才有可能培养完整而健全的人。受此影响,长宁教育主张让孩子在快乐中学习,在"快乐教育"中培养完整的人。具体讲来,长宁"快乐教育"的核心是让学生在学习过程中产生"获得感",得到一种快乐的心理情感体验,从而喜欢学习、主动学习,并在学习中养成乐观开朗的人格。简言之:目标上,快乐教育注重"释活力、重成长",不是一味地追求学生的"快感",而是让学生成为内在人格健全的快乐之"人"。策略上,快乐教育注重"顺天性、重引导",不是单纯地对学生听之任之,而是需要遵循学生身心发展规律,遵循教育教学规律,家校合力引导。方法上,快乐教育注重"激兴趣、重效率",不是简单地减少学习时间、降低学习难度,而是用快乐的教育手段和方法,让学生乐学,提升学习效率,师生教学相长。

(三)关注学生终身发展

学生将来能否终身发展,能否成就一番事业,特别是能否取得人生的成功,与其各种素质密切相关,只有具有学习、创新、交际、自我评价与控制等相应能力的人,才有可能终身发展;只有有远大理想、有渴望成功的强烈动机的人,才会去终身发展[①]。与此同时,承续上文对于"三维目标"功用的阐释以及在长宁的实践分析让我们意识到,新课程计划有新的课程体系,校本课程则是新课程体系的重要组成部分,开发校本课程的意义重大,不仅是落实新课程计划的需要,

---

① 汪理智.浅析学生终身发展与其素质的关系[J].当代教育论坛,2005(14):68—69.

是形成学校办学特色的需要,更是学生终身发展的需要①。因此,教育改革要关注学生的终身发展,它不仅是现如今教育发展的趋向,也是长宁教育发展的迫切需要。正是在这种意义上,"关照学生终身发展"成为"苹果论"的主要内容。

为了实现学生的终身发展,长宁区坚持"为了每个学生更好地学习与成长"的理念,坚持科学的教育质量观、牢固树立科学的评价观、探索实施科学的教学观,推进区域教育转型发展。在国家教育体制综合改革试验中,长宁区区域根据不同学段学生身心发展规律和教育教学特点,在学前、小学、初中和高中4个学段分别选择4个具体的教育教学改革项目——幼儿园"主题—运动"项目活动、小学"快乐拓展日"课程活动、初中"阅读领航计划"、高中"主题轴"综合课程建设,并以此为抓手带动全区各学段素质教育的综合配套改革。以此为基点,创造条件为学生提供一个良好的成长的环境,使长宁区内的教育关涉主体都能够在其中获得"精神养料"。

二、"苹果论"的理论建构

人的身体成长需要物质养料,人的培养需要精神养料,"苹果"能够帮助人的身体,而"教育"能够滋养人的"精神"。"苹果论"的提出是考虑到人的培养的必要需求的基础上,迎合国家课改政策对于区域教育改革的期待与要求。在此意义上,二者成为"苹果论"提出的学理依据。

(一)人的培养的必然需求

李希贵校长曾经提到:学生是具有主体性的人,其对教学的影响不是无条件地接受,而总是根据自己的愿望、态度、能力等来选

---

① 薛静尧.开发校本课程,为学生终身发展奠基[J].天津教育,2004(11):14—16.

择①。教育的根本目的,是促进人的自由全面发展,培养经济社会发展需要的各类人才,促进学生自由、全面的发展,让学生顺天性、得尊重应当是教育改革持续推进的教育举措。

人的培养需要课堂改革,需要聚焦三维目标的落地践履。聚焦课堂,缘于对课堂本质的认识,缘于对教育根本任务的认识。当下对课堂的研究与诠释很多,长宁教育认同课堂的本质是"生命体的运动"这一观点。课程是承载和集聚人类发展文化智慧的生命体;教师是传承和发展人类先进文化智慧的生命体;学生是发现和创造人类先进文化智慧的生命体;课堂教学的目的是在这三个生命体相互作用的过程中提升师生生命智慧。从这一观点出发,课堂既是提升学生生命质量的主阵地,也是促进教师专业成长的主阵地。学生是完整意义上的人,只有被关照、尊重的人才有可能成为完整的人,才有可能得到终身发展。改善学校教育质量的过程中,必须考虑到学生对学校各方面工作的感受和意见,以此为基础,才能制订更好、更合理的学校发展计划②。归根结底,课堂是落实教育立德树人根本任务的主阵地。教育的聚焦点在课堂,教育改革的核心是课程改革,课程改革的核心是课堂改革;教育改革只有进入到课堂层面,从"课改"到"改课",才真正进入了"深水区"。课堂质量关系到生命质量,生命质量关系到公民素质,公民素质关系到民族未来;聚焦课堂,提升课堂品质,是整个基础教育也是长宁活力教育恒久重要的命题。

(二)新课程改革的新要求

国家纲要指出,要适应国家和社会发展需要,遵循教育规律和人

---

① 李希贵,李凌艳,辛涛.建立以学生为主体的学校自我诊断模式[J].教育研究,2010(9):69—74.
② 李希贵,李凌艳,辛涛.建立以学生为主体的学校自我诊断模式[J].教育研究,2010(9):69—74.

才成长规律,深化教育教学改革,创新教育教学方法,探索多种培养方式。要注重学思结合,倡导启发式、探究式、讨论式、参与式教学,帮助学生学会学习。要注重知行统一,充分利用社会教育资源,开展各种课外及校外活动。加强中小学校外活动场所建设。要注重因材施教,注重学生不同特点和个性差异,挖掘每一个学生的优势潜能。这些教学观大家都了解,但不能停留在想法上,而是怎样去落实因材施教,先学后教,以学定教。

基础教育课程改革以邓小平同志关于"教育要面向现代化,面向世界,面向未来"和江泽民同志"三个代表"的重要思想为指导,全面贯彻党的教育方针,全面推进素质教育,使学生具有爱国主义、集体主义精神,热爱社会主义,继承和发扬中华民族的优秀传统和革命传统;具有社会主义民主法治意识,遵守国家法律和社会公德;逐步形成正确的世界观、人生观、价值观;具有社会责任感,努力为人民服务;具有初步的创新精神、实践能力、科学和人文素养以及环境意识;具有适应终身学习的基础知识、基本技能和方法;具有健壮的体魄和良好的心理素质,养成健康的审美情趣和生活方式,成为有理想、有道德、有文化、有纪律的一代新人。改变课程管理过于集中的状况,实行国家、地方、学校三级课程管理,增强课程对地方、学校及学生的适应性。

三、"苹果论"的长宁实践

"苹果论"的提出为长宁教育发展引入一种新的视角,在遵从人的发展特性的基础上,既与当下区域教育发展契合,又迎合了国家教育政策对于教育改革的要求。因此,"苹果论"的长宁实践是对长宁教育立足区域实践的现实反省。

（一）以"三维目标"统整课程体系建设

长宁区积极落实和推进教育改革，全面深化课程教学改革，在已有成果的基础上为各学段改革不断注入新的活力，以创新改革项目为突破口，推动课程教学改革不断深化，进一步树立了长宁活力教育的课改品牌。

第一，明晰课程改革方向。党的教育方针政策已很明确，包括推进素质教育、培养学生创新精神和实践能力等，长宁已经把握好课程改革的方向，特别是现在的国际教育很热，市里也出台了很多要求，长宁区有"三个城区"建设要求等，长宁要明确自己的方向，充分发挥"三维目标"的专业引领作用，建立带有"长宁特色"的课程体系，进一步与国家教育发展方向一致、与区域教育发展需求满足的方向吻合。

第二，提高课程的丰富程度。学生的全面发展需要丰富的课程，现如今长宁区很多学校立足课程建设，着力推进三维目标的校本化落实，不断提高课程的丰富程度。比如，适存小学的体育课程、绿苑小学的五大教育文化功能展示和体验区、华政附中的非智因素发展等。长宁要在已有课程的丰富性的基础上，考虑课程的核心价值，课程主要解决什么问题都要想清楚。同时，长宁的学校在做丰富的课程时，把课程背后的理念、核心价值梳理清晰，寻找适合自己学校的课程，根据学生的喜好来设置，要让学生有体验，通过体验让他们成长。

第三，增加课程的可选择性。课程选择很重要，要让选择成为学校的主题词，有了选择的课程，学生自己选择的责任心会增加，要把选择和责任联系起来，所以学校要有更多的选择。长宁区在2013年已经启动并于2014年全面推开的作业分层工作，就是让初中的学生在作业过程中有选择性。缺乏选择性会使学生压力很大，要让学生根据自己实际情况来选择。比如，高中以分科课程为主，为使学生在普遍达到基本要求的前提下实现有个性的发展,课程标准应有不同水平的要求,在开设必修课的同时,设置丰富多样的选修课程,开设技术类课程。同时,普通高中课程坚持使学生普遍达到基本要求的前提下,有一定的层次性和选择性,并开设选修课程,以利于学生获得更多的选择和发展的机会,为培养学生的生存能力、实践能力和创造能力打下良好的基础。

第四,增强课程的可参与性。学生是课程建设关照的对象,学生参与过课程建设与课程教学,其主人翁精神会不一样。长宁区主张课程建设过程中,要增强课程的可参与性,要求教师在教学过程中应与学生积极互动、共同发展,要处理好传授知识与培养能力的关系,注重培养学生的独立性和自主性,引导学生质疑、调查、探究,在实践中学习,促进学生在教师指导下主动地、富有个性地学习。教师应尊重学生的人格,关注个体差异,满足不同学生的学习需要,创设能引导学生主动参与的教育环境,激发学生的学习积极性,培养学生掌握和运用知识的态度和能力,使每个学生都能得到充分的发展。同时,长宁区的学校每年要接待很多国内外人员参观访问,学校组织一批学生负责接待介绍。可能从表面看学生浪费了几节课,但是对学生成长作用是很大的。如接待外国朋友时,学生用英语介绍学校,就能锻炼学生英语表达能力,另外一方面学生要了解学校的发展,也培养了学生对学校的关心和热爱。通过这样一些不经意的举措,都会对学生的培养起到很好的作用,所以说参与性真的很重要。

(二)以校本课程建设助力学生全面发展

虽然国家课程和地方课程也要满足学生的发展需要,不过,由于国家课程和地方课程更多地考虑到的是学生的统一的、共同的基本素质要求,所以它必然地不可能以某一所学校的具体发展需要为对象来设计课程,而学校是真正发生教育的地方,所以校本课程开发更有条件满足学生实际的发展需要。因此,立足校本课程建设促进作为人的学生全面培养是长宁教育的重要举措。

第一,统一对校本课程开发的认知。校本课程开发一般是指学校根据自己的教育思想、为满足学生的实际发展需要、以学校教师为主体进行的适合学校具体特点和条件的开发策略。长宁区的校本课程开发包括两大范围,一是指校本课程的开发,区内学校根据国家课程计划预留的学校自主开发的时间和空间,进行学校自己的课程开发。这时学校是课程的权力主体,所以开发出来的课程称为校本课程,它就成为一个课程板块,与国家课程和地方课程相对应,这一含义可以理解为校本课程的开发。二是指校本的课程开发,区内学校根据自己的具体实际情况对国家课程计划进行校本化的适应性改造。国家仍是课程计划的权力主体,这时课程目标已经明确规定,课程内容也基本确定,但学校教师仍然可以根据学校的特点和条件,就课程资源、单元进度、授课顺序、教学方式、考核方式等课程议题进行自主决策。

第二,明确校本课程开发的基本任务。校本课程开发的兴起与它事实上要承担的任务是分不开的,长宁区校本课程开发承担的基本任务主要体现在两个方面:一方面,培养和提高校长和教师的课程意识。作为教师专业发展的重要途径,校本课程开发的任务之一是培养和提高学校校长和教师的课程意识,学校的校长和教师对校本课程开发中遇到的一系列问题的认真分析和有效解决,将有助于校长和教师加深对课程的理解,拉近他们和学生的距离,丰富他们对学生发展的看法,也有助于增进他们对国家和地方课程的理解,从而更加富有创造性地实施国家和地方课程。另一方面,形成和体现学校的办学特色。这是决定学校办学长久生命力的关键所在。校本课程开发要致力于形成和体现学校的办学特色,主要是由每所学校学生的实际发展基础和需要以及课程资源、学校和校长的办学思想等存在差异而决定的。一方面,校本课程的开发要为形成和体现学校的办学特色做出贡献。另一方面,要把办学特色渗透到国家课程和地方课程的有效实施过程之中。

第三,践履理性的校本课程开发活动方式。其一,课程选择。课程选择是校本课程开发中最普遍的活动,是指从一些可能的课程项目中决定学校付诸实施的课程计划的过程。长宁区要求教师对正式课程的目标和内容加以修改以适应他们具体的课堂情境和发展需要。其二,课程整合。课程整合是指超越不同知识体系而以关注共同要素的方式来安排学习的课程开发活动。长宁区进行课程整合的目的是减少知识体系的分割和学科间的隔离,把受教育者所需要的不同知识体系统一连接起来。如物理和数学关联就是意味着物理和数学专题的编排顺序应该把那些解决物理问题所需运用的数学知识安排在前面。其三,课程补充。课程补充是指以提高国家课程的教学成效而进行的课程材料开发活动,它可以是补救性练习等。长宁区在学校这一级,教师既可以在市面上挑选补充材料,或者与同事一起合作开发,也可以独自进行开发。

(三) 以"改课"为中心推进学生终身发展

顾明远先生曾经强调:"人的全面发展是人类对自身发展的最高追求。"[1]终身学习是教育面向21世纪的重大发展[2]。聚焦到学生的身上,就是通过终身学习促进学生终身发展。在这样的背景下,长宁区根据学生本身的特征以及社会对于学生知识结构需求的变化,以

---

[1] 顾明远.终身学习与人的全面发展[J].北京师范大学学报(社会科学版),2008(6):5—12.

[2] 吴咏诗.终身学习:教育面向21世纪的重大发展[J].教育研究,1995(12):10—13+9.

"课改"到"改课"为中心推进学生终身发展。

第一,改善教学方式,全力推进阅读领航计划。一方面,大力推进信息技术在教学过程中的普遍应用,促进信息技术与学科课程的整合,逐步实现教学内容的呈现方式、学生的学习方式、教师的教学方式和师生互动方式的变革,充分发挥信息技术的优势,为学生的学习和发展提供丰富多彩的教育环境和有力的学习工具。另一方面,鉴于阅读水平的高低很大程度上决定了学生学习能力的强弱和思维方式的差异,长宁教育在初中阶段推行"阅读领航计划"。其中,"学科教材阅读"以教学模式的改变为核心,解决"先学后教,以学定教"问题,让学生成为课堂的主人。"学科拓展阅读"旨在扩大学生阅读量,拓宽学生阅读视野。"社会实践阅读"让学生在社会问题中增强分析、判断能力,提高社会责任感和公民素养,形成学生对社会问题的基本认识和理性判断。

第二,围绕"教学年"主题,推进课程教学改革。一是组织开展第十一届教学工作研讨活动。围绕"研究学生、深化课改、促进发展"的主题,全面开展系列学习研讨、实践研究和各级各类展示评优活动,整理提炼并推广具有区域特色且可持续发展的教学成果。二是推进学前教育发展。继续实施《长宁区学前三年行动计划(2011—2013年)》,进一步发挥市示范园辐射作用,拓展学前教育优质资源。加强幼儿园日常教育教学的管理与指导,完成仙一、基金会、虹城、兆丰、虹二5所一级园的复验工作。不断提升幼儿园保教质量,加强对保育员、营养员的管理和培训。继续按照《长宁区托幼一体化推进方案》,稳步推进托幼一体化,持续提升办园质量与水平。三是分学段系统推进课程教学改革。围绕2012年长宁教育"教学年"主题,学前阶段:继续开展幼儿园"主题—运动"项目活动,以试点园带动园际合作研究小组,并在全区范围内开展项目活动,形成阶段性成果;小学阶段：以"快乐拓展日"课程活动实施为抓手，研究学生身心发展规律和学校办学特色，编制具有学校个性与特色的课程计划，做好"快乐拓展日"阶段性工作总结，探索系统性、内涵式、常态化的运作模式，通过学校"合作共同体"的建设整体推进区域学校课程改革；初中阶段：继续推进"阅读领航计划"试点工作，严格遵循推进制度，重点关注"三类阅读"试点成果呈现方式的概括提炼，通过学科自学能力检测及学业成就发展指数调研等手段，研究试点工作对学生自主学习的价值；高中阶段：继续完善学校"主题轴"课程建设，所有高中学校在2012年完成研讨课开设及"主题轴"课程载体建设工作，进一步设计区域高中"主题轴"课程建设模型图，继续参与部市合作项目"高中生创新素养培育"的研讨和活动。

> 逻辑思考在学校管理中至关重要。在教育教学过程中,不同的校长和教师对同一类型事件往往会有不同甚至是截然相反的处理结果。究其原因,主要是因为他们思考和解决问题的逻辑不一样。掌握逻辑思考的窍门,对他人而言就会起到"更能准确地表达自己的想法""话语更有说服力"的效果;对自己而言,也能起到"快速做出决定""提高解决问题能力""提升工作精度"等多方面效果。领悟逻辑思考的本质,并能实际应用,往往事半而功倍。

第四章 逻 辑 论

德国哲学家黑格尔(G. W. F Hegel)说过:逻辑是最优良的东西,"研究逻辑并不是为了实用""探索最优良的东西,不是为了单纯的实用的目的",而其实"最优良的东西,也就是最有用的东西"[①]。这就是说,追问和探寻"逻辑"的意义不在于得到什么样实用取向的有用的结果,"做"的过程就是意义本身潜藏的域所和重要显现。理论上讲,"逻辑"是一个抽象复杂名词,当"我们"阐述"逻辑"之时,必然会关涉逻辑的"前项""中项"和"后项",而关涉到实践层面,尤其是具体到似乎人人皆可谈及的教育领域,对于"逻辑"的探讨更多涉及教育事项处理的"起点逻辑""过程逻辑""方法逻辑"等。显见的是,遵照和顺应"逻辑"是对于人与人之间的关系处理、人与事之间的事

---

① 黑格尔. 小逻辑[M]. 贺麟,译. 上海:上海人民出版社,2008:88.

件决策的必要前提和必要基础,尤其是关涉人的培养的教育变革与实践过程中,不讲"逻辑"的人与事的决断很大程度上难以达到理想的预期。受此影响,长宁区立足对于区域教育发展大势的宏观理解和微观把控,提出指向教育事项处理的"逻辑论",表面上是一种带有"玄学"意义的探索,实际上它更多的指向区域教育实践按照"逻辑"行事,具有坚实的"抓手"和"载体"。

一、教育变革要遵循"逻辑"秩序

正如石中英所说:"教育实践的逻辑是教育实践行为的一般形式、结构或生成原则,是各种教育实践样式得以可能并共同分享或遵循的内部法则。"[①]推进教育有序发展,必须注重对于"逻辑"的理性把控。其中,"逻辑论"是长宁区对于教育变革与实践及其关涉的教育事项处理过程中,遵照一定的教育"法则"与"原则"的重要体现,它涉及对于"教育实践逻辑"及其内部蕴藏的教育规律的顺应和尊崇。就其蕴含来讲,"逻辑论"主要涉及思考问题的起点逻辑、处理事情的行为逻辑、实施管理的策略逻辑、信息传递的表达逻辑,这四者构成"逻辑论"的内容主体,形成推进教育变革与实践的"逻辑闭环"。

(一)起点逻辑

"问题"产生既是研究的起点,也是推进变革的价值所指,"教育问题"是教育场域需要审慎对待的教育范畴,而思考教育场域内的"问题"需要具备一种逻辑意识,也就是注重对于"起点逻辑"的关照。"起点逻辑"指向"问题"来自哪里,走向何处,是一种具有本源意识的对于教育问题的思考和反省。这是处理一切教育问题的"起点"。教

---

① 石中英.论教育实践的逻辑[J].教育研究,2006(1):3—9.

育问题是复杂的,也因其自身蕴藏多种价值取向而使其或潜在或显在的面临诸多矛盾和冲突①,正是这些矛盾和冲突使得教育变革的参与主体及其领导者不能缺少对于教育问题"起点逻辑"的思考。据实而论,人是教育的对象,也是教育的目的,长宁区坚持以人为本的教育思想,从人的基本需求的满足出发,将推动"学生""教师"和"学校"朝向更加高品质、高质量的发展视作区域教育变革的重要"抓手",这种思考长宁区的教育变革与实践问题的思路,在很大程度上抓住了区县教育变革与实践的"关键"。因此,思考问题的起点逻辑就成了"逻辑论"的重要一环。

(二) 行为逻辑

"行为逻辑"是行为主体按照一定"规律"或者"规矩"进行构思、选择、决策、行动的"逻辑机理",它指向一系列"行为"过程的时序排列与设计安排。聚焦到教育领域,处理关涉到教育的"事情"势必具有相应的"事情"关涉主体,而这一主体是进行"事情"构思、选择、决策、行动的"行为主体",它可以指向政府部门的教育管理者,也可能指向学校场域内的学生、教师、校长或者家长,这些行为主体对于特定教育事项的处理必须遵照一定的"逻辑",对于具象行为的实施必须关注到"行为逻辑"及其背后蕴藏的"逻辑机制"。聚焦到长宁教育发展格局,当涉及教育变革实践与发展,区级政府对于长宁教育负有主要的领导责任,长宁区教育局对于长宁教育负执行责任,而长宁区内的所有学校、教师、学生和家长则也同样对于长宁教育的深入推进与发展负有必要的责任和义务。正是这些行为主体在处理长宁教育相关"事情"之时,必须关注其作为行为主体的"行为逻辑",受此影

---

① BALL, Good School/Bad School: paradox and fabrication [J]. British Journal of Sociology of Education, 1997,18(3): 317-336.

响,处理事情的行为逻辑也成了"逻辑论"的关键一环。

(三) 策略逻辑

2013年党的十八届三中全会通过的《中共中央关于全面深化改革若干重大问题的决定》,首次在政府重要文件中用"社会治理"取代原先的"社会管理",进一步淡化政府的管制作用,强化其服务职能①。这一政策背景为区县教育变革设定了"基调"。"治理"替代"管理"虽然只有一字之差,却是社会的重要进步。聚焦到教育领域,"管理"手段的运用是区县教育变革与实践取得成效的关键。强调"管理"并不意味着是对教育变革关涉的各主体权力与权利的僭越,相反,尊重教育发展逻辑与规律的教育管理者会注重"实施管理的策略逻辑"。长宁区在区域教育变革过程中,教育管理部分尊重教育发展规律,实施教育管理过程中注重教育性策略的运用,根据学生不同时期的发展特征实行分层管理。比如,学前阶段重启蒙,小学阶段重快乐,初中阶段重有效,高中阶段重综合,对接高考改革。同理,对于教师、学校以及整个区域教育都有类似的实践策略。可以说,实施管理的策略逻辑是"逻辑论"的内容构成主体。

(四) 表达逻辑

正如晏辉所说:"话语与意志密切相关。"②话语背后传递出话语主体意欲表达的意志与愿景,每一种主体表达内容都裹挟这主体的话语模式,其间存在信息传递的表达逻辑。"为了每个学生更好地学习与成长",是长宁教育的目标,就其目标而言,一方面,让长宁成为一个大写的人,即让长宁成为一个爱国敬业的人,成为一个诚信友善的人,使这8个字贯穿社会公德、职业道德、家庭美德和个人品德,是

---

① 俞可平.中国如何治理:通向国家治理现代化的道路[M].北京:外文出版社,2019:143.
② 晏辉.话语哲学与意志表达[J].社会科学辑刊,2019(3):13—23.

为人做事的基本价值准则。另一方面,让长宁成为一个有趣的人,即学习有乐趣,运动有兴趣,人生有志趣,有趣是对生活的一种热爱,一种投入,对困难的一种豁达,一个有趣的人,才会过有趣的生活。长宁区这一系列"教育话语"的背后传递出区的关键举措,围绕为了每个学生更好地学习与成长的理念,促进区域教育优质均衡发展,办人民群众满意的教育价值初心和行动指向。因此,信息传递的表达逻辑也是"逻辑论"的内容构成主体。

二、"逻辑论"的内在价值

这是一个"讲秩序"的时代,也是一个"讲规律"的时代。这样的时代背景铸成了"讲逻辑"必须要成为教育变革与实践的重要选择。一方面,遵照"逻辑"是推进宏观教育变革的必要前提。另一方面,顺应"逻辑"是推进区域教育实践的必要基础,二者的并行存在构成了"逻辑论"存在的价值基础。

(一)遵照"逻辑"是推进宏观教育变革的必要前提

教育是最大的民生工程,教育变革是事关国计民生的重要事项,教育变革的成败关系到千家万户的切身利益。这种独特价值让我们必须审慎对待教育变革的发生,沿袭教育的"发展规律",遵照教育的"发展逻辑",从教育变革关涉的各主体利益维护和权衡的角度入手,按照教育发展的具体情境的事实与事理,有序推进教育变革的发生与发展。据实而论,"改革是对事物做出的有意义的深刻改变,这种改变在不同阶段有不同要求。我国的改革在很长一段时间具有单一性、试点性的特点,几乎所有的改革措施与方案都是先从试点开始,再逐渐推广"[①],这是教育变革的一般逻辑时序。坦率地讲,宏观的

---

① 郑金洲.区域教育综合改革:理论思考与实践改进[J].教育研究,2020(7):84—94.

教育变革是一个区必须要进行的教育重大事项,它涉及区域层面教育的宏观布局和顶层设计,是为区域教育发展构画蓝图的重要一招。这一过程无疑是重要的,也是复杂的,即便遭遇挑战也要一往无前。为了达到教育变革的初心与目标,遵照"逻辑"就成了推进宏观教育变革的必要前提,也成了落实"逻辑论"核心要义的必要准备。

(二)顺应"逻辑"是推进区域教育实践的必要基础

理论的阐述与辩护固然很重要,但是实践的落地转化,成为具象的教育实践过程也同样不能被忽视。甚至说,教育实践相对于教育理论来讲,短期看更具有现实意义和价值。区域教育综合改革,是全面深化改革在教育领域的具体体现,也是我国新时代教育改革的主要形态①。当聚焦在以长宁区为代表的区域层面,推进区域教育实践事关一个区内的教育关涉主体的利益维护和受教育权利、权益的尊重,落实好教育实践有必要顺应"逻辑",而这里的"逻辑"更多的指向教育实践的"内部逻辑",即按照教育实践关涉到的人与人、人与财、人与物的合理配置和资源划分。这是一种复杂的教育事项,必须顺应教育发展的"逻辑"有序推进教育实践。因此,顺应"逻辑"是推进区域教育实践的必要基础,而"逻辑"的存在使得区域教育实践能够在有序、有效、有理的情境中向前推进。这一点对于区域教育发展来讲至关重要。

三、"逻辑论"的长宁实践

"逻辑论"是长宁教育发展的一大"特色",也是其推进教育变革与实践带有"创造性"的教育改革观。长宁区注重对于区域教育关涉

---

① 郑金洲. 区域教育综合改革:理论思考与实践改进[J]. 教育研究,2020(7):84—94.

各个主体专业特性与发展需求的考量与满足,着重按照教育发展规律,从教育变革与实践的"起点思考""主体行动""策略选择""信息表达"等方面诠释"逻辑论"的基本蕴含。而具体到区域实践的角度来讲,长宁区主要从培养全面发展的快乐学生、打造适应时需的教师队伍、建设优质特色的学校文化这三个层面践行"逻辑论"。

(一) 培养全面发展的快乐学生

"培养什么人""怎样培养人"和"为谁培养人"是新时代人才培养体系改革面临的时代"三问"。长宁区为了回应"时代之问",将"为了每个学生更好地学习与成长"视作长宁教育变革与实践的价值取向,培养全面发展的快乐学生是长宁教育的根本目标。长宁区推进教育变革遵照每一个学生都是独立、特别、个性的主体事实,着力采取分层、分样的方式对于不同学段的学生进行带有不同侧重点的人性化培养,注重培养全面发展的快乐学生。比如,按照长宁区的教育规划部署,小学教育注重学生快乐地学习,关注激发作为幼龄儿童的学习兴趣,培养学生在低学段的良好的学习习惯,增强学生的学习自信心,使其在快乐的学习环境中学习新知。初中教育注重学生有效学习的达成,着重为学生提供良好的学习环境,营造一种快乐学习的学习氛围,关注学生自我教育、自主学习方式的养成,关注学习效率的提升,让学生在学习中有所得、有所获。高中教育注重学生综合学习,强调培养学生的综合素养,使学生在进入高等教育学段之前能够在"应试导向"的教育环境中学有所长、多元发展。再比如,长宁在小学"快乐拓展日"课程活动中,所强调的"快乐学习,激发儿童学习兴趣,培养良好学习习惯,增强学习自信心",就是希望能够为孩子们创造"自信(基金会幼儿园)""愉快(长实验幼儿园)""乐观健康(威宁小学)"的学习生活环境,让"每一个孩子都有一个快乐的童年(东展小学)",让长宁的"学生充满生活力(长实验小学)""能享受成长之幸福(新虹桥小学)"等等,都是在致力于培养全面发展的快乐学生。由此可以说,长宁区的教育变革与实践,注重学生在学习中的"所得""所获",强调学生能够"快乐学习""全面成长",从而达成总书记提到的"德智体美劳"全面发展的培养目标。可以说,这是长宁教育的"传统",也是长宁教育落实"逻辑论"的重要体现。

(二)打造适应时需的教师队伍

习近平总书记高度重视教师队伍建设工作,在不同的时间、不同的场合、针对不同的群体对于新时代教育队伍建设做出了一系列重要论述和重要指示,寄厚望于广大教师能够肩负实现"两个一百年"奋斗目标、中华民族伟大复兴中国梦的神圣使命和历史责任。要意识到,教师虽不是唯一的育人主体,却是最专业的育人力量,要承认教师本身依旧存在不确定性的专业短版,由此使得教师专业育人工作的完成不能依赖教师个人的自主学习,区域教育管理部门的介入打造适应时需的教师队伍是一种时代的必然选择。长宁结合已经制订的《搭台建梯循序渐进追求卓越——长宁区基础教育教师职业生涯发展规划与实施方法》,积极构建教师职业生涯发展规划,实施分层分类培训,促进教师自主发展。在这一规划中,长宁明确了以"教坛新秀—教学能手—学科带头人—名师后备人选—特级教师"为梯次的教师荣誉称号序列和以"校本培训—区域教研—区中心基地—学科带头人项目制—市名师后备人选培养"为层级的专业服务平台序列,强化教师在专业发展上的主动意识和行动能力。同时积极推进与上师大的区校合作框架,开展高端教师培训,主要包括青年骨干教师学历培养项目、免费师范生精细化培养项目、新教师培养4+2项目等等。2019年2月,中共中央、国务院颁布的《中国教育现代化2035》将"建设高素质专业化创新型教师队伍"确定为教育现代化的

十大战略任务之一,而且将之视为推进教育现代化、建设社会主义教育强国的重要支撑。在此基础上可以说,按照教育发展逻辑来讲,长宁区主张打造适应时需的教师队伍,抓住了区域教育变革与实践的"牛鼻子",这与"教育大计,教师为本"逻辑上一致。因此,打造适应时需的教师队伍成为长宁区践行"逻辑论"的重要表现。

(三)建设优质特色的学校文化

整体来讲,长宁的每所学校都致力于打造特色,为每个学生多样化的发展需求提供服务。长宁有"文理相融,理科见长"的学校,也有"人文底色,书香情怀",不同特色的优质学校建设共同指向良好的学校文化建设。学校谋求学校的发展,从根本上说必须加强学校的文化建构。长宁区扎根区情、校情、教情、学情实际,将营造优质特色的学校文化视作区域教育发展的一大重心,以学校文化建设打造优质特色的学校发展集群。理论上讲,学校文化是指以学校群体成员为主体,在教育教学和管理实践中逐渐共同创造生成的具有独特凝聚力的学校面貌、制度规范和学校精神气氛等,其核心是学校在长期办学中积淀下来,体现时代特征和社会进步的价值观念、思维方式、行为规范及其活动结果,以具有学校特色的精神形式、制度形式和物质形态为外部表现并影响和制约着学校群体成员的活动方式、精神面貌与文化素养发展。遵照和顺应这一内涵逻辑,长宁区注重区内学校文化建设,集中涵盖教师文化、学生文化、课程文化、组织文化和环境文化,搭建区域实践平台构建学校之间的文化共同体,助力学校全体成员共同营造、建设、完善和创新学校文化的活动和过程。与此同时,长宁区学校文化建设注重以高尚优秀的精神文化引导人(师德高尚、理念先进、业务精湛、团结协作,"四自"和"四会"),以科学规范的制度文化约束人(学校的各种规章制度),以优美高雅的环境文化陶冶人(破窗理论),让学校文化成为长宁区教育发展、学校发展最宝贵的教育财富和资源,使其成为学生成长、教师发展的肥沃土壤,进而推动长宁区的学校文化与形象高雅圣洁,魅力无限,独秀群芳,成就卓越。因此,建设优质特色的学校文化是长宁区践行"逻辑论"的重要选择。

校长要有一定的教育思想或教育理念,这些思想或理念的实现,核心与关键是要有人格的支撑。我们走访了几位上海基础教育界的教育功臣,想了解他们身上有哪些共性的地方,有什么可以学习和借鉴的地方。我们发现,他们的成功不完全在于经费充足、设备一流、理论高深、研究一流、宣传到位,而是突出表现为三个共性:务实而不乏理念,成功但不计名利,谦和但不缺规范。"功臣"的共性特质,其实为基础教育的管理者确立一个标杆或者标准。长宁区也需要这样的基础教育的功臣,进而发挥他们的带动和辐射作用,提升长宁区教育的品质。

第五章 功 臣 论

校长是一所学校的灵魂,优秀的校长队伍是保障学校办学质量的前提和基础。早在《国家中长期教育改革和发展规划纲要(2010—2020)》中就指出"造就一批教育家,倡导教育家办学。"校长作为一所学校的引领者,承担了引领学校发展和提升学校质量的重要任务,这也势必要求校长应具备良好的品质素养。

一、"功臣"校长的卓越品质

2013年教育部颁布的《义务教育学校校长专业标准》和2017年颁布的《义务教育阶段学校管理标准》这两个文件对学校校长的素质素养做出了一定要求,也为教育家型校长的品质塑造提供了一定的启发。习近平总书记在第30个教师节提出的"四有好教师"和第32个教师节提出的"四个领路人",可以说是对广大教师提出的时代要求和期待,也进一步深化了我们对教育家型校长的认识。教育家型校长具备的特征主要有两方面:一是精神气质,二是专业品质。美国心理学家斯托格迪尔(Ralph. M. Stodgill)在20世纪70年代就提出了领袖品质的10项要素,即成就欲、坚韧性、洞察力、创新精神、自信心、责任感、合作精神、忍耐力、影响力和社会交往能力①。一个卓越的校长,必须要具备一定的精神气质。所谓精神气质是指一个人的个性和内在品质。对于教育家型校长来说,在精神气质方面表现在以下几个方面。

第一,要有赤诚的教育之爱。教育是育人的视野,是需要用感情投入的事业,因此对于校长来说,不仅需要知识与技能,更需要情感态度价值观的投入。

第二,要有坚定的教育理想与信念,教育家面向未来,成为教育家型校长需要有理想,有信念,需要校长有高瞻远瞩的战略眼光以及历经万难而不忘初心的意志和恒心。

第三,要有不囿陈规的创新精神。当今教育世界日新月异,世界改革迭出不息,校长办学不可能复制别人的模式或简单重复老路,以不变应万变不是一个优秀校长应有的态度。

第四,要有海纳百川的胸怀。教育是开放的,开放的教育需要校长有面向世界、面向未来的胸襟,办好教育需要校长有海纳百川的胸怀。

此外,校长是一项职业,校长的精神气质和职业情操需要通过其专业活动发挥作用和价值,具备卓越的专业品质是成为教育家型校

---

① 史策.领导特质[M].北京:中国时代经济出版社,2006:48.

长的重要基础。

第一,具备扎实的专业知识基础。专业知识储备是校长职业的基础,唯有"专"才能体现差异,体现价值。专业知识是专业化的前提。顾明远先生曾说"社会职业有一条铁的规律,即只有专业化才有社会地位,才能受到社会的尊重。如果一种职业是人人可以担任的,则在社会上是没有地位的。"中小学校长具备丰富的实践经历,但在专业知识掌握上仍显不足,急需要补充。尤其是除了自身所学专业知识之外的教育知识和管理知识欠缺严重。

第二,科学求真的理性精神。教育是一门科学,科学需要有求真精神。校长办学不能仅凭个人好恶意气用事,也不能仅靠单纯的精力和情感投入而缺乏理性思考,否则很难办出高水平的学校。科学求真的理性精神不是天生的,是校长在办学实践中逐渐获得的,校长要尊重、学习和把握教育教学规律和人的成长规律,并自觉运用到办学实践中,以实事求是的态度去观察、记录与评估学校和学生发展的状态,不断调整和改进。

第三,务实精细的工作方法。理性精神既是一种做事的态度,也是一种做事的方法,也意味着校长要把规律运用到实践中,要把自己的理想和思想还原到实践中,还需要一套务实精细的工作方法。对于优秀的管理者来说,务实精细的工作方法是其专业本领的集中体现,学校管理能否做到"发展有规划,管理有制度,做事有流程,评价有标准",是考量校长领导力的重要维度。

四是持续学习的态度。进入到终身学习时代,每一个人的发展离不开自身的持续学习。从经验型校长到专家型校长再到教育家型校长,是校长专业成长的进阶之路,因为持续的终身学习能对于每位校长成长至关重要。校长的热情不仅来自校长个人谦虚的胸怀和对新生事物的好奇之心,而且更需要校长有强烈的实践关怀精神——

关注、研究和解决实践问题。

二、培养优秀校长是教育大计

（一）政府对校长队伍建设的现实要求

《国家中长期教育改革和发展规划纲要（2010—2020）》中就指出"造就一批教育家，倡导教育家办学。"2012年，国务院印发的《关于加强教师队伍建设的意见》中提出"培养造就高端教育人才，实施中小学名师名校长培养工程。同时制定普通中小学、中等职业学校校长负责制实施细则，探索校长职级制。落实和扩大学校办学自主权，支持鼓励教师和校长在实践中大胆探索，创新教育思想、教育模式和教育方法，形成教学特色和办学风格，造就一批教育家，倡导教育家办学。2018年颁布的《中共中央国务院关于全面深化新时代教师队伍建设改革的意见》是一个系统性的旨在全面加强中小学校长队伍建设的文件，该文件指出"要加强中下学校长队伍建设，努力造就一支政治过硬、品德高尚、业务精湛、治校有方的校长队伍"。自2014年教育部印发《关于启动实施中小学校长国家级培训计划的通知》，并于2015年开始从国家层面创建"中小学名校长领航工程"后，各省市相继开展了名校长培养工程。

（二）推动区域教育改革和发展的现实诉求

国家的教育发展是通过每一个区域教育改革与发展来实现的，区域教育质量共同组成了我国教育的基本水平。因此，提高我国教育的整体质量和办学水平，需要以区域为建设重点和突破口，只有率先提升区域教育水平和办学质量，才能有效保证整体教育质量。地区学校的校长作为学校的实际法人代表，其专业能力与领导水平直接关系到学校的办学水平，这也意味着区域教育质量在一定程度上取决于本区域校长队伍的整体素质和工作状态。这种现实诉求也要求加强区域校长队伍培养,着力打造一支热爱教育、态度端正、理念先进、业务精湛、结构合理的名优校长队伍,这对于提高区域教育质量至关重要。

(三)人民群众对优质教育资源的迫切需求

教育涉及千家万户,惠及子孙后代,寄托着人民群众对美好生活的期盼。党的十九大对新时代社会的主要矛盾进行了重新定义,新时代社会主要矛盾在教育领域的具体表现是:人民日益增长的对高质量教育的需要和教育质量发展不平衡、不充分之间的矛盾。择校就是这一矛盾最直接的表现,但选择的并不是学校本身,而是作为优质教育资源的校长和教师。因此,只有加强对好教师、好校长的培养,才能从根本上满足人民群众对优质教育资源的迫切需求。

三、培养"功臣"校长的长宁实践

我国《校长专业标准》由 5 个基本理念、6 项专业职责和 4 个方面实施建议这三部分内容组成,从专业理解与认识、专业知识与方法、专业能力与行为三个维度界定了校长的专业素质,并与专业精神、专业知识和专业能力三个维度相互对应。在每一种"专业职责",《校长专业标准》都提出了相应的 10 条"专业要求",其中,专业理解与认识 3 条,专业知识与方法 3 条,专业能力与行为 4 条;同时对校长的具体专业要求提出 60 条。我国《校长专业标准》强调了 5 个基本理念,要求校长"以德为先""能力为重""终身学习",认为校长的核心使命是"育人为本""引领发展"。校长要坚持育人为本的办学宗旨,把促进每个学生健康成长作为学校一切工作的出发点和落脚点,要面向全体学生,因材施教,注重教育内涵发展,始终把提高质量、促进公平放在重要位置,既要促进学生的全面发展、个性发展、自主发展和可持续发展,也要促进教师的专业发展。我国《校长专业标准》把校长的职业角色和职业活动分为以下6种：规划学校发展，营造育人文化，领导课程教学，引领教师成长，优化内部管理，调试外部环境。其中"规划学校发展和营造育人文化"体现了校长对学校的价值领导，体现了既坚持社会主义的办学方向，也为学校特色发展留下了空间，是校长专业职责的灵魂。"领导课程教学和引领教师成长"体现了校长对学校的教学领导，也是提高教育质量的关键所在；"优化内部管理和调试外部环境"体现了校长对学校的组织领导，是提升学校办学水平的管理保障。我国《校长专业标准》是改进现有校长培训课程体系、校长绩效考核管理制度与校长选拔任用的重要依据，是校长自身专业发展的基本准则，《校长专业标准》具有规范、引领和导向作用，这对增强校长的职业认同情感和责任感、提升校长的专业程度、提高校长的办学水平和教育质量、实现教育公平都有重要的现实意义①。

有学者将校长的素质和能力进行了概括，构建了优秀校长核心素养的LACIR模型，主要包括赤诚教育之爱、理性思维能力、创新实践能力、宽阔国际视野和自觉责任担当5个方面②。因此在培养校长过程中，应兼顾校长的精神品质和专业素质，提升校长整体素养。

（一）创新校长培养理念

优秀校长相对于普通校长而言，在各方面素养上均有领先，因此在校长专业发展过程中，要以优秀校长、名校长为培养目标，在培养过程中不仅要关注校长岗位特点、岗位需求和个体差异，更需要系统规划，不能简单满足或者一味迎合需求，要从攻击的角度来强化培养过程的质量，坚持"整体规划、个性知道、训用结合、连续培养、协同创新"的培训理念和原则。"整体规划"就是强化培训的顶层设计，将校

---

① 张京明.试论现代优秀校长应具备的专业能力[J].教育探索，2014(4)：8—10.
② 鲍传友，毛亚庆.中小学优秀校长素养构建及其培养[J].中国教育学刊，2019(5)：80—85.

长职前教育经历与职后培训结合起来,补齐校长知识结构的缺损和不足,把校长需求和政策要求结合起来,使培训内容能够在满足校长需要的基础上更好地体现政策精神。同时要鼓励校长树立远大理想。理想信念决定一个人的方向和高度。习近平总书记曾说"正确的理想信念是教书育人、播种未来的指路明灯"。一个人只有坚定理想信念,才会也才能站得高,看得远,才会也才能开风气之先、引时代之潮。在培训过程中,要充分考虑学校差异和校长个人特征。集合个人需求和办学过程中的实际需要,实行个性化培养方案。对于校长来说,在培养校长成为名校长过程中,更要注重回应和解决校长的现实问题和实际难题,保证培训内容注重理论、政策与实践的结合,力求有用有效,帮助校长解决实践困惑,助力学校发展。

(二)整合培训资源

依据优秀校长素养模型,将五个方面的素质归纳为"信念、能力和实践"三维培训目标。通过三个方面的整合设计,突出校长培训中的精神品质与职业素质。首先培养校长的综合知识素养,既要具备丰富学识,也要掌握充实的教育思想。教育思想是在理论学习、实践总结中得以凝练提升的,通过培训课程的针对性设计来有效弥补校长知识体系的不足。优秀校长不仅要在理论上有所建树,更要在办学绩效上有卓越表现,因此课程设计要有助于校长的思想和知识阐述,以及学校办学特色和成果提炼。

(三)拓展多种学习资源

为快速提升校长素养,也要创新和丰富培养方式,并通过有效的机制实现多种学习资源的整合。具体有以下几种措施:第一,实行任务驱动下的双导师制。由教育理论研究卓有建树的专家教授担任校长理论导师和一线知名校长担任实践导师,以学习和研究任务为中心开展合作指导,以"任务驱动"推进双导师和学员的有效沟通,提高指导过程的目的性和有效性。第二,热点问题研讨。围绕教育教学改革中的热点和难点问题,形成研讨主题,开展多主体交流对话,提升校长批判反思能力。第三,凝练思想成果。校长要将不同学习阶段理论学习和实践研修的感悟、思考转化为论文、报告、著作等有形成果,以成果凝练带动校长理性思考和理论产出能力的不断提升。第四,在团队中发展。校长要在办好自己的学校、提升自身能力的同时,带领其他学校和校长发展,围绕国家和区域教育改革的热点和难点问题,积极组建工作室,形成学习和研究型团队,充分发挥示范引领作用,并通过指导和示范实现教学相长。第五,跟踪指导。建立长期的跟踪机制,兼顾培养中和培养后的能力贯通,让导师团队能够不间断地亲临现场提供针对性和持续性的智力支持,通过大量的实践案例分析,将抽象的理论还原到具体实践中,同时在实践中生成新的理论,实现理论与实践的融合与转化。

(四)构建个性化培养体系

校长成长的过程是校长自身不断追求进步,不断提高专业素质和能力的过程,校长个体发展的自主性和能动性是校长成长的前提条件,但这并不意味着校长发展的过程是一个自然无为的过程。由于校长发展与校长办学过程是紧密联系和互动的,这就决定了校长成长需要良好的支持性环境。为此,在校长成长的过程中需要强化各级主体的责任和义务:国家宏观统领,制定规范和标准;地方负责选拔和使用;培养基地负责培养和跟踪指导;媒体期刊负责宣传报道优秀办学行为、先进经验与成果;社会组织提供学习资源;中央政府、地方政府和学校分担培养经费。由此,形成多主体参与、各负其责的协同支持系统和合作机制,为优秀校长的脱颖而出构建开放的、立体化的成长环境。

（五）搭建发挥示范引领作用平台

培养的有效性是指培养活动结束后名校长外显的态度和行为，内在情感和信仰所发生的符合培养目标的变化程度，以及由这些变化所带来的所在学校的实质性发展及地域性影响。[1] 因此，首先需要创新活动载体，搭建交流平台。区域内要定期召开现场会、经验交流会、校长论坛等不同形式的实践活动，为校长们搭建交流的平台。现场会和经验交流会可以帮助校长们展示办学成果，宣传办学思想，促进校长间的经验交流；校长论坛可以实现校长间的互相学习、合作、提高，帮助校长完成对办学思想的凝练与总结。并且要发挥榜样作用，搭建展示平台。名校长工作室是展示名优校长专业素养和精神风貌的舞台，主持人和成员的辐射作用不仅仅局限于工作室内部，还可以成为区域内校长学习的目标与榜样，从而带动区域校长队伍整体素质的提升。因此，对于培养出来的名校长，区域教育行政部门要为其成立名校长工作室，区域教育行政部门、干部培训部门、学校要多方联动且全力支持，为工作室的运行与发展提供保障。

四、长宁区推动"双百工程"

紧扣长宁活力教育主题，围绕 2020—2021 长宁区教育系统校（园）级后备干部、优秀青年干部的培训宗旨，落实区教育工作党委书记姚期提出的"长宁教育、活力有我"培育理念，从宏观上建模探索，从中观上设计落实，从微观上实效反馈，切实把"双百工程"——100 名校园级后备干部和 100 名优秀青年后备干部的培训培养工作抓好抓实。

---

[1] 季春梅."省际联合体"培养中小学名校长何以可能：基于社会资本的理论分析和行动构建[J]. 教育学术月刊，2018(12)：68—74.

立足"成长指标",着力"好校长"培育。全面开展以校长专业标准为基础的三大项目八大平台的培养培训。基于长宁教育发展和校长能力的现状分析,提炼"好校长"6个成长性指标,开展"中小学校长专业领导力核心素养培育研究",创办教育家型校长办学的绿色和谐的教育生态环境和"好校长"孵化机制。

对标《中国教育现代化2035》和《上海教育现代化2035》,加快推进教育现代化,建设教育强区,担当新时代教育使命的接力棒传到了新一代教育人手上。在《中共中央关于制定国民经济和社会发展第十四个五年规划和二〇三五年远景目标的建议》提出的关于推进教育治理体系和治理能力现代化、建成教育强国的相关内容中指出,要聚焦高质量主题,尤其是人才培养、教师队伍建设等重点领域和热点难点开展深入研究,认识新形势、把握新阶段、树立新理念、服务新格局,提升教师教书育人能力素质,打造高素质专业化创新型教师队伍。

(一)长思远虑谋发展

长宁教育在优质均衡发展的进程中,迎来了规划"十四五"的思考和设计,前进的道路上存在什么发展瓶颈?怎样积蓄可持续发展的强劲动力?长宁教育的领军队伍——中小幼校园长队伍的建设问题凸显了出来,区教育工作党委进行了认真的调研和思考。

1. 广泛开展调查研究

教育工作党委领导广泛开展谈心谈话活动,了解教育干部的想法和成长需求,先后约谈50多位干部,讨论校级干部队伍的状况、特别是后备干部的选拔和培养问题,探索促进他们成长的路径和方法。通过访谈和研究,教育工作党委成员达成了共识,认为长宁区教育系统中小幼学校正职干部队伍的现状不容乐观,存在老龄化、无梯队、缺活力等问题和不足,努力造就一支数量充足、结构合理、素质优良的干部队伍成为当务之急。

2. 决定实施"双百工程"

通过反复讨论，教育工作党委决定在"十四五"期间，重点在干部培养方面做一点实事，此项工作在"十三五"末启动，先落实两支队伍的选拔和培养，一支是45岁以下校级后备干部队伍约100名，另一支是35岁以下优秀青年后备干部队伍约100名。全区教育系统106家单位，每家单位至少推荐2名，着眼未来，切实把这两支队伍的培训培养工作做好。教育工作党委还引进外脑，请资深专家、上级教育干部和管理部门领导引领，参与后备干部培养规划和方案的设计制订。

3. 建立长远培养机制

教育事业是百年大计，干部的培养和使用是战略性的任务，教育党工委考虑建立健全后备干部源头培养、跟踪培养、全程培养的素质培养体系，通过教育培养、实践锻炼、选拔配备、管理监督等途径，实施"培训提升一批、推荐储备一批、基层历练一批、交流轮岗一批、选拔使用一批"滚动发展进程，为后备干部成长构建立体化协同培养机制，建立健全在全区教育系统具有示范引领作用的素质培养体系、知事识人体系、选拔任用体系、从严管理体系、正向激励体系，着力做好区教育系统后备干部培育、选拔、管理、使用工作。

——推荐储备一批。开展组织干部工作大调研，重点落实后备干部培养对象推荐选拔工作，及时把德才兼备、工作实绩突出、群众公认度高、发展潜力大，有志于党的教育事业优秀年轻教职员工选拔进后备干部队伍，形成有进有退、优胜劣汰机制，始终保持一池活水。

——培训提升一批。注重把好年轻干部"政治关"，强化年轻干部思想政治建设和党性锻炼。利用党校，办好青年干部培训班培养年轻干部良好的职业素养和行为规范，忠于党的教育事业，担负立德树人使命,从中及时提拔一批优秀后备干部。

——基层历练一批。坚持把教育一线作为培养锻炼年轻干部的主阵地,树立重视教育一线的鲜明导向,鼓励和引导年轻干部到教育一线担重任、受历练,在艰苦环境中"摸爬滚打",磨炼意志,增长才干,增强担当意识。

——交流轮岗一批。坚持台阶式、递进式培养,对优秀年轻干部有计划地进行轮岗交流,特别优秀的年轻干部,可以有意识地安排到重要岗位历练。有计划地选派优秀年轻干部到区相关委办局挂职锻炼,到兄弟区教育系统挂职锻炼。

——选拔使用一批。突出"清廉为官、事业有为"的用人导向,牢固树立"干部在事业中成长,组织在事业中选人"的理念,大胆提拔重用经过长期考验、经验丰富、各方面比较成熟的优秀年轻干部及时提拔到领导岗位和关键岗位。

(二)宁缺毋滥举优才

长宁区校级后备干部队伍和优秀青年后备干部队伍从选拔、培养、使用、流动,将通过一系列的制度来规范管理,通过制度建设,规范有序地推进干部队伍建设。这些制度将体现为三对机制,并在实践中不断完善。

1. 选拔机制和退出机制

准确把握后备干部选拔标准,按照区教育工作党委规定的后备干部的基本条件、任职资格和人员范围,选拔符合要求的中青年对象进入后备干部队伍。严格走好后备干部选拔程序,扩大民主,引入竞争机制,通过组织推荐或自我推荐、考核评估、公示群议、上级批准等流程,择优选拔后备干部。适时开辟后备干部淘汰通道,对于参加后备干部培训后,政治思想与道德素养无所进步、专业职责与管理能力没有提升、岗位体验与实践历练表现欠佳的对象,适时动态管理,通过一定的程序,取消其后备干部资格。

2. 自主机制和约束机制

班级管理,通过建立班级委员会、学习小组,实行民主管理,充分调动参训对象的积极性。以人为本,发挥学员在培训中的主体作用。学员要认真撰写个人发展规划和学习计划,注意积累成长资料,及时完成学员登记表、教学调查表格和其他文档。学员到参训单位参加实践体验,要遵守所在学校的一切规章制度,虚心向带教的导师学习,学习导师的治校理念和经验,及时互动反馈。对学员参加培训的行为进行约束,学员要做到不迟到、不早退、不随便进出教室,因故请假需持相关证明。上课期间要认真听讲,做好笔记,积极参加互动,不得做任何与培训无关的事。手机关机或调至震动状态,不浏览信息,不接听电话等。

3. 激励机制和追责机制

进行阶段性和终结性评选,对学员的学习态度和学习成果进行全面考量,通过小组推荐、班委会评议、教育党校审定等程序,把全勤出席、关心集体、学习认真、实践出色的学员评为优秀学员。学员取得有价值的研究成果、撰写有水平的优秀论文,向相关科研管理部门或教育报刊推荐。培训结束时,对学员进行结业评估,经培训综合评估、导师鉴定和群众评议,分为优秀、合格、不合格三级,被评为优秀、合格者准予结业,不合格者予以取消后备干部资格,并追究相关人员的责任。

百年大计,教育为本;教育大计,教师为本。教师是学校发展的生力军,也是教育质量提升的根本力量。因此,教师专业发展是学校工作的重要内容之一。教师专业发展如同走楼梯一样,学校要为教师成长"铺阶梯",为全体教师提供完整的职业生涯规划指导,同时也要根据教师个体特点与需求,为每位教师提供个性化的发展渠道与上升路径,最大限度地促进教师成长。这就要求学校和教育管理部门要为教师提供系统完整、科学完备的专业发展规划。长宁区经过多年探索,制定了"三级六层"的教师培养和发展机制,提供教师发展平台,提高师德师风,引领教师专业成长,造就高素质专业化创新型教师队伍。

 # 第六章 阶 梯 论

"教师专业发展"一词有两方面的含义:从教师职业的不可替代性来看,教师是一种专门职业;从教师专业发展过程来看,应把职前师资培养与在职教师培训结合起来,视为一个完整、连续的发展过程。因此,教师专业发展研究包括教师发展阶段研究和教师专业发展内涵研究。前者研究教师作为职业者从不成熟到相对成熟的发展历程;后者研究如何提高教师职业的专业化。长宁区在长期探索和实践中,通过搭建"阶梯",建立了梯队合理的教师队伍,为长宁区教育发展提供了强大的支撑。

一、为教师专业发展搭建"阶梯"

（一）教师专业发展的逻辑起点

教师专业发展的目的指向学生需求。教师的专业发展是从教学方式、技巧、知识各方面对教师进行提升，这些专业发展行为归根结底都是围绕学生来进行的。首先，教师专业发展的价值实现是基于学生发展的，只有基于学生发展目的的实现，教师专业发展才能表征自身的价值意义；其次，教师专业发展的效果呈现指向学生。学生是学习活动的主体，在教育过程中，虽然教师对于教学有主导作用，但实际上教师的各种教学行为都是为了促进学生的学习，学生才是学习活动的主体，教师专业发展的行为呈现就是为了使学生在学习活动中更好地发挥主体意义；再次，学生是学习活动的探索者。教师专业活动中强调的各种创新、探究，终归都是为了通过教师专业方面的创新探索发展，使学生更好地在学习活动中回归探索者身份，主动地探索和追求，从而获得更为生动的发展。

教师专业发展的程度会直接影响学生的成长。它集中体现在几个方面：第一，通过"教"让学生获得知识经验。通常关于教师的教学往往形象地比喻为"教师有一桶水，才能给学生一碗水"，这就说明学生在学校中学习的知识经验主要是通过教师的知识传授来获得，只有教师具备相应的知识水平，并能够把这些知识经验以有效的方式传授给学生，学生才能成长进步。第二，通过"教"促进学生心理发展。学生在学校阶段的发展主要包括身体成长、知识经验和心理发展。在学校教育中，学生的心理往往非常敏感，教师和学生有更多时间近距离相处，教师的言行举止对于学生具有示范作用，教师的行为对学生的心理有很大影响，教师在教育过程中的情感投入和对学生心理问题的关注情况都会影响到学生的心理发展。第三，通过"教"

提升学生逻辑思维发展。好的教育可以为学生的心理发展提供一个有利条件,根据"最近心理区"的研究成果,教师需要不断提升学生的"最近心理区"水平,促进学生更快发展,而教育得法可以有效促进学生的逻辑思维发展,反之,教育措施不得力会延缓学生的"最近心理区"水平提升。

(二)教师专业发展是对"人"的教育

在教师专业发展实践中,教师要经历"学会"教学、"会教"和"教会"学生学习的过程,"教会学生学习"是"学会教学"和"会教"的升华,教师先"学会教学",然后"会教",最后是"教会学生学习"。从专业的客观需要角度来说,教师进入专业就应该达到"教会学生学习"的程度,因此,教师专业发展是如何更好地实现"教会学生学习"的专业要求的问题。此外,"人"是教育出来的,尽管离不开一定的生理、遗传、环境等基础。"育人"是教师"专业"必不可少的内涵,没有了"育人"内涵就不是教师专业。当然,这里理解的"人"是一个"完整的人",完整性表现在"认知和情感""道德—公民性""个性、社会性和人格""健康和安全"及"艺术和审美"的发展要素构成,但它们要通过"育身、育心、育社、育灵、育脑"(新"五育")的内容来实现,这与国家教育方针提出的"德智体美劳"是一致的。本文没有采用这些话语,是因为它们是教育方针的主要内容,而不是学生发展的本体,德育、智育、体育、美育、劳动教育是教育的内涵,而不是人的发展内涵,不是学生发展内涵,人的发展的内涵是认知和情感发展,道德和公民性发展,个性、社会性与人格发展,健康安全发展和艺术审美发展,为了这些发展必须开展相应的教育。

(三)教师专业发展是对"被教育者"的服务

教师专业发展在教会学生如何学习以及教育人的基础上还必须体现出为受教育者服务的基本特性。教师作为学校的组织者,必须为自己所处的教育机构服务。从广义上来说,教师所提供的专业应当是为专业外服务的,而文中所讲述的服务则是为专业内服务的,即教师应当为学生、校内各个组织及所有的教育参与人员服务,上述组织中并不涉及行政级别区分,而是专业组织内不同的专业组织分工,教师在教会学生学习以及教育人的基础上还必须为专业内提供基本服务。另一方面,我国教育界的制度化以及行政级别化严重制约着我国教育事业的快速发展,上述制度使得教师不得不始终处于服务他人的环境之中。教师所从事的服务工作将在教会学生学习和教育人方面展现出来,与此同时,基于满足我国政治制度以及教师发展制度需求的目的,教师在提供服务的过程中还要进行必要的支教或者城乡教师交流活动,以此丰富教师的自身阅历和综合实力。

二、教师专业发展理论

为优化教师专业发展路径,美国德克萨斯大学学者弗兰西斯·富勒(Fuller, F.)在1969年编制了《教师关注问卷》,研究教师所关注的事务在其职业发展过程中的更迭。富勒提出了成为教师过程中教师关注的四个阶段发展模式。他认为,个人成为教师的这一历程是经由关注自身、关注教学任务,最后才关注到学生的学习以及自身对学生产生影响这样的发展阶段而逐渐递进的。这一发展过程包括了四个阶段:教学前关注阶段、早期生存关注阶段、教学情境关注阶段和关注学生阶段。在富勒提出的教师专业发展四阶段理论之后,其他研究者根据不同的方法和角度来研究教师专业发展,并产生了多个教师专业发展理论。其中具有代表性的如卡茨(Katz, L.)的四阶段理论,伯顿(Barden, P.)的教师升压循环发展理论以及费斯勒(Fessler, R.)的教师生涯循环论。卡茨将教师专业发展分为求生存时期、巩固时期、更新时期和成熟时期。伯顿对处在不同教学生涯发展阶段的教师进行了大样本、严密有序的访谈研究,提出了教师生涯循环发展理论。伯顿认为教师发展历经三个阶段:求生存阶段、调整阶段和成熟阶段。费斯勒在观察、访谈和典型调查的基础上,结合对成人发展和人类生命发展阶段等研究的基础上,提出了整体、动态的教师生涯循环论。费斯勒将教师的发展分为八个阶段:职前教育阶段、引导阶段、能力建立阶段、热心和成长阶段、生涯挫折阶段、稳定和停滞阶段、生涯低落阶段、生涯引退阶段。费斯勒还考察了影响教师职业发展的因素,确定教师专业发展受到教师个人及其职业背景两方面因素的影响。

从上述关于教师专业发展的阶段划分中可以发现,这些研究基本上延续和拓展富勒对于教师专业发展阶段的划分,即将教师年龄作为主要参数和常模来把教师职业发展过程划分为不同阶段,强调教师职业特点随着时间而发展变化。同时,也承认教师发展过程中的个体差异,在此基础上提出对更多的个别化培训的需求。在设计适当的培训方法上,考虑教师当前的需要和兴趣。

三、教师专业发展基础与实现路径

(一)教师专业发展的基础①

1. 教师精神是教师专业发展的首要基础

教师精神是指教师的意识、思维活动和一般心理状态,显然是指教师的专业意识、专业思维活动和一般专业心理状态。教师精神具有中国精神的内涵,也需要有民族精神和时代精神,具有爱国主义精神和改革创新的精神。但教师精神在一般精神基础上应当具有专业

---

① 朱旭东.论教师专业发展的理论模型建构[J].教育研究,2014(6):81—90.

精神,包括教师认同、教师美德、教师使命三个层次①。只有具备教师精神,才会选择从事教师专业的意愿,如选择"师范专业"学习,学习后选择"教师专业"工作,我们称之为教师精神中的"专业认同"。只有专业认同,教师专业工作才会有幸福感。只有具备教师精神,才会在从事专业工作中给学生足够的心理安全,我们称之为教师精神中的"专业关怀"。只有教师具备"专业认同""专业关怀",才可能有效地从事专业工作,在"教会学生学习""育人"和"服务"的专业工作中渗透专业精神。

2. 教师知识是教师专业发展的必备基础

教师知识在教师专业发展中具有极端重要性,以至于人们误以为教师专业就等于教师知识。我们把教师专业的内涵规定在以上三个方面,以便于理解教师专业的基础,教师专业的知识基础在专业精神的基础上着重于教师专业的内在品质,只有扎实、广博的知识基础,才可能把教师专业做得出色。教师知识通常被理解为教师通识知识、学科知识、专业知识和实践知识,也有分为理论知识和实践知识,更有论者把教师知识分为学生知识、环境知识、学科知识、教学法知识等。研究表明,在所有的教师知识中,学科知识和专业知识对于教师专业至关重要,因为学科知识是决定能"教会学生学习"的关键,专业知识是决定能"教会学生学习"不可缺少的依据。教师专业的"教会学生学习""育人"和"服务"还需要教师知识的基础。从逻辑上说,三个教师专业内涵需要相应的教师知识:"教会学生学习"的知识、"育人"的知识和"服务"的知识。"教会学生学习"的知识包含教师教什么知识和学生学什么知识。"育人"的知识包括学生发展的知识、德育知识、心理健康知识、人生规划知识等。"服务"的知识包括

---

① 张华军,朱旭东.论教师专业精神的内涵[J].教师教育研究,2012,(3):1—10.

组织管理知识、科研知识、教研知识等。

3. 教师能力是教师专业发展的必要基础

教师专业的能力基础包括学科能力和专业能力两部分,学科能力是教师基于学科知识的逻辑解决学科问题的能力,专业能力是教师基于学生学习和发展的知识逻辑解决教会学生学习、育人和服务的能力。在学科能力中,教师的学科思想和方法的掌握与运用能力是教师专业发展的重要能力基础。在专业能力中,"以学定教"的能力是教师专业发展的重要能力基础。学科能力是专业能力发挥作用的基础性能力。

(二)教师专业发展的阶段

教师专业发展是教师个体的专业知识、专业技能、专业情意、专业价值观、专业发展意识等专业特性的提升,这些专业特性的提升,贯穿在教师的整个职业生涯。对于以"教书育人"为终身职业的教师来说,整个职业生涯是一个发展变化的过程,不同的阶段面临不同的发展任务。对于教师职业生涯阶段的划分,参照国内外学者研究,将教师职业生涯划分为三个阶段,"教龄在 5 年以内的教师为新手型教师;教龄在 15 年以上的教师为专家型教师;处于二者之间的即为熟手型教师。"针对不同阶段的教师所采取的职业发展也不同[①]。

1. 新手教师阶段的主要任务是积累实践经验和增长实践智慧

新手型教师处于职业生涯初期,这一时期,教师所面临的主要任务是熟悉教学内容、教学过程、教学对象、教学任务,适应学校环境,积累实践经验。同时,新手型教师要完成从学生角色向教师角色的转变。所以对于新手教师来说,关键是如何通过这一阶段的教育实

---

① 李剑.不同职业生涯阶段教师的专业发展[J].教育理论与实践,2009,(26):36—37.

践,尽快完成所学教育理论与实践的初步结合,在实践中积累经验、增长智慧。具体表现为:首先要确立教师职业目标,树立专业理想。一方面,新手型教师具有较高的热情和职业理想,对所从事的职业具有一定的新鲜感。另一方面,当发现职业理想与现实存在距离的时候,新手型教师容易对自己的职业选择产生怀疑和动摇。因此,在这一阶段,新手型教师除了要尽快熟知职业规范和职业的基本要求之外,更要确立职业目标,培养职业责任感,坚定职业信心,树立专业理想。专业理想是教师对成为一名优秀的教育教学工作者的向往和追求,是教师的奋斗目标,是推动教师专业发展的巨大动力,对教师的专业发展具有不可低估的重要作用。树立专业理想是教师职业生涯的第一步,也是教师专业发展的开始。其次,要持续进行"教育反思"。教师专业发展的实质是个体自然发生的过程,有许多认识、体会需要时间沉淀,这要求教师时时处于反思状态。"教育反思"是在自然情境下对教师教育工作、生活的日常运作进行思考,要求教师对所发生的事情进行整体的、关联式的考察,这种考察建立在实践的基础上。"教育反思"最大的特点就是教师在日常状态下将专业发展根植于自身的实践活动。反思使教师的教育教学经验不断生成,并获得个体体验,表现出一定的行为,从而将积累的实践经验提升为实践智慧并运用于实践。"教育反思"将贯穿教师职业生涯发展的整个过程,也是新手型教师专业发展最原始的动力。具体而言,新手型教师反思的内容主要来源于实践中最原始的心得、体会、日记等,因此,"笔记"也是新教师专业发展的最基本手段。

2. 熟手型教师要积极克服"高原现象"

进入熟手型阶段的教师,具备较高水平的教学技能与技巧,初步形成自己的教学特色和教学风格,并通过教学实践达到自我实现;教师的职业目标基本明确,专业理想提升为职业信念,具有切合实际的职业期待。然而,在此阶段,教师同时会产生这样一种感觉:接受新知识、新挑战已感觉吃力,甚至有些麻木;满足于自身职业的日常成就状况,不思进取,带有明显的职业倦怠倾向,这便是"教师职业高原现象"。"高原期"是专业发展过程中一段相对平寂、止步不前的时期,能否突破高原期是熟手型教师专业发展的关键。因此,一方面要为教师提供职业咨询帮助。学校应成立职业咨询部门,对教师实施系统的、长期的援助,为处于职业高原期的教师与咨询专家进行交流提供场所。通过与专家等外在相关人员的沟通和情感上的交流,讨论自己面临的问题,寻找应对策略,教师必然会体验到学校的温暖和关怀,提高自我价值的认同感,增添对工作的热情和战胜职业困境的信心。同时,也可以使教师获得身体与心理上的放松,摆脱负面情绪的干扰,提高其工作绩效。职业咨询专家协助教师根据发展现状及战略的要求,重新确立现实的职业生涯目标,判断职业生涯目标的合理性,寻找达成职业生涯目标的差距,制定切实可行的实现职业生涯目标的新计划。另一方面,鼓励教师接受继续教育。学校要创造条件,鼓励和支持教师外出参加研修性的理论学习与培训,鼓励教师外出进行各类教学观摩活动,通过观摩,开拓教师的视野;此外,要从全员培训的实际出发,结合地方课程和校本课程的开发建设,以校本培训为主要形式,唤醒教师的个体意识,激发教师专业发展的自觉性。

3. 专家型阶段

以科研为途径成为专家型教师。专家型教师的核心特征是其科研能力,专家型教师能充分意识到专业发展的重要性,将专业发展贯穿教学始终,不断总结、分析、反思教育实践经验,形成系统的理论思考,让教育教学寻找到理论根基与生命力,通过理论的指导来反哺日常教学。教学工作作为教师的核心任务,在学校教学过程中教师集体磨课、研课和备课,通过集体的教研活动,一方面能够吸收不同教

师个体的优秀经验,同时集思广益,提高教师的研究能力,学会在研修活动中习得研究能力,提高专业发展水平

(三)教师专业发展的实现策略①

1. 在日常教学时间中提升教师专业水平

在教师的生涯中,教育教学实践是教师生命的出现方式和存在方式,是教师生活世界的主要组成部分,主要表现为:①教师身处于教学实践的事态之中;②教师的困惑主要来自于实践,是由实践所推动;③教师对教学问题解答的实践逻辑。教师的日常教学活动主要有教学准备活动、课堂教学、课后辅导、处理教学事件、批改作业、自我学习等,在这些活动中他们将所学的条件性知识与本体性知识和实践性知识相结合起来,把教学内容转化成易于学生接受的形式,充分挖掘其中的育人因子,促进学生的全身心的发展。这是将显性的知识内化到自己的知识结构即将这些知识和自己原有的知识糅合起来形成指导教师行为的实用性知识或个人实践知识,这是"转识成智"的过程。另外,在实践中常常会闪现出一些充满力量的睿智、观念和思想,它们是教师对具体问题沉思的结果,是自己的精神财富或实践性知识。教学实践是教师的实践知识的来源与归宿,教师可以采用教后感、教学日记、教学叙事、教育博客、教学事件的分析等形式进行记录、思考与积累,通过直觉、顿悟、情意、省察等方式获取这些经验和常识并外化而达到知识共享。

2. 通过校本教研促进个人成长

以教育教学中所出现的问题和现象为对象,以教师为主体,以学科组和教研组为依托,以专家为引领,以行动研究和叙事研究为主要

---

① 王鉴,徐立波.教师专业发展的内涵与途径:以实践性知识为核心[J].华中师范大学学报(人文社会科学版),2008(03):125—129.

方法的一种活动。校本教研不仅是兴校之道,而且也是促进教师专业发展的根本途径。通过深化实践性知识和外化实践知识中的不可言传和无意识的那部分知识促进教师专业成长,以培养"反思性实践家"的教师。"校本教研赋予了教师研究自身实践的权利,他们不再是被研究的对象,研究成果的纯粹消费者,而是研究自身专业实践的主体。""教师应该也能够主动地去发现教育教学实践中的问题、研究它和解决它。"从形式上来说,教师可以独立研究,也可以和其他教师或专家合作进行研究,在合作中教师所习得的合作意识和合作技能本身就是教师专业化的内容。从内容与方式上来讲,教师开展研究活动可以通过以下几种途径:第一,以"教和学"为基点,以"课例"为载体,通过教学录像、教案、课例、说课、讲课、评课、学生的作品等方式来开展;第二,教师以"课题"为中心,遵循科学研究程序和步骤,开展行动研究和叙事研究;第三,校本课程的开发,教师可以综合运用各方面的知识,依据本地区的特色,开发适宜学生的新的课程,以弥补国家课程的不足,同时加深对教学与课程的认识。在教研中,教师通过对话与交流、协商与合作、讨论与争论等方式把自己对教育教学的认识、感悟、直觉、潜意识、诀窍等潜移默化予同伴,同时又吸收同伴的知识。也可以澄清实践中的困惑与迷茫,解决实际问题,获得有效的方法,从而使教师专业素质提高,更具专业自主性。

3. 通过进修培训促进个人持续进步

教师进修培训是教师自我发展、自我超越、自我更新的主要途径和方式,其本质是教师重构和更新自己的实践知识,审视自己的专业思想与信念,提升自己的专业认知水平与教学能力,在理论与实践的对话中主动建构和解读教育教学的本质,形成自己的实用的"理论知识",进而获得专业成长。教师的进修与培训,可以通过"走出去"与"引进来"两种方式实现。"走出去",一方面是教师脱产到专门的培

训机构或教师进修学校接受系统的理论学习,如新课改下国家所办的各种各样的培训班和学历提高等方面的学习。另一方面是教师的对口交流与到名校的挂职锻炼或组织教师团体进行经验交流或"取经",以充实自己。"引进来",一方面学校可以邀请专家学者到本校去讲座,现场指导,听评讲课。另一方面可以通过远程教育、网上培训、外出学习人员学习报告等形式进行,如新课改下的新思考网站所开办的远程培训班。现代的教师教育已将职前教育与职后培训一体化,形成新的教师教育模式,并作为一种长效机制,为教师的再教育和学习搭建了平台。

四、长宁教师专业发展区域探索

百年大计,教育为本;教育大计,教师为本。2018年,教育部颁发《关于全面深化新时代教师队伍建设改革的意见》,首次明确提出造就"高素质专业化创新型"的教师队伍,这是针对当下人类社会发展、当代教育变革的现实情势,对教师提出的切实要求。长宁教育通过不断完善"三级六层"教师培养和发展机制,给路径、给平台、带师德、带业务,为教师发展"铺阶梯",努力造就高素质专业化创新型教师队伍。我们结合已经制订的《搭台建梯循序渐进追求卓越——长宁区基础教育教师职业生涯发展规划与实施方法》,积极构建教师职业生涯发展规划,实施分层分类培训,促进教师自主发展。在这一规划中,明确了以"教坛新秀—教学能手—学科带头人—名师后备人选—特级教师"为梯次的教师荣誉称号序列和以"校本培训—区域教研—区中心基地—学科带头人项目制—市名师后备人选培养"为层级的专业服务平台序列,强化教师在专业发展上的主动意识和行动能力。同时,积极推进与上师大的区校合作框架,开展高端教师培训,包括:青年骨干教师学历培养项目、免费师范生精细化培养项目、新教师培养 4+2 项目等等。

（一）完善区域基础教育教师专业发展的序列

《长宁区基础教育教师队伍建设"十一五"规划（2006—2010年）》（以下简称《规划》）明确要求，完善以"教坛新秀—教学能手—学科带头人—名师后备人选—特级教师"为梯次的教师荣誉称号序列。各主要荣誉称号序列及专业素养设定如下。

1. 区教坛新秀

区教坛新秀必须有扎实基础理论、专业知识和必备的专业技能，教龄3年以上，具备中学初级教师（或与之相当）职称。教坛新秀还应当具备以下专业素养：

➢ 自觉遵守教育法律法规，认真履行岗位职责，有良好的思想素质和师德修养；

➢ 自觉学习教育理论，不断更新教育观念，努力掌握新的教育理论、教学手段和方法；

➢ 有较高的业务素质和较强的教书育人能力，教学实绩好，在区"希望杯"教学评优和学校教育教学评优中荣获等第奖；

➢ 能积极做好学生的政治思想工作，有2年及以上班主任工作经历，所带班级班风正、学风好。

2. 区教学能手

区教学能手必须有明确的发展目标与要求，教龄8年以上，具备中学一级教师（或与之相当）职称。教学能手还必须具备以下专业素养：

➢ 自觉遵守教育法律法规，认真履行岗位职责，有良好的思想素质和师德修养；

➢ 自觉学习教育理论，并在教育教学实践中努力应用新的教育理论、教学手段和方法，具有一定的教科研能力，在区级及以上刊物

发表教育、教学论文1篇及以上;

➢ 认真钻研教材,对所教学科体系有较系统的研究,学科教学初具特色,在"长教杯"教学评优和学校教育教学评优中荣获等第奖;

➢ 能积极做好学生的政治思想工作,有3年及以上班主任工作经历,积累了丰富的班主任工作经验,班主任工作实绩突出;

➢ 良好的组织管理能力和协调能力,有较强的事业心和责任感,并在校本研修和各项管理工作发挥积极作用。

3. 区学科带头人

区中学学科带头人应当具备大学本科以上学历(含本科)和中学高级教师(或与之相当)职称。区小学、幼儿园学科带头人应当具有大学本科学历和原则上具备中学高级教师职称。学科带头人还应当具备以下专业素养:

➢ 较强的全局观念和奉献精神,正确的人才观与教育质量观,愿意并能够在区域范围内为教育优质均衡内涵发展发挥主动积极作用;

➢ 较强的育德能力和全员德育意识,积极落实"两纲"《上海市学生民族精神教育指导纲要》和《上海市中小学生生命教育指导纲要》要求,切实开展学科德育;

➢ 学识水平高,业务能力强,在自己所教学科中成绩突出,开展教学研究实践活动得到广泛认可,在区域本学科领域乃至全市有一定知名度;

➢ 能够积极开展教育科研并承担主要任务,成绩显著,且能普及、推广和应用研究成果;

➢ 重视教师教育工作,在校本研修活动中能发挥积极作用,在指导培养青年教师方面取得成绩与经验。

4. 市名师后备人选

市名师后备人选应当有强烈的进取心和学习意愿,具备发展潜质;有一定的外语基础;是区学科带头人;年龄为中学45岁以下、小学(幼儿园)40岁以下的专任教师。市名师后备人选还应当具备以下专业素养:

> 较高的思想政治素质,事业心强,有奉献精神,为人师表;

> 发展潜力,勇于开拓,在教育管理或教育教学实践中有创新精神;

> 专业理论基础较扎实,了解本学科发展动态,积极开展教育教学研究,在本学科建设中能发挥重要作用。

5. 上海市特级教师

上海市特级教师是师德的表率、育人的模范、教学的专家,应当具备以下专业素养:

> 忠诚党的教育事业,恪尽职守,具有神圣的职业使命感;

> 为人师表,以身立教,行为示范,自觉维护教师良好的社会形象,具有崇高的精神品质与高尚的人格魅力;

> 先进的教育理念,全身心地致力于学生的全面而有个性地发展;

> 热爱学生,尊重学生人格,保护学生的合法权益;因材施教,与学生平等相处,自觉承担起师长的责任,深受学生的尊敬和爱戴;

> 精通业务,依法执教,严谨治学,有求真精神和探究创新能力,教育教学效果特别显著,在本学科领域和区域教育系统享有较高的知名度和影响力;

> 丰富的教育教学经验,积极参与教育改革,形成先进的教育教学科研成果,著书立说,能引领教育教学改革,热情指导和培养中青年骨干教师,为区域教育改革、教育事业发展做出积极贡献。

(二)完善区域基础教育教师专业发展的途径

《规划》明确要求,完善以"学校自主培养——区中心基地、学科带头人项目制、名师后备人选培养——市名师后备人选培养"为层级的培养序列。各层级主要培训项目、功能及运作方式设定如下。

1. 学校自主培养

学校自主培养旨在全面提升教师适应课程改革需要的教育教学能力和实践智慧，改进教师的教育教学行为，推动以解决课堂教学实际问题为取向的教育教学研究，整体提高学校的教育教学质量。

校本研修是学校自培的载体，教师是校本研修的主体。立足学校，推进校本研修制度建设，构筑校本研修新颖模式。在组织校本研修活动时，充分利用市、区培训资源，采用全体、小组或个人研修等形式，积极加强校际联动，创新校本研修模式。

2. 区域学科中心

区域学科中心是区域学科教学质量保障和教师专业发展的实施中心，研究学科（或领域）发展的重点、难点、热点和焦点问题，推进各学科教育教学改革和发展，加快学科品牌特色建设和教学团队建设，确保各学科健康发展和健全发展。由教育学院和区域内学校两层面及人员组成。区教育行政部门确定，学科教研员全面负责，学科带头人承担项目，突出"权威""整合""拓展"原则，以任务驱动方式，采取实训模式、项目协同方式进行，有针对性地开展教学研究、教师培训、教学评价和特色创建。相关学校可根据学科特色，自主申报学科基地，在学科中心的指导下开展扎实有效工作，为区域教育优质均衡发展做出努力。

3. 市"双名工程"

这一工程旨在培养一批具有良好师德修养、先进教育理念、厚实专业素养、开阔国际视野和较强国际交往能力，具有教育研究和教育创新能力，在市内乃至国内有影响的优秀教师。它由培训基地、主持人或导师和学员三个要素组成。后备人选经双向选择，安排进入各培训基地,由基地主持人或导师指导培养对象制订个性化的发展规划。各基地根据培养目标制订体现自身优势的、有针对性的培训课程和实施计划,采取实训模式、项目协同方式进行培养。培养周期为三年。

区教育行政部门是"双名工程"的责任主体。区教育行政部门指定相应的职能部门,负责管理此项工作,对本区入选的后备人选,要制定包括培养、任用、考评、反馈与激励方法,并形成有效的工作机制(图6-1)。

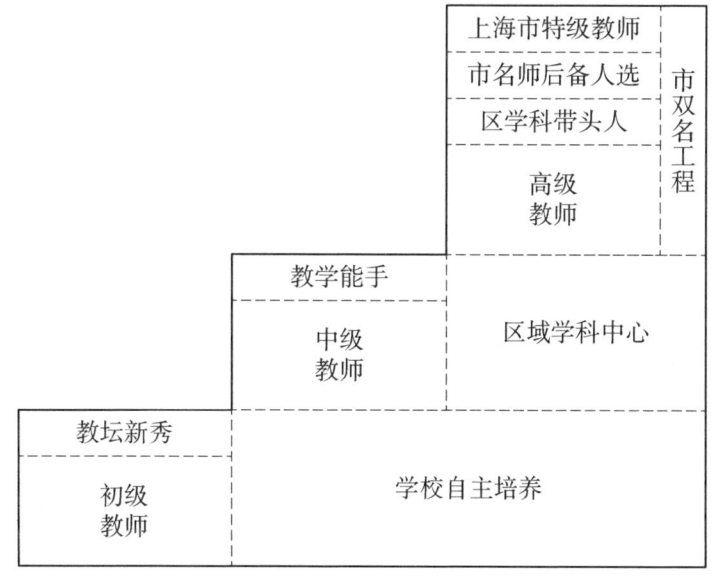

图6-1 长宁区基础教育教师专业生涯规划进阶图

(三) 搭设服务平台,促进教师专业发展

长宁区根据不同阶段教师专业发展的需求,搭设相应的服务平台,促进教师自主发展的实践(图6-2)。

1. 平台Ⅰ "校本培训":聚焦教师需求,促进教师反思

"校本培训"的做法是:由区教育学院制定每一学年的《校本研

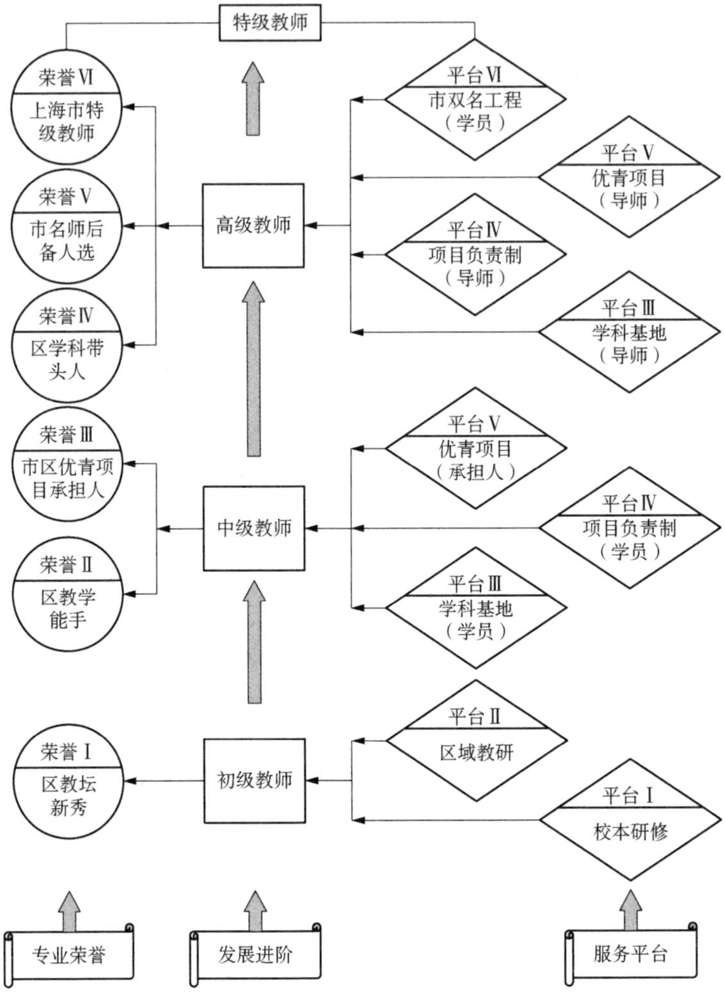

图6-2 长宁区基础教育教师专业生涯规划进阶图

修指导意见》，提出校本培训的基本要求；各校根据区域的基本要求制定本校的《校本研修方案》；区教育学院聘请专家对各校的方案进行评审，提出修改意见；学校修订方案，动员教师根据个人教育教学特长，根据教师职业生涯发展规划，制定学年的自主学习项目并认真实施；区域各学科中心根据各校的校本研修情况，对优质的课程、好的方法进行推广，实现资源共享，共同解决瓶颈问题，做到校际联动，合作共赢。同时,区人民政府教育督导室对校本培训的实施情况进行专项督导。校本培训的主体是学校,由学校自主决策、自主实施、自主管理;而学校则聚焦教师需求,开展有针对性的培训,其中突出教师的自主学习,自我反思和自我积累,促使优秀教师脱颖而出。

2. 平台Ⅱ "区域教研":注重整合优化,提升教师专业素养

区域教研活动是由区教育学院根据学科发展动态设计并实施的,注重整合优化,突出体现个人研究水平和学术修养,将教研、科研、德研的有机结合,以满足教师专业发展的需要。区域教研实行教师申报—区学术委员会审核—教师实施培训—学分审核等系统化的管理流程。长宁区的区域教研实现教、德、科三方整合。每年分别开展三年一轮的教学工作研讨活动、德育工作研讨活动年和科研工作活动,发掘、总结、推广本区优秀教师的先进教育教学经验。评选教学、德育、科研先进工作者,"长教杯"优秀课堂教学奖,先进教研组、优秀校本课程等,激励教师不断提升专业素养。以上两大平台为区域全体教师专业发展提供支撑,也为区域"教坛新秀"的孕育、发掘和培养提供重要的服务平台。处于职初期的教师借助这个平台崭露头角,为今后的可持续发展奠定了基础。2012 年,长宁区开展了区第一届教坛新秀的评选,通过"校本培训"和"区域教研"的平台,选拔出了253 名"教坛新秀",使其获得职业生涯发展的良好起点。

3. 平台Ⅲ "学科发展中心、学科基地(学员/导师)":强化学科功能,深化区域教改

学科发展中心、学科基地是学科建设和发展的工作推进机制,是衡量区域学科建设和发展水平的功能性组织。2009 年,长宁区建立了区语文、数学、英语等学科发展中心,指导与引领区域中小学、幼儿园的教学研究、教师培训、学业评价、学科特色创建等。学前阶段逐步形成以"主题—运动"项目活动为特色的快乐启蒙教育,小学以"快

乐拓展日"为抓手深化基础型课程、教与学方式、评价机制的改革,初中以"阅读领航计划"为抓手,促进学生掌握学习方法、养成良好的学习习惯和自我管理能力,高中以完善"主题轴"综合课程建设为抓手,实现高中多样化发展。在这由三大学科发展中心、4个学段纵横交错的服务平台上,处于"热心与成长"期的教师找到了多元发展的平台,收获着专业成长的快乐,而担任学科基地的导师则在引领成熟教师专业化发展的过程中,不断磨砺,专业素养得到了进一步的发展。

4. 平台Ⅳ　项目负责制(学员/导师):项目引领,促进优秀群体的共同发展

项目负责制一直是长宁区教师教育的特色,由区内各学科的带头人以工作项目为载体,引领区域内中青年骨干教师或基层学校教研组,围绕区域改革重点,整体推进课程与教学改革的实践。项目负责制的做法是区学科带头人管理研发中心编制《学科带头人项目制项目指南》。《项目指南》中的项目分重点项目和一般项目,重点项目围绕区域课程与教学改革重点,以提高教师专业水平为重心进行设计,一般项目则由项目领衔者自主选择,围绕教育教学中的重点、难点开展项目设计与实施。优秀学科带头人在项目负责制工作中担任项目领衔者,一般学科带头人则成为合作者,他们获得了更多的发展空间,共同研究区域教育教学改革的重点、难点、热点等问题,有利于在研究中进一步提升自身的专业水平。而对于项目负责制学员(即区"教学能手")来说,项目负责制采用群体带教的方式,促使学员在项目领衔者及合作者的引领下,在项目活动中互帮互学,实现合作共赢。长宁区的项目负责制工作已进入第四轮,在这新一轮的项目负责制中,54名优秀学科带头人和147名区学科带头人作为项目导师,624名区"教学能手"作为项目学员,根据《项目指南》,设立了75个项目,致力于区域骨干教师的培养,发回骨干教师在区域教研发展中的引领作用。

5. 平台Ⅴ　优青项目(学员/导师)：模块培训，创设有效的学习共同体

根据市教委关于"优青学员"的标准，在区域教师中公开择优选拔，并为他们一对一配备资深专家作为导师。采用"模块化培训"(师德与人文素养、教育教学科研能力、课程领导力与执行力)的方式实施培养。着重采用"成长共同体"的组织和管理模式，即所有的学员按照"兼容差别，优化组合"的原则，采用"组内异质，组间同质"的小组编排方式，组建4个合作学习小组，每小组2～4人。采用导师引领、专题论坛、教学展示、课题研究、学习考察等多种方式对全体学员实施有效的培养。以上三大平台是对校本培训平台和区域教研平台的有益补充和提升，为区域中级教师的专业发展提供支撑，为区域"教学能手"和"优青项目"承担人的发掘和培养提供服务平台。其中区"教学能手"作为区"教坛新秀"的进阶，通过与区"学科带头人"合作的项目研修获得了更快的成长，而"优青项目承担人"则从优秀区"教学能手"中选出，由"优青项目"这一平台来加以重点培养。

6. 平台Ⅵ　市双名工程(学员)：高端人才，提升区域教育品质

参照市教委的标准选拔学员，并按照市教委的要求全力推进该项工程。双名工程作为区域教师专业生涯发展历程中最高端的服务平台，为区域高端人才的培养起到了举足轻重的作用。在近几届的特级教师评选中，长宁区成功入选的特级教师都曾是市双名工程的学员。长宁区近年来新增的特级教师，分别在数学、语文、物理、化学、科研、信息等学科的学科教学研究中取得了优异的成绩，为长宁教育优质均衡发展，提升长宁教育品质提供了人才保障。

以上平台Ⅲ学科基地(导师)、平台Ⅳ项目负责制(导师)、平台Ⅴ优青项目(导师)和平台Ⅵ市双名工程(学员)共同致力于区域高端教师的培养，其中区"学科带头人"作为"优青项目承担人"的进阶，主要

通过项目负责制的导师平台进行培养,而区"学科带头人"又为由市名师工程输送师名师后备人选。

"三阶六层"的教师培训体系有三个特点:一是整体与个体并重,既关注全体教师的基础性发展,又铺设了教师个体发展的阶梯,让想发展、能发展的教师拥有个人进阶发展的平台与空间。二是引领与激励并重,"三阶六层"培训体系有完整的评价体系,包括教师的师德、育德、科研能力等,并大力引进专家提供专业引领与智力支撑。三是纵向与横向并重,"三阶六层"培训体系有完善的课程架构,既有贯穿三级六层的横向课程,又有衔接三级六层的纵向课程。

中国是"礼仪"之邦,讲"礼仪"是中华民族的优良传统。校长作为学校的"领头羊",对于自身需要有严格的"礼仪"要求。我们认为,一位有礼仪的校长才能办出一所有礼仪的学校,才能带出有礼仪的教师队伍,才能教出有礼仪的学生。我们在特级校长和正高级校长的评审中,尤其关注校长作为特殊的教育工作者,其个性品质(内涵发展、志恭、行规、意远)、管理品质(如民主、平等、关爱、尊重等)以及人际关系中的品质表现(如校长与领导、与同事、与学生关系处理)等,这些因素是体现校长自身礼仪规范的重要维度,也是考察校长专业能力与素养的关键指标。

 # 第七章 礼 仪 论

孔子有言:"礼教恭俭庄敬,此乃立身之本。有礼则安,无礼则危。故不学礼,无以立身"(《论语·季氏篇第十六》)。中国是一个礼仪之邦,素来以"尚礼""敬礼""尊礼""颂礼"闻名于世,作为一个文化大国,传统中国人对于"礼仪"存有自生的偏好和追崇。其中,"礼仪是一个民族在特定的历史条件和地理环境中发展和承袭下来的礼节文明规范,是一种文化形态的象征和体现"①,对于"礼仪"的崇奉在各个领域都可以得到检验。教育作为培养人的社会实践活动,培养学生"明礼仪"的文化品质,做"有礼仪"的时代少年,既是学校育人的重要目标,又是践行立德树人根本任务的重要举措,而校长作为学校

---

① 吴爱宁.中西礼仪文化差异探析[J].理论导刊,2007(8):43—45.

的"领头羊",是学校的"文化名片",是教师的"学习榜样",是学生的"崇拜偶像",更应该对于自身有着严格的"礼仪"要求,在个人品质、管理品质和与人交往的过程中彰显对于"礼仪"的崇奉与践行,进而成为"有礼"的"好校长"。

一、"礼仪"是校长的必备品格

校长是履行学校领导与管理工作职责的专业人员。陶行知说过:"校长是学校的灵魂,精神的汇聚,是师生敬仰和学习的楷模。"校长的教育教学理念、管理经验、智慧胆识、道德修养、个人魅力等对学校的发展意义重大①。

(一)"礼仪"作为校长的个性品质

校长从事的是文化的再生产,即以文化来生产文化,而从事这种活动的人,其目标是要出新,在超越旧有中出新,而校长的文化再生产过程有别于其他人文创造的特殊性,那就是校长自身的精神活动也是一种文化产品,它对学校师生具有一种特殊的文化服务的功能,如引领、鼓舞、凝聚等②。在这种意义上,从校长个人的品质角度来讲,校长需要对自身有"礼仪"的要求,这使其也成为"礼仪论"的观点之一。一方面,校长要体现"个人党性"。作为一校之长,往往是学校的最高决策者和直接责任人,很多时候也是学校的党建负责人,要始终牢记党的根本宗旨,坚持做到权为师生所用、情为师生所系、利为师生所谋,实现好、维护好、发展好学校各教育主体的根本利益。另一方面,校长要注重"个人品行"。校长在日常生活中,注重对于自身言行的规范,主动做到解放思想、实事求是、真抓实干、创新发展,坚

---

① 《教育家》编辑部.新时代学校治理:校长的"思"与"行"[J].教育家,2020(37):1.
② 周燕微.从应然角度看校长的文化内涵和文化品质[J].教育视界,2020(34):16—17.

持实事求是,不能"和稀泥","你好我好大家好",而是要发现问题,解决问题。发现问题是一件痛苦的事,解决问题更加痛苦,比如二线人员的竞聘上岗,这总会触及个别人的利益。此时,校长的个人品质在其中就会发挥很大作用,指导其坚持原则,做一名校长职权范围内"应该做的事"。

(二)"礼仪"作为校长的管理理念

作为学校的管理者,校长文化品质的特点是鲜明的:高度的责任自觉,坚守价值追求的定力,知行合一的敏锐行动力①。这三者是作为校长管理品质的"礼仪"重心之所在。对于校长群体,长宁区注重校长的工作品行建设,要求校长做到顾全大局、维护团结,言行一致、表里如一,政令畅通、令行禁止。同时,要求校长更要做到清正廉洁、严于律己,艰苦奋斗、勤俭节约,始终保持共产党人的政治本色。因此,作为校长管理品质的"礼仪"成为"礼仪论"的又一重要观点。作为校长管理品质的"礼仪",其核心在于"谦和但不失规范"。长宁区涌现出很多优秀的校长,他们在日常管理生活中体现出自身对于"礼仪"的追求,给校内其他教师留下比较好的印象。比如,宋庆龄幼儿园的园长,职级也是正处,但是校长却非常的谦和,在幼儿园经费检查过程中,若发现问题直接整改,没有二话。但是,有的学校是明显违规,还通过各种各样的领导过来打招呼,招生过程招录的小孩,基本上都是市领导第三代,都是知名的人。在社会大环境已经如此的背景下,宋庆龄幼儿园的园长给所有的老师提出要求,不能利用这些资源去办事,其中有一年一位老师利用了这个资源,马上遭开除。这说明,"守规矩"是作为校长管理品质的"礼仪"内容的重要构成主体。

---

① 周燕微.从应然角度看校长的文化内涵和文化品质[J].教育视界,2020(34):16—17.

二、"礼仪论"的理论思考

校长作为学校改革发展的带头人,担负着引领学校和教师发展,促进学生全面发展与个性发展的重任,对于校长在个人品质塑造、管理品质提升、社交品质彰显等方面,提出"礼仪"要求与限制,具有其存在的理论基础和政策基础。

(一) 校长成为"有礼"的教育主体

20世纪80年代后期开始,一些工业发达国家陆续启动了对中小学办学管理体制的改革,导致学校校长在国民教育体系中角色的变化与职能的扩大,校长越来越需要对教育的结果负责,或者更直接地说要对学生的学业成绩负责。这就使校长能否承担起这样的职责,如何承担起职责,谁最适合做校长,怎样成为一名合格乃至优秀的校长,成为发达国家教育讨论和改革中的一个热点问题[①]。

要承认,一所学校能否得到很好的发展,校长作为领导者的素质和能力起着关键作用。校长作为学校的文化"代言人",其一言一行都关系到学校的声誉,社会对于校长的评价就是对于学校评价的另一种表达。校长在日常的教育生活中,负责引导全体教师树立大的学校教育观、个人素养观,要求教师的一言一行与教师职业匹配,参与学校整体活动策划、组织,整体发挥学校作为专业教育机构在整个区域教育发展体系中应有的担当和作用。显然,这是校长领导下学校各主体应该具有的一种行动自觉。因此,办一所好学校,必须要对校长自身的"礼仪"提出要求,即校长成为"有礼"的教育主体。

(二) 国家对于校长的"礼仪"规范

教育政策是国家教育意志的文本表达,是政府管理教育的一种

---

① 魏志春.校长视野中的政府教育管理职能转变·总序[M].北京:北京大学出版社,2011:1.

工具,它对于教育一线的变革实践具有直接的指导作用。随着教育变革的深入,政府将教育关注的视角逐渐下移,政策关照的领域逐渐由国家大政方针布局转向一线学校办学结构调整,而校长作为学校的直接责任人,成为教育政策涉及的重点,国家对于校长的"礼仪"规范也成了区域教育改革与发展过程中校长"礼仪"建设要关注的重要内容。其中,2013年2月,教育部印发《义务教育学校校长专业标准》,注重对校长自身承担的义务和责任范围进行厘定,划定校长职权范围,并对其行为规范做出限制,主要聚焦在如下三个方面。

第一,坚持社会主义办学方向,贯彻党和国家的教育方针政策,将社会主义核心价值体系融入学校教育全过程,依法履行法律赋予的权利和义务;热爱教育事业和学校管理工作,具有服务国家、服务人民的社会责任感和使命感;履行职业道德规范,立德树人,为人师表,公正廉洁,关爱师生,尊重师生人格①。

第二,坚持育人为本的办学宗旨,把促进每个学生健康成长作为学校一切工作的出发点和落脚点,扶持困难群体,推动平等接受教育;遵循教育规律,注重教育内涵发展,始终把全面提高义务教育质量放在重要位置,使每个学生都能接受有质量的义务教育;树立正确的人才观和科学的质量观,全面实施素质教育,为每个学生提供适合的教育,促进学生生动活泼地发展②。

第三,将教育管理理论与学校管理实践相结合,突出学校管理的实践能力和创新能力;不断提高与完善规划学校发展、营造育人文

---

① 教育部. 教育部关于印发《义务教育学校校长专业标准》的通知[EB/OL]. http://old.moe.gov.cn/publicfiles/business/htmlfiles/moe/s7148/201302/xxgk_147899.html,2013-02-16.
② 教育部. 教育部关于印发《义务教育学校校长专业标准》的通知[EB/OL]. http://old.moe.gov.cn/publicfiles/business/htmlfiles/moe/s7148/201302/xxgk_147899.html,2013-02-16.

化、领导课程教学、引领教师成长、优化内部管理和调适外部环境等方面的能力；坚持实践、反思、再实践、再反思，强化专业能力提升①。

显然，这个三个方面的内容整体上概述了"校长"作为学校的管理者和责任人理应具有的基本素养和言行表现。长宁教育提出针对校长言行的"礼仪论"，其内在的要求与《义务教育学校校长专业标准》所涉及的内容高度一致，这一定意义上可以说明，"礼仪论"的提出具有其坚实、明确的政策基础。

三、"礼仪论"的长宁实践

陈玉琨教授认为，校长是一个岗位。但是，和社会上的其他岗位不一样，校长的岗位是一个需要专业技能的岗位，而"校长"队伍的建设水平直接决定区域教育发展水平②。长宁区作为教育发展先行区，对于校长群体尤为关注，特别是在校长"礼仪"建设领域，以"礼仪论"为思想、理念引领，开展了一系列教育实践活动，借此提高校长队伍的专业水平。

（一）培养校长的"党性"和"德性"

正如褚宏启所说："校长职业只有走入专业化进程，才能提升校长群体的职业素养，才能满足社会改革和教育发展的需要。"③事实上，"校长"是一种专业身份，作为一种职业的"校长"承担着多种多样的教育责任，正是这些责任的存在，它要求作为校长的"个人"要具有一定的"礼仪"要求。鉴于此，长宁区重点关注校长群体的职业成长，全面加强校长道德品质培养和业务能力建设，重点对校长提出三点要求，让校长成为"有礼"的教育主体。

---

① 同①.
② 陈玉琨.校长专业化问题研究[J].上海教育,2004(6)：26—27.
③ 褚宏启.走向校长专业化[J].教育研究,2007(1)：80—85.

一方面,校长必须有党性。习近平总书记强调:"党的力量来自组织。党的全面领导、党的全部工作要靠党的坚强组织体系去实现。"①2016年2月4日,习近平在中央政治局常委会会议审议"两学一做"学习教育方案时指出:"'火车跑得快,全靠车头带。'必须激活基层党组织,增强基层组织力。行之有效的制度要坚持、要落实,同时要针对新情况、新问题以改革创新精神补齐制度短板,健全制度,有力执行,真正使党的组织生活和党员教育管理严起来、实起来。"②因此,校长作为学校的管理者和责任人,必须要有党性。正是在此意义上,长宁区要求校长要做到两点:一是要牢牢把握政治立场的坚定性、服务大局的自觉性,服从组织安排,学校必须站在整个教育的大局去思考和实践,作为党员除了教育大局外,还要思考自己个人如何服从学校的大局,而不是局限于自己的学校,而不是个别几个学生的得失。二是要有执行政策的严肃性、改革创新的敏锐性和抵制歪风邪气的战斗性。长宁区要求,作为一名校长,除了自己一定要严格执行党的教育方针外,也要敢于指出校内某些教师师德缺乏的一些行为,如针对长宁有些教师总是认为学生不罚不成器的看法,在平时的教育生活中校长要矫正教师言行。

另一方面,校长必须作表率。一是成为勤学习、常思考的表率。不断学习,勤于思考,是党员适应新时期创新性工作的必然要求,长宁每个党员就必须要思路清楚,思维敏捷,思考问题全面。对于校长而言更应如此,比如对教育教学理论、学校新三年规划、新课题等的学习和思考。二是成为党性强、业务精的表率。当前教育工作面临

---

① 共产党员网. 习近平在全国组织工作会议上的讲话[EB/OL]. http://www.12371.cn/2018/09/17/ARTI1537150840597467.shtml,2018 - 07 - 03.
② 共产党员网. 关于党支部建设习近平总书记这样说[EB/OL]. http://www.12371.cn/2018/12/17/ARTI1545033562677222.shtml,2018 - 12 - 17.

的任务艰巨而繁重,能否把领导班子和党的基层组织建设好,把干部队伍和党员队伍建设好,直接取决于是否有一支党性强、业务精的干部队伍,校长要以此为基础和出发点,培养一支业务强、品行端正的教师队伍,并且成为其中党性强、业务精的表率,只有这样才能肩负起新时期党和人民赋予的历史重任。三是成为有思路、能创新的表率。校长要勇于和善于用改革创新的思维方式,不断提出推进教育工作的新思路,在理论上不断有新发展,实践上不断有新举措,制度上不断有新成果,努力在工作中形成提倡创新思维、支持创新实践、鼓励创新成果的生动局面。四是成为有原则、讲团结的表率。校长要着眼于构建和谐校园,同事之间相互要包容,提倡大事讲原则,小事讲风格,在坚持原则的前提下形成学校积极向上、团结和谐的氛围。

(二)提高校长队伍的专业素养

"专业平台建设"是目前项目制教育活动推广的重要一环。为了提高校长队伍素养,满足国家对于校长的"礼仪"规范,长宁区依托"名校长工作室",聚合一批有教育追求的校长组成共同体,搭建相互切磋、取长补短、共同成长的平台,以"校长带校长"的形式,通过经验传授、课题研究、工作指导等举措,并且与高校联合举办名师名校长培训,促进校长卓越发展。

一方面,深化"两名一基"工程建设。一是推进实施市、区第三轮名校长培养工程,成立学员项目组沙龙,组织研讨学习交流活动;选送学员参加美国影子校长、长三角名校长和刘彭芝校长培养基地等高端人才培训项目;继续加强区、系统和学校三级创新团队建设;成立教育系统人才工作领导小组和办公室,加强人才工作机制建设,加强教育系统人才工作绩效管理。二是实行分层培训、个性化培养和双导师制带教,继续与"全国卓越校长培训基地""华师大校长培训中心"等联合开展专题培训。三是开展名校长师资队伍分层分类培训,做强区、系统和学校三级创新团队,完善校长与教师职业生涯发展规划,完善基础培训、专项培训和高端培训三级管理体制,进一步深化项目负责制的管理体制,创新工作模式、培养体制与管理方式,全面提升项目负责制工作品质。

另一方面,借助"课堂工程"提高校长课程领导力。"课堂工程"改革的实施,促使校长和教师深入思考教育教学中深层次的问题,重新审视和界定自己在课程改革中的功能、地位和作用,校长的课程领导力、教师的专业自觉力不断增强。从"课改"到"改课","课堂工程"为所有老师搭建了一个平台,让"优势学科""优秀团队"在课堂改革中孕育生成,使"好教师""好校长""好学校"脱颖而出。2017年3月,长宁教育"课堂工程"启动,要求全区各学科在职教师每人录制一节课,截至目前全区共递交了课堂教学实录2 057节,"课堂工程"中,除了"一师一实录",还要求做到"一课一点评""一师一优课"。长宁的这场课堂革命,促使校长和教师回到"快乐教育"的起点,重新审视教育的根本目的、基本原则和合理方式。

(三)引导校长规范约束自我言行

校长的价值意识和价值信念最终需要转化为教育价值观才能发挥实际的领导作用,这里的价值观是在外力驱动或者约束之下产生的对于校长自身言行的自我规范约束[①]。作为"礼仪论"的实践常态,长宁区注重引导校长在日常的教育生活中规范约束自我言行,通过体制中的干部人事、检查督导以及对于校长群体的日常关照,提高校长对于自身言行规范约束的实效。

一方面,深化干部人事制度改革。严格干部选拔任用"四项制度"。完善教育系统干部教育、培养、选拔、任用和管理的机制。组

---

① 石中英.谈谈校长的价值领导力[J].中小学管理,2007(7):4—6.

织开展新上岗校级干部和教育系统后备干部培训,创新干训模式、拓展干训内容。进一步优化干部队伍结构,按照"双向进入、交叉任职"办法,促进复合型干部培养。积极参与全区领导干部竞争性选拔工作,拓宽选人用人渠道。继续选拔基层优秀中青年干部挂职教育局、教育党校锻炼,强化党性锤炼;继续选拔优秀后备干部到社区挂职青少年保护工作,强化实践锻炼。做好新一轮校长职级评审和认定工作。

另一方面,创建校长队伍教育和监督机制,继续加强党风廉政和政风行风建设。深入推进"清风进校园,廉洁入我心"主题系列活动,组织廉洁文化建设示范校评选,开展廉洁文化进校园总结表彰展示活动;开展党政干部廉政建设专题培训,加强干部廉政岗位教育;推进廉政风险防控工作;完成"科技+制度"的廉政课题调研。积极落实上海市教育系统政风行风建设会议的任务和要求,切实解决损害群众利益的问题;严格执行教育收费公示制度,开展秋季规范教育收费专项检查。

此外,长宁区关注校长身心健康,提高校长任职积极性和主动作为的意识自觉。在近几年的教师尤其是校长体检中,各种各样的重大疾病特别多,教育局间接地了解到有不少校长反映不想做学校领导,事务性工作繁杂、工作压力太大、成就感低。长宁区主动关心为长宁教育默默耕耘的校长同志。比如,通过教育行政管理各大平台的打造和联动,尽可能条块化学校管理者的行政管理事务,减少头绪;充分发挥各中心的专业支持,提高学校管理者行政事务工作效率;通过区域师资队伍分层分类培训,帮助教师明确个人职业发展的方向和目标,获得职业尊严感和成就感;借助与高校的高端教师培训计划,为学校管理者和优秀教师创造个人再发展的学习机会等。

学校发展是一个动态变化的过程，我们所处的时代是个在不断变化发展的时代，教育的内外部条件都在发生着深刻变化，这种变化促发我们的学校必须不断去适应，不断去改变，这也就要求我们的学校不断经历自身的蜕变，化蛹成蝶。无论学校的办学水平如何，每所学校既要顺应时代发展需要，也要保持自我更新、自我改进的态度。学校管理者和教师都要寻求自我突破，以学生的健康成长为原点，更新学校发展理念，拓宽学校发展路径，办好让人民满意的家门口的好学校。同时，教师群体要终身学习，不断突破自我边界，以自身专业知识的持续成长与自我观念的不断更新，不断为学校赋能，让学校时刻充满活力，通过多主体的积极蜕变，打造高质量文明校园，促进学生更加全面健康地成长。

第八章　蜕　变　论

当前，我国区域义务教育发展面临着超越"基础均衡"、追求"优质均衡"的历史使命①。区域教育系统发展逻辑需要从"经济发展逻辑"转向"教育发展逻辑"，探索通过内生发展机制来均衡化创生优质义务教育资源②。简言之，义务教育均衡发展的方式需要从"外源性

---

① 刘志军.走向高位均衡：基础教育改革与发展的应然追求[J].教育研究，2012,(3)：35—40.

② 尹后庆.见证变革：站在上海基础教育转折点上[M].上海：上海教育出版社，2014：97.

均衡"转向"内生均衡"①。从区域层面来看,让所有学校都达到更高的办学质量,这是推动区域教育均衡发展的必由之路。

一、立足学校变革推进区域教育均衡发展

以学校发展为参照点,推进区域义务教育均衡发展有三种不同思路,三种思路各有自己的适用范围,需要结合不同时期的区域社会发展状况和各类要素资源配置情况来灵活选择或组合运用。

(一)为学校配置规范的要素资源,实现区域教育系统基础均衡

每一所学校都是社会中的一个开放系统,因此要让它在社会中生存并发展,至少需要从两个方面考虑其可以利用的办学资源:一是与社会互动时可得可用的资源,特别是社会各界都看得懂、因而能有效供给并理解其用途及成效的资源;二是与其他学校交流时可见可用的资源,特别是可被上级主管部门检测,也可与同类学校相互比较和沟通的资源。据此来看,在教育活动的基本要素(教育者、受教育者、教育内容、活动方式等)和实体化社会组织的基础条件中,学校可用的基本资源主要有教师、学生、课程、教材(用以呈现教育内容)和符合办学要求的硬件与软件,此外就是相关人员需要投入的时间和社会需要投入的经费。从一个社会组织主动利用各种资源来创造新资源、新价值的角度来说,学校用到的上述资源都类似于经济学所说的企业生产所需的劳动力、资本、土地等生产要素,可被视为要素资源。通过对各种要素资源的重新排列组合,立足学校变革创造优质教育资源。

在要素资源相对贫乏时期,社会首选的是尽可能为学校配置质

---

① 姚永强.内生均衡:义务教育均衡发展方式转变的路径选择[J].现代教育管理,2014(2):18—22.

量合格、数量达标的要素资源,确保各学校都能正常运作。此时,凡是可以通过标准化的方式生产、提供和使用的要素资源(如硬件设备和软件系统、新的课程与教材),都可以被标准化配置给每所学校,以使办学条件均等化;由此实现的区域基础教育均衡是确保"起点公平"、可用一把统一可测的"标尺"(从入学机会和办学条件上确保每个孩子拥有基本均等的受教育机会)来衡量的"基础均衡"。

这种思路在社会发展的一定阶段很有成效。但在社会发展到更高阶段后,就需要思考:如何让要素资源在优质化配置的基础上能得到优质化创新。以教师(包括校长)流动这一行动为例,这是区域教育均衡发展的关键举措,因为当其他要素资源(如教学材料和信息化设备)的配置都已达到一定标准后,教师这种最有创新潜力、又可以流动的要素资源就成为各界关注的焦点。但随着这一举措的深入我们发现,仅仅让教师流动起来还不够,还要看教师在进入交流学校后,是否创造性地整合了要素资源,是否形成了适合具体学生的个性化发展需要的系统资源;只有对学生特征及发展潜力开展持续的深度研究,对生源所在社区和家庭的文化生态予以全面深入的了解和利用,教师的专业创造才能达到新境界。否则,交流来的教师可能提供貌似先进但未必最优的教育资源。类似地,校长的专业创新空间还可以更大。一方面要避免校长因流动过频而出现短期行为,另一方面要进一步探索发挥校长专业创新潜力的新思路,促进学校追求更高境界的特色化、多样化发展,从而让内生资源的优质化程度和区域教育均衡发展都达到更高境界。

(二)利用项目引领学校改革创新,在基础均衡中开发优质资源

从区域层面来看,除了上述直接为学校配置要素资源的思路之外,在40余年的改革开放中还出现了新的选择。其中,利用各种行动项目引领学校改革创新,从而在基础均衡的格局中创生新的优质

资源,是一种较为常见的思路。在这种思路中,一个区域会结合本地教育发展规划中的主要任务和措施,系统设计并逐步实施用以推进区域发展的社会行动,①这包括不同层次和类型的系列化的政策行动项目或工程(如教育信息化、集团化学区化办学、深化课程改革等),由此整合要素资源,提高资源利用效率。其中,一些深度介入学校运行的项目给学校带来的影响比较大,直接促成了项目参与学校以不同的方式开展校内课程教学等方面的改革。从区域层面策划实施的行动项目,往往会给基层学校预留一些自主决策空间,以便基层学校结合本校实际进一步细化设计、释放创意、有针对性地实施。虽然这种预留的创意空间的大小、持续的程度往往因时因地因人而有所不同,但这种空间在不同程度上为学校层面自主选择合适的行动方案、激活教师创新潜力提供了机遇;同时,也为突破"千校一面"的格局、探索更高品质的特色化、多样化办学格局敞开了新的空间,许多未在基础资源上得到倾斜支持的普通学校也由此主动创造出新的、超越标准化配置的要素资源与学校层面的系统资源(如特色化办学思想、育人模式、课程体系),摸索出自主发展的成功之路。从区域层面来看,在完成一个阶段的有效发展之后,如果继续展开新一轮自上而下的行动,则可能重演上述情形,甚至导致前期项目创新的资源未被继续利用。显然,若希望新的行动可以带来持续的、境界越来越高的发展,还需要探索新的思路。

(三)创新机制促进学校内生活力,追求新时期的区域优质均衡

以上述两种思路为参照,新的思路就是以学校自主发展为基础、均衡化创新优质的系统资源,而不仅仅是均衡化配置要素资源。相比之下,这种思路更强调用更高层次的战略布局和治理智慧来调整

---

① 曾荣光.教育政策行动:解释分析框架[J].北京大学教育评论,2014(1):68—89.

发展重心。一方面,在现代化治理格局中,尊重学校的专业自主权,将学校的内生发展作为优质的系统资源最重要的来源,为学校敞开更高境界的自主空间,鼓励学校在办学目标、课程体系、育人方式、评价机制等方面做出系统探索(包括传承已有的优质资源和创造新的优质资源),逐步创造一套适合本校师生发展的特色化的优质办学标准,整体提升学校办学品质。另一方面,关注并推动区域教育系统良性的动态演化,让学校之间的互动成为促成优质资源均衡创新的区域协同机制。通过区域层面组织的合作交流(包括专项交流研讨和集团化学区化办学等),让各校自主创新优质系统资源的经验成为互相借鉴的办学智慧,"鼓励和倡导学校之间在正确的目标导引下,开展符合教育科学规律的办学水平竞争,创建办学特色,不断提升办学水平"。于是,整个区域教育系统进入一种"不均衡—均衡—不均衡—均衡……"的循环发展的动态过程[①],由此持续推动优质教育资源的均衡化创新和配置。

相比于前述两种思路,通过区域层面的机制创新促进学校内生活力,更适合新时期促进区域义务教育优质均衡发展的需要。在这种思路中,学校作为宏观教育系统的微观基础,可让新的优质教育资源更多通过系统化、生态化的方式涌现出来,且品质更高、更有活力,更适合每所学校每个学生的真实需要;进而,在区域层面通过更多学校一起创造更为丰富、更有特色的新资源,由此促成区域义务教育均衡化优质化的系统资源(而非均等化配置要素资源),形成动态化的优质均衡发展状态。

---

① 尹后庆.见证变革:站在上海基础教育转折点上[M].上海:上海教育出版社,2014:60—170.

二、学校变革与学校发展

2017年9月,中共中央办公厅、国务院办公厅印发的《关于深化教育体制机制改革的意见》指出,当前我国教育改革发展已进入一个新的阶段,需要全面深化教育综合改革,全面实施素质教育,全面落实立德树人根本任务,系统推进育人方式、办学模式、管理体制、保障机制改革,使各级各类教育更加符合教育规律,更加符合人才成长规律,更能促进人的全面发展。作为教育改革的最重要承担主体之一,各地学校应担负起相应的职责,不断探索改革的思路和方法。

(一)学校变革的过程

学校变革是符合社会发展主流方向的、积极向上的、目的在于促进全体学生全面发展的一种变革;学校变革不是在学校出现问题的时候才做出的应急反应,而是一个有计划、有目的并得到不断调控的、综合而系统的连续过程。具体来说,学校变革的过程可以分为三个阶段:①诊断问题、分析学校发展力阶段;②制定学校发展规划阶段;③实施学校发展规划阶段以及解决问题。

第一阶段:诊断问题,分析学校发展的推动力和阻碍力。学校生存并运行于一个复杂的社会环境中,而这个社会环境本身也在不断地发展变化,所以,学校的运行不是一帆风顺、一劳永逸的,学校总会面临这样或者那样的问题。从某种程度上说,"问题是我们的朋友"①。在这一阶段中,学校校长首先要做的就是识别学校现存问题、诊断问题的起源,并分析学校中存在的促进或者阻碍问题解决的各种力量:一是反思学校的发展历史,分析学校现在所处的情境以

---

① FULLAN M. Professional culture and educational change [J]. School psychology review, 1996, 25(4): 496-500.

第八章 蜕 变 论

及学校在社区和社会中的角色任务。二是反思学校的使命与价值目标,确保学校使命和价值观清晰明确。三是使用头脑风暴法,带领全体教职员工思考学校可能面临的内部问题。四是分析、判断各种促进或者阻碍问题解决即学校发展的力量。

第二阶段:确定学校发展目标,制定学校发展规划。学校发展规划(school development planning,SDP)是英国学者哈格里夫(Hargreaves,D. H.)和霍普金斯(Hopkins,D.)提出的概念。最初,学校发展规划的含义仅是"有目的、有意识地对未来行为进行的计划";后经发展,学校发展规划的含义成为"利用学校资源(人、时间、财力等)实现学校使命的过程"。时至今日,人们对学校发展规划的认识更加广泛,"学校发展规划不仅仅是学校发展方案,它还是创制发展方案并确保这一方案产生效果的活动或过程"。根据戴维斯(Davies,B.)与埃里森(Ellison,L.)的观点,学校发展规划共包含三个层面的交互作用的规划。最高层面的规划是长期的、全面的规划,这种规划使用面向未来的思维方式确立学校的发展方向,是对学习的本质及学校的发展均具有巨大作用的规划。第二层面的规划是战略规划,即在传统战略规划的基础上,确立学校发展的战略意向。最低层面的发展规划,实际上应当称为操作性计划——规定了实现高层次的发展目标,学校应当具体怎么做。确定学校的战略规划主要包括确定学校发展原则、确定学校发展目标和确定学校发展步骤三个方面的内容。

第三阶段:实施学校发展规划。学校发展规划的实施是从文本形式转化为实际效果,从而实现规划既定的发展目标和学校愿景的动态过程。通过这一过程,提高学生的学习质量和教师的专业化水平,提升学校的教育质量[①]。学校应当将学校中的全体教职员工都

---

① 陈建华.作为发展过程的学校发展规划[J].教育发展研究,2004(11):14—15.

纳入发展规划中,从规划实施伊始就加入学校发展规划中。校长在实施阶段应该成立一个学校发展团队,该团队成员彼此相关联、掌握不同的技能技巧;确立团队成员应当承担的不同责任与任务;为规划的贯彻与实施留出足够的时间,维持团队成员的热情和动力,完成各种各样的任务;确定关键性目标,确立重要的里程碑。另外,在规划实施过程中,还应当成立一个评价团队,确立对规划进行审核的、科学而合理的程序。而且评价团队成员应当包括学校以外的相关专家。紧接着的反馈即在评价、审核的基础上,对规划制定、规划实施的过程进行适度调整,修正规划实施过程中表现出来的规划中不恰当的地方,力图使规划更符合学校发展的现状,更能促进学校的发展。

实施阶段的关键以及促进学校成功发展的关键不是学校拥有的各种书面文件和拥有学校发展规划的文本,而是促进全校师生理解学校发展的战略过程,即战略参与(strategic participation)。格瑞顿(Gratton)阐释了战略参与的三个主要原因[①]:一是战略参与可以建立指导性联结,即让人们参与愿景拟定过程以确立管理性学习;让人们参与规划过程并为之努力工作。二是发展变革能力,即真正地、创造性地适应环境,发展一个永久的、适应环境的、富有灵活性的组织,无论是在个人层面还是在组织层面,大家都拥有共同前进的目标。三是坚持关注战略议题,即战略过程中出现的宽泛的议题是行为的焦点。这种观点构建了跨越现在和将来的桥梁。也许其中最为重要的是,它是一种交流机制,既包括团队内的交流,也包括涉及的外部人员……这种观点保证了组织行为的一致性和连贯性。简单地说,

---

① DAVIES B. Processes not plans are the key to strategic development [J]. Management in Education,2006,(2):11-15.

战略参与就是学校里的每一个教职员工都能够清晰地说出达成学校的整体目标他们将要做什么。

(二) 学校变革文化的发展路径

变革文化是自觉的文化,必须通过学校成员自身有意识的行动去实现,最终使变革成为学校所有成员的生存之道。"文化因我们与他人之间的互动而被不断地再现和创造,并被我们自身的行为所塑造。"[①]依据沙因(Schein,E.H.)等学者的理论观点,学校变革文化的形成需经历"发现变化—适应变化—主动变革—管理变革"4个阶段。

第一个阶段是发现变化。学校领导者与教师对学校组织不断进行自我监控与反省,及时发现时代社会发展需求的变化,发现学生的变化,发现学校教育存在的不能适应时代社会发展和学生发展需要的地方,判断自身的教育教学和管理方式是否适应上述需要。学校领导者和教师经常搜集有关学校教育改革和发展的信息,判断自身教育教学和管理行为的合理性。

第二个阶段是适应变化,开始变革。学校领导者和教师要积极行动起来,停止实施某些落后的、不合时宜的教育教学和管理方式,他们勇于反思自我,突破旧有的条条框框,尤其是打破旧的利益格局。他们善于突破学校系统内部的"惯性"势力,让其明了改革带来的好处,让观望者、抵制者及时进入支持改革、参与改革的队伍。

第三个阶段是主动变革。学校领导者和教师主动寻找改革策略,寻求学校变革的突破点或关键,解决教育教学和管理领域存在的不适应发展的问题。改革的策略通常会有多种,学校领导者和教师

---

① 埃德加·沙因.组织文化与领导力[M].章凯等,译.北京:中国人民大学出版社,2014:22.

要从中选择某种最适合自身学校特点的策略。在这个阶段,学校领导者和教师会将"阻力"视为学校教育改革的起点而不是终点,依靠"阻力"激发参与变革者的积极性和斗志。

第四个阶段是管理变革。既然已经认为自己的改革是正确的,那么就要把正确的事情做正确。学校领导者和教师要坚持科学性、系统性原则,遵循学校教育发展和改革的规律,扎扎实实推进改革,保持各项改革的连贯性、一致性。学校领导者要让组织成员都理解并接受相关改革方案,遵循教育改革的发展逻辑,促成学校教育变革的顺利实现。

(三) 推进学校变革与发展的策略

学校变革文化的形成根本上取决于组织成员(主要是学校领导者和教师)在学校生活中的思想、行动以及成员之间的互动。由此,我们尝试提出学校变革文化形成的如下策略。

第一,学校领导者应更多地成为变革型领导者而非事务型领导者,激发教师的潜能。沙因(Schein H. E)认为,文化与领导的联系在组织文化和微观文化中最为明显。"文化创造和管理的这些动态过程正是领导力的精髓,并使人们认识到领导力和文化是同一枚硬币的两面[1]。"但是什么样的领导更有助于变革文化的形成呢?那就是变革型领导。变革型领导具有以下特征:"激励同事及其追随者以新的视角来审视自身工作的兴趣;创新团队和组织的愿景或理念;对同事及其追随者进行培训,使他们获得更高的能力与更大的潜力;激发同事及其追随者能够超越自身局限,追求群体利益。"[2]事务型领导主要关注组织任务的完成和组织目标的实现;而变革型领导非常重

---

[1] 埃德加·沙因.组织文化与领导力[M].章凯等,译.北京:中国人民大学出版社,2014:29.
[2] 赵中建.学校文化[M].上海:华东师范大学出版社,2004:380.

视员工自身的价值实现,把他们当作能动的主体看待,相信他们有无限的潜能,鼓励他们自我实现,支持他们自主改革、自由探索,在改革创新中发展自我、实现自身专业成长。

第二,教师应注重反思、学习,提高自身变革的意识和能力。反思是改革主体的一种高级意识和能力,可以说,个体是否具有反思意识和能力是学校变革文化形成的前提条件之一。"反思实践有一个基本的思想,就是组织的改革发端于个人。"①学校要发展,首先必须清楚意识到自身的问题和不足,需要教师经常反观自身,比较自身所在学校与其他学校之间存在的差距,比较学校培养目标、育人模式与时代社会发展要求之间的差距。教师只有以学习为基础,通过学习掌握有关教育和教育变革的知识、能力,才会成为主动变革、坚持变革、坚信变革的力量,把变革作为自身的使命和行为方式。此外,教师应把学习作为自己的一种基本需要,愿意并且实际投入更多的时间、精力钻研学科知识和教育理论知识。教师个人不仅应努力学习,而且应懂得在团队中合作学习、相互学习,学习吸收他人的新思想或新观点,借鉴他人改革的成功经验或吸取他人改革的失败教训,这样,教师才能共同应对教育改革中的问题或困难。富兰(Fullan, M.)曾在其著作中提到专业学习共同体的特征:共享的价值观;对学习的集体责任;合作学习(个体和团队的学习);反思性专业探究;公开的网络的伙伴合作,包括全体成员的双向的信任尊重和支持②。由此可见,建立教师专业学习共同体十分必要,它与学校变革文化的形成密切相关。

---

① Karen F. Osterman, Rober B. Kottkamp. 教育者的反思实践——通过专业发展促进学生学习[M]. 郑丹丹,译. 北京:中国轻工业出版社,2007:1.
② 迈克尔·富兰. 教育变革的新意义:第4版[M]. 武云斐,译. 上海:华东师范大学出版社,2010:116—117.

第三,学校领导者、教师之间以及各自内部成员之间应相互信任、支持,共同承担变革过程中的压力。教育改革过程需要学校内部成员之间相互信任和支持,尤其是学校领导者应支持一线教师的教育教学改革行为,尊重他们的专业权力,让教师对有关教育改革有知情权。同时,教师也应理解、支持领导者倡导实施的教育改革,尊重学校领导者的管理权,出现问题时积极反馈,与领导者沟通协商。学校领导者和教师都应把变革视为必然会遇到困难的过程,把变革视为不一定会成功的活动,把变革视为所有人的使命、职责,是所有人都应该参与而不是旁观的活动。相互信任、支持,共同承担改革的风险和责任,其实是变革文化的情感之维。

三、学校变革的长宁实践

(一)推进"新优质学校"项目,注重教育的人本价值回归

"新优质学校"中的"新"主要是指不是靠学业成绩排名和升学率成名,而是靠育人质量过硬成名,核心在于让教育回归人本价值,把学生的发展作为学校关注的起点和终点,关注每一个学生内心世界,通过课程的浸润使其内心世界丰富而有追求。各区积极行动,总结和辐射"新优质学校"的经验,研究促进学校实现新优质发展的政策体系和环境建设,鼓励中小学校探索实施素质教育的有效途径和方法,关注教育过程的丰富、师生关系的和谐、多样化学习需求的充分满足,破解了影响学生积极主动发展的难题,形成实施素质教育的良性机制,回应了老百姓日益增长的对优质教育资源的需求。

长宁区地处中心城区,基础教育一直处于比较高的水平,随着课程改革的不断深入,长宁提出"为了每一个孩子更好的学习和成长"的教育理念,重在为每一个孩子提供合适的教育,其中就包括为不同层次的孩子提供不同的作业。同时,全区进行教育质量评价改革,推

出了"学校生活幸福指数""学生身心健康指数""学生学业成就发展指数"即"三个指数"的测评工作,不仅关注学业成绩,同时关注学生为了取得该成绩所付出的代价即学习成本和学习品质,关注学生的全面发展,这就要求必须根据学生的个性差异实施个性化的教学,使教师的教学适合学生的学习,让不同的学生都能够在原有基础上得到较大的提升和发展。

(二)注重教育优质均衡发展

实施教育优质均衡发展,就是要逐步缩小区域之间、校际之间和学生之间教育机会的不平衡。在学校层面,就是要以学生为出发点和落脚点,大力提倡学生的个性化、特色化发展,在更大范围、更高程度上满足更多学生的合理教育需求。这与科学发展观中"以人为本"的内涵是根本一致的。

第一,学校坚持从公正、公平的原则出发。围绕学生的发展特点和现实需求,妥善协调学校各方面的利益关系,促使教师树立牢固的教育事业观,增强他们的服务意识和奉献精神。为了使学生享受"优质均衡"的教育,要求学校取消重点班,合理配置师资及其他教学资源,从而确保每个班级的学生在起点上都有同等的受教育机会和学习环境,同时也使教师的工作有了共同的、自然的"基点"。过去人为地将学生归入"重点班"和"薄弱班",无形中是在给学生贴上"标签",根据罗森塔尔效应,这种"标签"非但不能缩小学生之间的差距,反而会进一步强化学生原有的自我概念;同时,在薄弱班级任教的教师,往往缺乏积极性,缺乏服务学生的热情和动力,最终受损的实际上是这些班级的学生。"强者"自强,而暂时后进的学生更需要学校的关心、教师的扶持、同学的帮助。唯有使这些学生在学校制度安排中获得最大的利益,才是真正体现公正、实现均衡的成功学校。

第二,要求每个学生走上"全面发展"的道路,使学生真正成为社

会主义事业的可靠的接班人和合格的建设者。推进学生的这种发展,没有教师的发展是不可想象的,因此教师必须注意"修炼内功",拓展知识,陶冶情操,锤炼意志,与学生共同成长。有了这两个方面的发展,学校的发展自然"天成"。这与科学发展观中"全面发展"的思想相吻合。

第三,在比较中,学校明确了自身在促进学生"全面发展"方面的不足,这种不足主要体现在学生自我管理和自主学习的能力上。为了弥补这种不足,使学校学生获得更好的发展,学校要求各年级组、各教研组认真研究学生实际,把培养学生的自我管理、自主学习的能力作为重要的目标和任务,列入教育教学工作的"议程"。这些工作在不断的完善和落实的过程之中,取得了积极的效果。

现代学校的快速发展，犹如高速飞驰的动车组列车，快速发展的背后是它的内部复杂有序系统的支撑和良好有效体系的支持，各个系统和体系之间的关系协调是学校快速发展的秘密。我们认为，现代学校就像是现代动车，其内部系统与体系复杂有序、良好有效，内部存在强大的凝聚力。动车的发展依赖于各个组件之间构造成型的生态系统，学校也是一样，学校的发展离不开学校教育各个参与主体的共治、共建、共享，营建良好的育人生态。与此同时，"要想跑得快，全靠车头带"，作为"列车长"的校长的领导力、放权、赋能、合作等要素在作为动车的学校快速发展中的作用显著。

 # 第九章 动 车 论

"动车"是现代中国普遍的交通运输工具，它以强劲的运转动力、飞快的运行速度、优良的内部结构、卓越的质量性能，成为中国对外宣传、世界认识中国的"名片"之一。其中，"动车"内部结构的优良促成了动车本身持续的运行。当视线切换到教育领域，将学校看成一列运行的"动车"，那么学校内部治理结构必定优良。为了达到这一目的，学校内部必须具有凝聚力和向心力，凝聚一切可以集结的力量形成一种教育合力，打造一种良性的学校内部育人生态。学校管理要形成多元主体的公共参与和合作共治，推进学校"持续的运行"。因此，"动车论"就成为解构和重构学校内部结构调整、生态建构、合

力形成的深义表达,重点指向学校凝聚力的形成。

一、学校是新时代教育改革的"动车"

"共建、共治、共享"是习近平新时代中国特色社会主义思想的重要内容,也是教育治理改革的重要指导思想。它以中国特色社会主义公共服务理论、协商民主理论和价值共享理论为基础,内含共同建设、共同治理、共同享有等三重意蕴①。以"动车论"隐喻表述"学校治理"的重要意义与实践行动,从"共治""共建""共享"三个角度诠释"学校内部治理",推进良好的学校教育生态建构的重要议题。

(一)学校内部的共治

教育治理是指国家机关、社会组织、利益群体和公民个体,通过一定的制度安排进行合作互动,共同管理教育公共事务的过程,它呈现出一种新型的民主形态,其直接目标是善治,即"好治理",最终目标是"好教育",即建立高效、公平、自由、有序的教育新格局②。其中,谋求学校的发展,从根本上说必须加强学校的内部治理,而学校关涉各主体的"共治"是学校治理的第一步,这使得学校内部"共治"成为"动车论"的核心要义之一。

一般讲,学校治理以学校群体成员为主体,在教育教学和管理实践中逐渐共同创造、生成具有独特凝聚力的学校面貌、制度规范和学校精神气氛等,其核心是学校在长期办学中积淀下来,治理成效体现时代特征和社会进步的价值观念、思维方式、行为规范及其活动结果,以具有学校特色的精神形式、制度形式和物质形态为外部表现并

---

① 江国华,刘文君.习近平"共建共治共享"治理理念的理论释读[J].求索,2018(1):32—38.
② 褚宏启.教育治理:以共治求善治[J].教育研究,2014(10):4—11.

影响和制约着学校群体成员的活动方式、精神面貌与文化素养发展。其中,现代学校治理通过多种有效形式充分发挥学校群体成员的主体作用,充分发扬民主,尊重现代学校建设的各主体,倾听他们的意见,创造和谐融洽的工作和学习环境,最大限度地发挥每个成员内在的潜力和创造力,共同把现代学校建设搞好。这是学校内部"共治"的基本立场之一。

(二)学校内部的共建

学校是多主体组成的社会组织,学校的建设依赖于这些主体在日常的学校教育生活中,主动贡献自身的教育智慧,发挥自身的专业优势,凝聚一种教育合力,共同建设高品质的学校。因此,学校内部的"共建"成为"动车论"的又一基本立场。教师和学生是学校最主要的教育主体,长宁区的教师治理文化观包括教师的教育观、教学观、学生观、课程观、质量观,教师的教学方法、教学质量、教学风格,教师的师德、师能、师智、师魂等。而学生的治理文化观包括学生的学习目标、学习态度、学习方法、学习水平,学生的行为习惯、学习风格,学生的课余生活、社团活动、文体活动等。二者的统合构成长宁学校治理的文化基础,推进学校内部治理的"共建"达成。

与此同时,长宁高度关注师生权益,出台家校共育计划,推动学生教育提质增效、学校教育良性发展,同时在招生改革方面,学校给予家长和学生教育公平,发挥多主体的教育力量使得学校教育处在一个良性的发展循环当中。以高考为例,为实现高考工作在学校的有序推进,市教委要求把选择权尽可能多地交给学生和学校,区教育学院教研室对《高考改革学科教学建议》项目进行引领,结合教研活动、教师培训、主题研讨等多种形式形成各学科的教学建议。同时,长宁区围绕"立德树人",以提升教育质量和促进教育公平为出发点和落脚点,以推进教学管理体系改革和管理能力提升为主

线,凝聚共识,统筹谋划,协同推进,减负增效,扎实推进学校教育新发展。

(三) 学校内部的共享

作为一个社会主义国家,全民"共享"改革发展成果是我国的发展战略,它在多个领域、诸多场合出现。"推进学校治理体系和治理能力现代化,是全面深化教育改革的必然要求"①。在政府的宏观管理下有序地推进学校组织的多中心合作共治,促进多元主体的共同治理,已成为当前学校组织管理发展的一种新趋势②。学校治理是一种引力场,它能凝聚人心,形成合力,是最宝贵的资源,是学生成长、教师发展的肥沃土壤。这使得学校内部的"共享"成为"动车论"的又一立场。

在学校层面,学校建立健全教师专业发展的递进制度,以新时代教师队伍专业能力的提升为契机,深化教师聘任、人员编制、教学科研、师德师风等系列制度的改革,优化教师专业效能,全面激发教师自我发展活力,给予教师专业能力建设更多的空间,且以教师自我成长、专业能力建设促进学校教育质量的改进提升。

进一步讲,教育治理体系的全面优化是活力教育的重要标志,也是长宁办一流教育的制度基础。依法治校、高效管理、依法施教、科学评价、常态督导是教育治理体系优化的主要内容。在依法治国不断深化的改革背景下,长宁教育治理体系在已取得良好成效的基础上也需更上一层楼,为长宁的活力教育提供更加科学高效的制度保障。这一成果为长宁学校的各主体带来诸多裨益和利好。

---

① 《教育家》编辑部.新时代学校治理:校长的"思"与"行"[J].教育家,2020(37):1.
② 叶飞.走向多中心治理:学校组织管理的善治之道[J].苏州大学学报(教育科学版),2020(4):46—52.

二、"动车论"的理论基础

学校教育是人制度化学习和超越家庭环境实现社会化的第一步[①],人在学校这个专业的育人场所接受教师专业的学科教学,获得以往未知的专业学科知识,就是一种受教育的过程。受此影响,学校在整个教育体系中占据重要地位,学校"治理"也成为长宁教育发展的重点之一。

(一) 学校从"管理"走向"治理"是必然趋势

"多一些治理,少一些统治(抑或管理)"(less government and more governance)是21世纪世界主要国家政治变革的重要特征[②],而将其视线切换到学校教育领域则是强调学校变革实践要由"管理"走向"治理"。"作为教育治理在学校层面的实践,学校治理表达了民主参与、教育品质和学生发展的期待,同时也提出了重构学校系统和学校生态的实践诉求"[③]。一般讲,"学校的唯一功能就是教育,其他有教育潜能的机构可以做比它们今天所承担的更多的教育工作"。学校只有专注于做出有意义、系统和持久的努力,才能在个人身上培养出知识、态度、价值观、技能和敏感性[④]。面对新时代对学校治理提出的新要求,学校要在传统办学模式基础上,完善内部治理结构、调整治理关系、积极推进学校治理现代化,并需完善各项管理制度[⑤]。

---

① 联合国教科文组织.反思教育:向"全球共同利益"的理念转变?[M].联合国教科文组织总部中文科,译.北京:教育科学出版社,2017:47.
② 俞可平.中国的治理改革(1978—2018)[J].武汉大学学报(哲学社会科学版),2018(3):48—59.
③ 杜明峰,张猛猛.学校治理的实践建构与制度安排[J].教育发展研究,2020(20):31—38.
④ [美]古德莱德.学校的职能[M].沈剑平,译.台北:桂冠图书股份有限公司,1999:125.
⑤ 《教育家》编辑部.新时代学校治理:校长的"思"与"行"[J].教育家,2020(37):1.

吴献新提出:"市场经济与知识经济条件下的教育必然呈现出多元化、开放式的特点,这就要求学校在发展建设上要走出传统封闭式的管理体制,建立起教育治理模式"①。客观来讲,现代学校教育同社会发展息息相关,青少年一代的成长也迫切需要社会教育密切配合。社会要求青少年扩大社会交往,充分发展其兴趣、爱好和个性,广泛培养其特殊才能,这其中教育发挥了极其重要的意义。当代社会教育日益发展,尽管在整个教育体系中还处于辅助和补偿地位,但越来越显示出了不可替代的作用。而且,现代人的成长已不完全局限于学校,必须同社会实践相结合。社会教育更有利于人的社会化。无疑的是,教育与社会关系极为密切。教育家历来重视政治、道德对教育的影响,重视教育对社会和个人成才的作用。教育不仅对个人的成长和发展有着重要作用,而且对于社会也有极大的影响。对当前,关系到社会的发展和壮大;对今后,影响到社会的延续和未来。研究教育不能只限于研究个人,而且要研究社会,研究教育与社会的密切关系及其对社会进步的重要作用。因此,对于学校进行"管理"已经不再适应新时代学校发展,从"管理"走向"治理"是学校变革的必要选择。

(二)学校治理是国家治理现代化的重要内容

2013年党的十八届三中全会通过的《中共中央关于全面深化改革若干重大问题的决定》,首次在政府重要文件中用"社会治理"取代原先的"社会管理",进一步淡化政府的管制作用,强化其服务职能②,重点强调教育治理体系和治理能力现代化,为区域教育治理奠定了政策基础、指明了方向。在我国现有的"分级管理、省级统筹、区

---

① 吴献新.现代学校制度与管理实践[M].北京:高等教育出版社,2017:28.
② 俞可平.中国如何治理:通向国家治理现代化的道路[M].北京:外文出版社,2019:143.

县为主"的教育体制格局下,教育治理体系和治理能力现代化的实现,最重要的落实主体是在区县这一级。学校是区县教育的基本单元,学校治理水平与能力的提升直接对区域教育治理水平的提升产生直接影响。同理,区域教育治理水平和能力的现代化直接促成国家治理现代化的实现,因此可以说,学校治理现代化是国家治理现代化的重要构成。

现时期教育成为一个人人皆可言说的领域,单子式的个人的成长出现问题,教育首当其冲遭遇指责,社会中一些群体习惯性地将人在社会中出现的问题等同于教育问题。其实,这是一种非理性的观点。教育是社会的一部分,是社会母系统中关键的子系统,教育问题的出现很多都是社会问题在教育领域的展演。需要强调的是,人的一种特性是回避问题本质而仅基于事件表象进行批评,殊不知,这将教育推入一个"弱势"的境遇,教育的"弱势"势必会影响到教育系统参与者的教育"投入",直接影响教育的质量和品质。因此,教育需要"治理",聚焦到微观层面,学校需要内部治理,提高学校的专业权威和专业水平,满足人民群众对于优质教育的期待和要求。新时代学校现代治理体系已开始构建,但教育治理的效率和能力需要进一步提高,比如依法治校、依法治教等要在实践层面切实落实。党的十八大强调"全面建成小康社会",这是时代的主题;十八届三中全会部署"全面深化改革",这是社会进步的动力和时代潮流;十八届四中全会要求"全面依法治国",这是国家治理体系和治理能力现代化的重要保障;群众路线教育实践活动宣示"全面从严治党",这是执政党加强自身建设的必然要求。对教育而言,依法治校、综合改革是长宁教育发展的两个轮子。

三、"动车论"的长宁实践

现如今对于"治理"有四种共识:一是治理主体的多元化。政府并非唯一的权力中心,政府与其他社会组织,如志愿者组织、私营组织、社区组织等一起参与事务,这当中,既有政府的责任,又有民间或私营部门的参与。二是治理手段的多样性。它更加强调参与、对话、协商、谈判与合作,这种合作要求政府发挥不同于过去的"新的主导作用",扮演好"元治理"的角色。三是治理过程的互动性。治理过程中没有绝对的主客体之分,权力向度是多元化的,强调的是利益调和、联合行动。四是治理的价值基础是更好地实现公共利益的最大化,即达到"善治"①。长宁区推进学校治理体系与治理能力现代化建设,为推动区域学校转型升级、内涵发展奠定坚实基础。

(一) 注重学校文化建设

学校文化是超越于知识的传授、能力培养与方法渗透的一种更高层次的自觉追求,它是一种健康的、和谐的、积极的、人文的、向上的和可持续发展的学校氛围,这种文化体现了治学之严谨,人文之关怀,艺术之品位,审美之感动,创新之激情,儒雅之风范,诗性之世界,理想之追求,健康之精神。这种文化建设是现代学校治理必须要关注的主题,也是长宁区推进现代学校治理"动车论"的内核。

其一,学生文化建设。学生文化是学校文化的一种"亚文化",意指学生在学校活动中所表现出来的特有的价值观念、思维方式、行为规范等。学生文化建设内容包括:学生文化丰富的表现形式方面的建设,如学生的价值追求、民族精神、学习观念、思维方式、日常行为

---

① 范国睿.教育管办评分离改革:理论假设与实践路径[J].教育科学研究,2017(5):5—21.

方式、人际关系、礼仪、待人接物、衣着、饮食、消费等；文化多样性与学生应有主导价值观的理解与认识方面的建设，如学生价值观发展的引导，对社会倡导的主导价值观认识的提升，对传统价值观的传承，对西方价值观的融合，对新的价值观的生长；社会转型时期学校价值观教育与学生主导价值观的构建方面，以及学生主导价值观的评价方面等。

其二，学校课程文化开发。课程文化是"指按照一定社会发展对下一代获得社会生存能力的要求，对人类文化的选择、整理和提炼而形成的一种课程观念和课程活动形态"。课程文化资源开发的内容包括学校课程文化的基本内容，即蕴涵于文本课程、综合活动课程、选修课程、实验等课程中的仁爱与情感、人与自我、人与人、人与自然的和谐、信念与价值等为标志的现代课程内容文化的挖掘和优化；不同类型的学科课程文化的特点分析，如语文学科阅读教学强调的理解与交流、批判性思考、审美体验，数学学科强调的理性思考、审美体验、实践创造等；学校课程文化建设的多样表现形式，即学科渗透、专题性研究、学校文化建设新课型以及开放式教学等。

其三，学校物质文化建设。学校物质文化是学校文化的物质形态，可分为基础设施文化、自然人文环境文化等。它是现代学校文化的硬件，看得见，摸得着，包括学校的建筑物与布局及其风格，文化设施，学校内部的陈设与布置，学校的绿化与美化等。如果这些学校的硬件都具备独特的风格和文化内涵，就能潜移默化地影响学校群体成员的观念与行为。学校物质文化建设内容具体包括学校建筑文化的建设，如学校建筑的布局设计与建设、各种建筑物的命名，正校门、大型壁画、校史馆的设计与修建；学校绿化与美化，如学校绿化景点、学校雕塑等的创作设计与修建；内部陈设布置，如学校教学楼、实验楼、图书馆等厅堂的陈设布置、教室、走廊的布置；学校传播设施，如学校标志的设计与制作，黑板报、橱窗、阅报栏、标语牌、广播、现代信息技术方面的设备设置等。

其四，学校制度文化建设。学校制度文化相对于物质文化与精神文化，是学校在日常管理要求或规范中长期逐步形成的管理机构和规章制度、条例、措施、规定、行为规范等，体现学校个体特有的管理理念、人文精神、发展目标、运行效率等。学校制度文化建设的重点是尊重与参与、学习与创新、发展与诚信价值观的确立，服务、激励、保障等学校制度文化的构建，具体包括对学校制度文化建设的认识，教职工个体工作主动性、创造性和实效性制度的激活，富有人文情怀、创新活力与团队精神的学校部门群体的制度，常规的保密、档案管理、宣传、外事工作的制度、学生教育管理制度、班级管理制度、教师教育教学管理制度等的文化建设。

（二）关注学校结构优化

学校治理是学校内部各主体协同合力，关注学校结构优化，推进学校发展进入一个良性的发展循环，学校治理的过程具有宏观的教育视野、明确的问题指向、多元的参与主体、多样的改革办法，共同推进良好的学校教育生态建设。其中，学校结构优化的过程如下所述。

一是关注校园安全建设。近年来，长宁区教育局适应形势发展新需要，整合区域资源，加大安全投入，完善工作机制，积极推进集成式、专业化、信息化管理，教育系统安全管理工作格局已基本形成，主要体现在以下"五个一"：

➢ "一个机构"。长宁区教育局安全管理中心于2009年9月开始筹建，内设行政办公室、校园安全办公室、食品安全办公室、事故调解室四个科室。"中心"坚持"安全第一、预防为主"的方针，对区域相关教育机构加强安全管理，做到"安全检查全覆盖、问题处理全天候、安全管理总负责"；

> "一支队伍"。"中心"现有工作人员 20 名,其中聘用有安全巡查队员 10 名。巡查队员经统一培训、统一装备、统一要求,分片对全区教育系统各单位进行安全巡查,及时报送安全情况;

> "一个平台"。教育局推进教育管理信息化,着力打造了综合安全管理平台,具体包括五大模块,即任务下发布置模块、签到模块、问题发现模块、问题处理模块、统计分析模块,从发现问题到解决问题,对教育系统安全工作进行动态管理、全程管理;

> "一个系统"。"中心"建立了一套全方位的视频监控系统。各单位视频探头通过光纤统一接入安全管理中心,中心 24 小时分时段分重点进行视频巡逻。每天上下学期间监控学生的护导情况和校园车辆进出情况,其他时段监控学校内部走廊、操场、食堂等情况。及时掌握校园内部和周边情况,一旦发现隐患,立即会同有关部门予以排除。监控录像在有关事故处理中有效发挥取证作用;

> "一套机制"。一方面建立常态化校园安全管理机制,通过日常巡查、常态预防检查排摸、校园安全宣传培训、安全工作考核评估等,监督和指导学校安全工作,全面促进学校各项安全措施落实;另一方面形成了与区各委办局和街道(镇),包括公安、消防、综治、青保、食品卫生管理等部门的综合联动机制,协同保障校园及周边安全,共同维护教育系统和谐安定。

二是打造数字校园。数字长宁的区位优势,使得长宁教育的现代化和信息化水平一直位于全市前列。然而衡量一个地区的教育信息化水平的标准已经不再是硬件设施的配备问题,而是要考量作为提升教学的有力手段,长宁能否通过信息技术在教学中的使用提高学生的思考能力、学习能力和交流能力。教育信息化带来的变化并不是所有学生都能上网,而是师生教学方式的根本变化,学校也应在信息技术的大环境中摸索、实验,探索信息技术与学科教学整合的途

径,最终实现在已有硬件的基础上,将信息技术融入教学体系,改造校园文化,推动和支持学生思考学习。这也是新加坡经验对长宁的最大启发。长宁2014年挑选部分学校,寻找适合的教育信息技术公司合作,联合打造大数据时代数字化校园和智慧校园系统,在学生有效利用信息技术进行主动学习;应用信息技术加强课程、教学指导和评价之间的联系;教师有效利用信息技术促进职业发展和个人成长;学校有能力通过运用信息技术提升自身水平等多个方面有所探索和突破。

三是加强校内外安全管理。推进教育系统后勤保障专业管理,增强校园夜间安保力量。推进校园大门周边两侧摄像头安装接入工作,提升视频监控管理水平,重点加强校园周边治安管理监控和食堂工作人员操作流程监管,完善安全隐患"早发现、早处置"的预警机制。加强长宁区交通安全教育基地建设,编制《长宁区中小幼交通安全指导手册》;开展小学、幼儿园接送学生安全工作现状调研;协同区民防办、区反恐办联合发放安全教育宣传品及排爆展示,做好教育系统全体师生安全教育工作。加强教育系统建设工地安全检查,加强隐患整改监督力度,做好工程项目满意度测评工作。

四是优化师资培养与结构。第一,聚焦教师需求,促进教师反思。校本培训由学校自主决策、自主实施、自主管理,而学校则聚焦教师需求,开展有针对性的培训,其中突出教师的自主学习、自我反思和自我积累,促使优秀教师脱颖而出。第二,注重整合优化,提升教师专业素养。区教育学院根据学科发展动态设计并实施区域教研活动,注重整合优化,突出体现个人研究水平和学术修养,将教研、科研、德研有机结合,以满足教师专业发展的需要。第三,强化学科功能,深化区域教改。建立了区语文、数学、英语等学科发展中心,指导与引领区域中小学、幼儿园的教学研究、教师培训、学业评价、学科特色创建等。第四,项目引领,促进优秀群体的共同发展。项目负责制一直是长宁区教师教育的特色,由长宁区各学科的带头人以工作项目为载体,引领区域内中青年骨干教师或基层学校教研组,围绕区域改革重点,整体推进课程与教学改革的实践。第五,模块培训,创设有效的学习共同体。长宁根据市教委关于"优青学员"的标准,在区域教师中公开择优选拔,并为他们一对一配备资深专家作为导师,采用"模块化培训"(师德与人文素养、教育教学科研能力、课程领导力与执行力)的方式实施培养。第六,引入高端人才,提升区域教育品质。长宁区引进特级教师,分别在数学、语文、物理、化学、科研、信息等学科的教学研究中取得了优异的成绩,为长宁教育优质均衡发展,提升长宁教育品质提供了人才保障。

(三)促进区域教育优化

学校是区域教育大系统中的学校,学校教育治理的良性结果实现离不开区域教育优化提供的良好的发展环境辅助和支持。因此,"动车论"在长宁的实践从四个方面立足区域教育优化,助力学校治理的发生、发展以及良性落实、成效达成。

其一,推进教育服务业园区建设。充分发挥教育服务园区的辐射功能,使教育服务业集聚发展。一是进一步完善东虹桥法律服务园区的法律服务功能。并在此基础上依托华东政法大学开展面向社会的法律服务培训,引进优质民办非学历法律培训机构逐步形成法律服务和法律培训相结合的综合性服务园区。二是进一步完善设在水城路社区学院的虹桥综合服务园区功能。明确长宁社区学院的功能定位,创新社区学院的管理结构,将社区学院建设成为集学历教育、职业培训以及国际合作办学为一体的教育服务业综合服务园区并使之成为长宁教育服务业的窗口。三是打造长宁第三个教育服务业集聚园区。整体改造中西大厦,提升楼宇品质,将整体改造后的中西大厦建成品牌教育培训机构的办学场所和教育服务业企业、办学

机构总部集聚的办公场所。

其二,拓展公共服务平台功能。设在社区学院一楼大厅的教育服务平台经过一段时间的运作,已经形成了政府职能部门、社会评估机构、成人教育协会以及教育服务业指导中心的互动,在民办非学历办学机构中已有了一定的影响。2012年将进一步拓展教育服务平台行政注册、招生服务、宣传推广、政策支持、师资交流、信息沟通、就业推荐等功能。通过功能拓展进一步提升政府的公共服务水平,教育服务平台的服务对象也将逐步从单一的民办教育培训机构扩展为长宁区域内各类教育服务业企业和机构。

其三,培育教育文化培训品牌。为提升长宁文化软实力,长宁计划引导社会著名的文化创意企业进入培训市场,开展文化创意类相关培训。长宁恢复"上海申图动漫影视进修学校"的办学。该校计划恢复办学后将利用办学主体的国际合作优势,以产学相结合的培训模式继续与国际著名的影视集团合作在上海打造一个国内一流的影视动漫制作和培训基地。筹建"上海华夏文化专修学院"。该学院举办方为华夏国际商会,本着弘扬中华传统文化的办学理念,将建成集高等人文素养培训和为书法家、企业家交流提供平台的高等非学历教育培训机构。该学院建成后既是一个进行社会文化培训的学校又是一个书法家、企业家集聚的沙龙活动场所。

其四,制定实施区域优惠政策。优质的服务和有吸引力的优惠政策将是吸引优质教育培训机构入驻的重要保障。长宁希望区政府能尽快出台优于其他地区的教育服务业扶持政策。设立专项扶持基金,对优质机构的引进、优质项目的扶持制定明了有效的政策。政府还可通过政府购买的形式引导教育培训机构开展有利于区域经济和社会发展的各项培训。有了优惠政策的支持才能更好地引进国际国内优质培训机构入驻。

家校社合作是当代教育改革的必要路径。学校在历史发展的长河中,逐渐形成了一套自足发展的体系,这是教育保守性的重要体现。现代教育改革要求学校要突破这种相对封闭的体系,注重建立与家庭、社区和社会的生态关系,从中吸收教育的营养,同时也带动和辐射社区和社会,成为所在地的文化中心。这就要求学校与家庭社区和社会建立伙伴关系,相互合作,共同营造教育新生态。

第十章 伙 伴 论

家庭教育、社会教育与学校教育是学生成长发展的重要组成部分。学生成长发展是一个动态性的、全方位的过程,需要社会、家庭、学校各方发力。"家、校、社"形成伙伴关系,构建家、校、社协同育人机制,是助力学生人格形成和能力发展的题中应有之义。

一、家、校、社要建立"伙伴"关系

家、校、社合作,是助推学生有效发展、健康成长的必要途径。养育与教育密不可分,家、校、社采取一致性行动,通过制度、文化等方面来建设和谐的教育体系,通过协商对话建立互信共生的伙伴关系,达成有效的"家、校、社共育",是当前推进家、校、社合作的题中之意。

(一)推进"家、校、社"协同育人建设走向新常态

"家、校、社"协同育人应紧紧围绕"立德树人"根本任务,着眼"学生全面发展"这一根本目标,集中各方力量,发挥伙伴关系,助力学生日常成长。譬如在学生的思想道德建设方面,学校教育有其优势,学校有较为系统的教育组织,有其固有的教育权威性,但是学校教育偏重于道德认识,缺乏道德践行和道德体验;社区教育、家庭教育的情况则相反,提供了大量的道德践行和道德体验的机会。因此,三者之间互补配合,可促使学生完整地经历道德发展的知、情、意、行四个阶段,从而提高思想道德素养。因此,同步促进是"三位一体"德育体系构建过程中的关键因素。学校和社区的互动促进,关键在于一个"合"字。也就是说,教育资源要整合,教育活动要配合,各方力量要联合,与学生实际要结合。"家、校、社"协同育人,这是学校教育尤其是德育方面的关键要求,应从课程建设、资源开发、教育过程、教育评价等诸多方面予以推进,建立机制,确保育人常态化。

(二)把握"家校共育"制度化、课程化新动态

首先,家校共育应走向制度化。如:为加强家校沟通,可通过落实班主任"家长会""家访"制度,并创新沟通形式,定期举办"家庭教育"沙龙活动,与家长共同探讨学生教育问题。与此同时,全面推进家长进校园制度,如:落实家长开放日、家长进课堂与亲子运动会、家长志愿服务等日常活动。通过家长进校园,参与学校各类活动,密切家校关系、亲子关系。其次,家校共育应走向课程化。让家长参与到学校综合实践活动课程之中,共同作用于学生成长发展。如:可制定三大计划(劳动计划、阅读计划、运动计划),让家长参与到学生学习、成长的方方面面。通过各类校园特色活动课程的开展,联结家长的力量,加强对学生的品德、行为习惯等养成教育。

(三)推动有效的"家校合作",建构教育新生态

在现代教育体系中,家校合作对教育生态有特殊的重要意义,是

维持教育生态平衡、促进生态优化的基础条件①。有效的家校合作是建构教育新生态的必然要求。家校合作,不仅包括学校指导家庭教育,也包括家长参与学校教育。2019年发布的《中国教育现代化2035》则明确提出"推进家庭学校共同育人",凸显了家校合作将长期作为教育发展重要任务的战略地位,构成良好教育生态中必不可少的关键组成部分。为构建家校协作的良好教育生态,应充分保障家校合作的动力充足、内容丰富、成效显著。为此,学校应当从找寻动力、激发合作意愿、搭建平台、创新形式、推进评价等方面展开努力。故此,有效的家校合作推进应当明确以下两点:第一,学校应构建多重家校合作动力机制,密切与家长的联系,建立家长学校,开展亲职教育指导,激活家长家校合作的意愿;第二,搭建多种协作平台,创新多种活动形式,将家校合作推向制度化。

二、政策引领与实践要求

"家校合作"早已始之,自中华人民共和国成立至今,无论从政策层面还是从具体教育实践要求看,有效的"家校合作"均应走向规范化、制度化。

(一)建立家长委员会

学校要通过采取家庭访问或举行家长会等方式,同学生家长保持联系,共同教育学生。家委会或家教协会作为家长参与的重要组织形式在各大中小学被不同程度地建立起来。2012年教育部《关于

---

① 张俊,吴重涵.从家校合作到良好教育生态:兼论有效的家校合作如何在学校产生[J].中国教育学刊,2021(3):7—13.

建立中小学幼儿园家长委员会的指导意见》(教基一〔2012〕2号)①文件的颁布进一步将建立家委会提升到国家政策层面,其成为我国规范家校合作的第一份专门文件,也是第一部专门针对"家校合育"制度化建设的文件。家长委员会作为家长组织,代表家长发声,家长会议作为学校与家长沟通的渠道,是学校与家长互通学生信息的重要平台与组织。而互通学生信息是家校合作开展的前提,也是双方达成合作意愿的基础。

(二)拓展家校合作的范畴

国家层面诸多关涉学校教学与管理方面的文件都强调家校合作,相关要求覆盖德育课程、班主任工作、教师职业道德、校长专业要求、教育督导评估等不同方面。学生发展关涉德智体美劳诸多方面,家长参与学校教育也不应当是仅仅关涉学生学业成绩的指导,更应该参与到学生的综合性成长,尤其是行为习惯与品德修养方面的养成。因而,家长应与学校教育者保持密切的联系,定期与班主任交流学生的思想动态与成长状态;参与到学校的课程活动之中,密切亲子关系,陪伴学生点滴成长。

除此之外,家长应参与学校现代化治理,为学校建设建言献策,以助力于学生成长与发展。教育部《关于加强依法治校工作的若干意见》进一步强调了家长支持以及参与学校管理,并将家长委员会作为重要载体。《国家中长期教育改革和发展规划纲要(2010—2020年)》同样将建立家长委员会作为建设现代学校制度的重要内容。多元主体参与的"共治"是教育治理的典型特征。家长作为学生利益的主要代表者,参与现代学校治理,具有正当性与合理性。因为学生的

---

① 教育部.关于建立中小学幼儿园家长委员会的指导意见(教基一〔2012〕2号)[EB/OL].2012-02-17[2021-04-25].http://www.moe.gov.cn/srcsite/A06/s7053/201202/t20120217_170639.html.

成长是未完成性的,家长作为其利益的监护人,有义务为维护未成年的学生利益做出自己的付出。在诸多事务上,儿童虽然作为理性主体拥有自由,但是学生能否有做出选择的能力其实是需要在实践中感知的。虽然儿童有为追求满足其自身利益的表达与选择的自由权等,但这种权利是基于已经获得了做出理性判断的必要经验和知识的[①]。因为他们缺乏经验和知识,欠缺能够完全拥有个人自由的道德权利能力,所以家长作为学生利益的直接委托人代表学生作教育决定具有一定的合理性。教育过程是有复杂性与不确定性的,因此学校治理总是伴随着失误的阵痛,但其最终指向始终不能变。家长可作为学生利益的表达者参与学校治理,确保学校治理充分以生为本,不至于"脱靶""失舵"。

(三)建立家长学校

家长学校是宣传普及家庭教育知识,提升家长素质的重要场所,是指导推进家庭教育的主阵地和主渠道。2015年教育部《关于加强家庭教育工作的指导意见》的出台,再次强调了家长在家庭教育中的主体责任以及学校在指导家庭教育工作中的重要作用。此外,家长学校制度逐渐完善,从国家层面来看,对家长学校提出了"有挂牌标识、有师资队伍、有固定场所、有教学计划、有活动开展、有教学效果"的规范化建设目标,并在组织管理、教学形式与内容、督导评估等方面有所要求。

因而,中小学校和幼儿园需开设家长学校,做好亲职教育指导,帮助家长认识自己的角色使命、提高养育能力和技能,营造欢迎家长参与的氛围并提供各种形式的参与机会和条件。其中尤为重要的

---

① [澳]布赖恩·克里滕登.父母、国家与教育权[M].秦惠民,等译.北京:教育科学出版社,2009:77.

是,家长学校要在课程相关内容建设上下足功夫,解决家庭教育知识的欠缺问题,使家长提升自身能力。理论上,家长学校所要取得的成效主要包括:一是父母自身素质提高,做好家庭文明建设,如家风继承与发展、邻里关系维护、家庭与社区互动等。二是合理参与学校活动,利用社会资源等参与学生成长。三是家长指导能力显著增强,如:知晓与认同国家基本的教育方针政策,读懂孩子,能进行家庭生活设计,指导儿童生活,辅导其学习等[①]。

三、长宁经验与实践探索

(一)构建家、校、社"三位一体"德育体系

学校、家庭和社会在人的发展中都发挥着不可替代的作用,因此,整合教育资源,强化学生知行结合,创设适合学生学习、实践的社会教育环境,建立健全的家庭、社会、学校相结合的未成年人思想道德体系就显得十分重要。长宁区通过构建和发展"三位一体"的德育网络,建立家校互动新平台,形成学校、社区资源共享新途径。具体做法如下。

1. 建立健全学校与家长、社区的联系沟通制度

学校是"三位一体"德育体系中实施德育的责任主体,建章立制是学校的责任,长宁区制定了五项制度,从制度上保证了"三位一体"工作的顺利开展:

- ➢ 社区和学校联席会议制度
- ➢ 重要问题专题研讨制度
- ➢ 学生社会实践认证手册实施制度
- ➢ 社区和学校共同指导家庭教育制度

---

① 洪明.学校家长教育课程建设的基本构想[J].中国教育学刊,2021(3):14—18,44.

> 家管会参与学校管理制度

其中,学校家委会机构分校级、年级、班级三级设置,各级家委会管理机构与人员组成,分别由家长大会民主推选产生。校级家委会机构由各年级家委会主任组成。部分学校根据工作需要,修订了具体的工作条例,如《番禺中学家长委员会工作条例》,对家委会的职责做了明确规定,为家委会机构参与学校管理,切实发挥作用提供了依据。学校在家长会的召开、校园家长接待日的安排等方面做了明确规定。

此外,建立了班主任和居委会干部联合家访制度。在构建"三位一体"德育体系的工作中,对学生家庭访问工作也有新的举措——班主任和居委干部共同访问学生家庭。与此同时,家访的内容也"新"了。不但谈学习,还谈家庭文明公约的落实,谈社区活动与实践情况;不但谈学校纪律还谈家庭美德、公民意识;不但谈成绩,还谈能力和品质。对学生和家长提出的问题,大家一起会诊,很有针对性,学生很开心,大家坐在一起,暖意融融。家长感慨地说:"'家访'脸变了,内容变了,方式变了,效果更好了!"

2. 建立学校、家庭、社会"三位一体"的信息互动平台

长宁区通过家校互动网络加强学生、家长与教师间的沟通,定期进行网上的交流互动活动,努力建设一支学习型的、关心学校教育的、关注学生全面发展的家长队伍。2003年开始,长宁区开展了学生《家庭文明公约》的制订工作。学校要求每位学生,根据自己和家庭的情况,与家长共同商量制订《家庭文明公约》。

在构建"三位一体"德育体系中,在居委会的配合下,学校和家长一起对《家庭文明公约》的制订进行了专题研究,决定将推进《家庭文明公约》工作与社区"五好家庭"的创建工作相结合,以此提高家庭教育的水平,并选定牛桥、幸福两个居委会作为试点。在学校和居委会

的共同指导帮助下,学生和家长重新修订了《家庭文明公约》。采用家长学校和社区家庭咨询等形式,学校和居委会携手,帮助解决家庭教育问题。学校将"学生社会实践认证卡"的实施也在这两个居委会的学生中进行试点。在创建"五好家庭"的各项工作中,家长和学生通过参加社区的各项活动都有了很大的收获。学生家庭被评上"五好家庭"的比例比以前大幅增加,学生素质明显提高。在这个基础上,学校与居委及时地总结了经验,决定将《家庭文明公约》的修订及"学生社会实践认证卡"的实施推广到全体学生家庭,将"三位一体"互动活动推向一个高潮。

3. 大力开展学生在社区的社会实践活动

思想道德建设仅有说教不行,要给青少年提供丰富的道德践行和道德体验的机会,让他们在实践中感悟。街道发挥社区育人功能,积极组织各种活动,创设情景,搭建舞台。鼓励学校积极引导,精心组织,使学生踊跃参加,感悟体验。暑假番禺中学派出了多名教师,深入到新华社区的各个居委,组织指导学生进行七大系列的教育实践活动,提倡学电脑掌握信息科技、学普通话语言文明、学英语做国际大都市合格市民;开展革命传统教育、法制教育、青少年心理健康教育、交通安全教育、远离毒品教育等。同学们都能积极参加各项活动,锻炼了能力,增长了才干。例如某校初二(3)班陈同学在暑假期间,担任社区暑假学校校长。在他的组织带领下,出色地完成了暑假学校的各项任务。同学们都称赞他是好校长。在这个暑假里,他不仅自觉规范自己的行为,还处处能起到带头作用。他不但学会了组织管理,还增强了责任感。这对他来说既是一种实践锻炼,又是一种情感体验。开学后,他在各方面都能严格要求自己,进步很大。这些活动都充分体现了社区的育人功能。

长宁区在新华社区建立13个社会实践点和学生社会实践活动

的认证制度。学校团、队组织学生利用寒暑假和节假日积极参加社会实践活动。有的参加环保护绿活动;有的参加迎新演出;有的参加小记者团;有的参加社区宣传;有的为社区居民铲雪;有的慰问军烈属。不少高中团员被选为社区团支部委员。组织团员到法华颐养院探望老人,为社区出黑板报,布置宣传栏,营造社区学习氛围、组织"街舞社"和"音乐爱好者俱乐部"参加新华社区公益活动,推动社区精神文明建设。

4. 把社区教育资源整合到学校课程改革中

在新课改的背景下,将研究型课程和拓展型课程与"三位一体"德育体系的构建相结合,这也是一个新思路。长宁区积极构建校本课程,充分挖掘自身潜力,先后编写了《弘扬中华传统美德》《父母是孩子最好的老师》《弘扬民族精神》《实践与思考》等校本教材,使"三位一体"德育融于课改。另外,番禺中学还以初中为试点将初中三个年级的拓展课与社区的教育资源相结合,确立"影视教育""革命传统教育""民乐欣赏""社区人文"等教育系列。在纪念抗日战争胜利60周年的活动中,初中部学生在街道活动中心观看抗日影视,组织了初中两个年级的学生听了原警备区政委朱晓初将军的革命传统报告。与此同时,还邀请居住在新华社区的著名作家秦文君作社区人文情况的报告,邀请上海市民族乐团的老师作民乐鉴赏的专题讲座,邀请少年大学生王懿麟作"从兴趣到成功"的报告等。将社区教育资源纳入学校课程建设中,使学校教育与社区教育更加紧密地结合起来。

引进社区教育资源,丰富校园团队活动课内容。社区有丰富的人文资源,邀请社区派出所民警讲交通安全知识;邀请社区心理专家作心理健康讲座;邀请社区作家作社会人文讲座;邀请IBM公司的工程师讲解工程学知识;邀请科技讲师团介绍科学知识。这些活动

拓展了学生的知识面,丰富了学生的社会生活。

学校教育提供动力,家庭教育铺垫基础,社区教育搭建平台。做好"三位一体"德育体系的构建工作,社区、学校、家庭三者地位不同、性质不同,功能作用也不尽相同。我们有个体会:学校教育要做"实",社区教育要做"活",家庭教育要做"细"。做实学校教育,就是要把学校"德育双基"的传统,在新的形势下,赋予新的内涵和新的深度。社区教育要做"活",关键在于结合学校的特点和社区的优势,形成适合学生社会实践的教育体系。而家庭教育要做"细",则要切实提高学生家庭文明水准,在争创学习型家庭方面确有成效。加强青少年学生思想道德建设是社会主义精神文明建设的重要组成部分,对于社区、学校、家庭来说,这是一个多赢的事业,只有实现了多赢,"三位一体"德育体系的活力才能充分体现。

(二)推行"3+X"计划,实现"家校共育"

作为长宁区的综改项目之一,"家校共育"项目已在全区全面展开,其中包括三个计划,分别是阅读计划、劳动计划和运动计划,就是希望在目前最为薄弱的三条跑道上做些工作,接下来这一家校共育活动还要向下延伸到幼儿园阶段。具体如下。

1. 阅读计划

阅读的重要性无须赘述,长宁区聚焦于家校共育的过程中如何将阅读落地。在家庭阅读方面有一个建议:每个家庭晚饭后进行15~20分钟的亲子共读。"父母不要急于收拾洗碗,和孩子安安静静地亲子阅读15~20分钟,然后全家人可以一起交流"。时间可以根据每个家庭的情况调整,但是最少要保证15分钟,以便形成一种阅读的氛围。在学校阅读方面,学校可以发动每个班级的孩子共同商量着提供学校图书馆每学年的购书清单。比如,可以请所有孩子轮流在班上做迷你演讲,介绍自己最喜欢的一本书以及为什么喜欢这本书;然后每个班级投票选出 5 本大家最喜欢的书,提供给学校图书馆去采购。"这个过程中,孩子就必须要阅读,要表达,要比较,要选择,要说服"。此外,建议校长可以邀请 10 位最终入选书单的推荐者,看看他们近期想看什么书,然后自掏腰包给这些孩子买来这 10 本书,在学校的升旗仪式上一本一本送给孩子们。"这样既有仪式感,又有实质的学习过程"。

2. 运动计划

在家校共育中的运动计划中,有一个很小但是特别具有操作性的亲子运动项目:跳绳。"如果要每个家庭去学习高尔夫球、游泳等项目并不现实,但是跳绳却几乎没有任何空间、设备、时间方面的限制,门槛极低,而且孩子和父母可以一起参与"。跳绳简单易学,也有很多变化,可以单脚跳、双脚跳,还可以花样跳绳,可简可繁,适合全家人一起锻炼。"我们平时练习长跑是锻炼耐力,练习短跑是锻炼速度,跳绳既能锻炼耐力,又能锻炼速度,还可以锻炼身体的灵活性、协调性,是非常好的一种运动方式"。当然,除了家庭的跳绳运动之外,学校也要确保学生在学校期间每天的户外活动时间不少于一小时。很多学校还提供了击剑、网球、高尔夫、足球等各种对于场地、设备等有要求的运动项目供学生选择。

3. 劳动计划

让孩子参与家务劳动,特别是力所能及的劳动,对孩子而言都具有重要意义。哪怕是一个简简单单的"洗碗",都可以培养孩子专注的习惯,手眼协调的能力,有条不紊地完成一个任务的工程思维等。有的学校将家校共育中的"劳动计划"进一步分解,在家庭中让孩子每天做一件力所能及的家务,如扫地、擦桌子、收碗筷等;每个周末在家打扫自己的小天地,帮大人摘菜、洗菜等;每个月全家一起去超市采购,孩子帮忙搬运等。在学校当然也会让学生们参与一些教室的清扫、桌椅的摆放等劳动。

除了这"三大计划",还有的学校根据自己的实际情况推出了 X 计划。比如在长宁区绿苑小学,每年 4 月的第 3 周,全校学生可以自愿申请跟随父母外出实践"玩转地球——走出来的幸福"课程。在"行万里路"的过程中,学生增长见识、增添自信,而且更懂事了,还让很多家庭增加了幸福感。"玩转地球"是长宁区小学教育综合改革"家校共育"计划中的一个缩影,类似的课程活动设计在区内其他学校还有很多。此外,长宁区打出了小学教育综合改革"组合拳"——推进实施长宁区小学基于课程标准的评价指南建议、全面实施"家校共育"计划,以及试点"快乐拓展日+"活动。

在这些新举措中,"家长"成为孩子教育过程中的一股重要力量,被放置到更重要的位置。学校课程实施需要家长的参与,甚至拓展课程也邀请家长志愿者授课。曾任绿苑小学的王晶校长称,这好比是一次"教育供给侧改革",从教育服务端满足学生成长需求、满足家长科学育人的需求。过去,学校办学开放程度远低于家长预期,在培养怎样的"人"问题上,学校和家长还没有形成共识,"家校各育"也造成了大量的教育资源浪费。尽管部分学校在创建过程中逐渐与家长形成共识,但还缺少有效的新颖多元的交流平台,更缺少大数据、新技术支持下的评价要素。"家校共育"计划有望解决以上难题。

食育是学校后勤保障中一个重要的环节，即学校食堂工程。学校食堂工程关系到学生的生命安全，同时饮食健康是学生健康成长的前提条件，如果学生没有养成良好的饮食习惯，或者学校的食堂工程不能保障学生的健康，那么学习、健康成长、为祖国培养新时代的新人的目标即将不复存在，所以，食育对学校来说处于十分重要的地位。

第十一章　食　育　论

良好的饮食和生活习惯是学生健康成长的前提条件，如果学生没养成良好的饮食习惯，或者学校的饮食工程不能保障学生的健康，那么学习、健康成长、为祖国培养新时代的新人的目标即将不复存在。所以，食育对学校来说处于十分重要的地位。

一、"食育"提出的背景

何谓"食育"？简单地说，就是与各种食物和饮食文化相关的教育。具体指"每个国民为在自己一生中能够实现健全的饮食生活、继承饮食文化传统、确保健康等自觉培养良好饮食生活习惯、学习关于饮食的各种知识及选择食品的判断能力的学习过程①。从"食育"的基本定义中，可以提炼出建立"食育"制度的三个非常重要的要求，即

---

① 宁本涛. 加强"食育"，刻不容缓［EB/OL］. (2020－02－27)［2020－03－22］. https://mp.weixin.qq.com/s/N3o42LfyRiRpNfXYJMU3UA.

继承优秀的饮食文化传统、实现健全的饮食生活、确保人类可持续性健康与文明生活,这三个内在要求也将成为"食育"制度健全和改善的重要方向①。

2020年初新冠肺炎疫情来势凶猛,至今已肆虐全球,将数百万人卷入疫情的狂潮中,数万人丧失了宝贵的生命。虽然此次疫情的起因尚无定论,但是仍引发我们对人与自然关系的思考。长期以来,国人存在不良的饮食习惯和饮食文化,缺少对大自然生态平衡的维护。一些人过于喜爱猎食一些奇特的"野味",这种饮食习惯的深层次心理是"人类自我中心主义"。这种漠视大自然生态的问题,不止出现在一个人的身上,也不止出现在一群人的身上,而更有可能出现在我们下一代人身上。因此,从教育制度学独特的视角出发,有必要去思考中国现有的"食育"制度是否真正贯彻落实到了国民教育过程中,尤其是义务教育阶段中。在这个提倡"五育融合"的教育新时代,更有必要将"食育"与"德智体美劳"教育贯通起来,因为它们都统一于新时代新生命的教育,它们都对生命的完美人格有极致的追求与憧憬,它们都致力于培养具有高度生命意识和尊重自然规律的时代新人②。

长宁区教育局推进区域教育评价改革促进每一个学生更好地学习与成长,经过一年多的认真调研和详细论证,确定了以"学生身心健康指数""学习生活幸福指数"和"学业成就发展指数"三个指数为主要内容的测评体系。其中"学生身心健康指数"分为身体素质和心理成长两个部分。身体素质主要从运动能力、营养评价和视力状况等方面进行测评调研,分别依据《国家学生体质健康标准》《全国学生

---

① 宁本涛,邱燕楠. 后疫情时代改进"食育"制度的思考[J]. 北京教育学院学报,2020(2).

② 同①.

营养评价标准(身高、体重 85 年标准)》和《标准对数视力表(GB11533-89)》进行评价分析。实际上,"三个指数"中的"学生身心健康指数"已经对学生的营养健康和饮食健康做了测评,基于实践调研的结果,对食堂工程做进一步的完善。

2011 年 11 月,长宁区教育局选择区域内所有小学,随机抽取其中的不同年级开展试点测评,"学生身心健康指数"调研结果如下。第一,随着近年学校"三课两操两活动"切实落实,长宁区小学生身体总体素质不断提升,其中,灵敏素质、速度素质、力量素质和柔韧素质均达到较好水平,相较而言,力量素质略有不足;第二,在小学生中,女生营养不良率高于男生,男生肥胖率高于女生;第三,随着电子产品的广泛使用,学生的近视率呈现出随年级增长而增加的态势;第四,小学生心理成长状况整体良好(该次调研抽取各小学部分五年级学生作为调研对象),特别是在责任感和意志力方面表现优良,但在安全感、好胜心以及耐挫能力方面有待加强;第五,女生在认识兴趣、成就动机、责任感、好胜心和时间管理倾向等方面的表现均明显好于男生,而男生的安全感要明显高于女生;第六,主要由父母负责日常生活的学生在情绪稳定性、安全感方面表现较好,主要由祖辈照顾的学生好胜心较强。

在研究过程中,无论是教育学专家、学校一线教师,还是家长,都感觉到对学生的幸福感体验和学校、家庭希望给予他们的环境和条件有差距。了解学生自己的想法就显得尤为重要。从学生对校长的期望中,"我想每天都叫饭堂的叔叔阿姨做得好吃一点",足以表明学生迫切期望学校食堂工程能得到更好的改善。

二、以"食堂工程"建设推进食育

近年来,中国有关加强国人健全饮食生活的日常实践越来越多,

我们已有深入到中小学课堂的"食育"教学实践,比如2014年由黑龙江省青少年发展基金会倡导和推广的第一堂"食育教育"课,在哈尔滨香和小学正式开课,课堂中通过具体的活动体验与互动,孩子们不仅能了解到基本的食品知识,又能对食物和自然产生更多的兴趣和思考,从而掌握饮食生活所必需的习惯和技能,引导孩子形成健康的饮食风尚①;杭州市余杭区星桥第二小学则充分结合劳动实践教育,利用学校的楼上走廊,建造了专属于星桥二小的"空中农场"和"食育教室"。同时大力推广"因食结爱温暖童心"的饮食扶贫教育活动,即每周三放学后,鼓励学生们摆设充满爱心的"星"摊位,摊位上的全部食物都是学生自己种、自己产、自己做、自己销,而义卖所得则全部捐献给贵州台江县南省小学的孩子们,该校的"食育"坚定地走在提升品格、温暖人心的道路上②。我们也看到很多具有社会担当的企业,在提升企业发展效益的同时,通过举办各种"食育"讲座或"食育"交流实践来加强国人健康文明的饮食生活理念,主动承担起宣传和培育国人健康饮食生活习惯的社会责任。比如2016年,"老板"电器正式启动"麦芽糖计划",帮助年轻妈妈提升烹饪技巧,鼓励她们从幼儿良好的饮食习惯抓起,成为推动中国"食育"建设的先行者;2017年,《食话》栏目与"老板"电器又发起了"中国食育倡导者行动",日前已在国内举行了多场"食育"交流活动,共同推动中国"食育"的健康发展与创新实践。

　　长宁教育的核心理念是为了每个学生更好地学习与成长,这几

---

① 杨旭刚.日本"食育教育"首次引进中国小学课堂[EB/OL].(2014-04-17)[2020-03-22]. http://nb.zjol.com.cn/system/2014/04/17/019973667.shtml.
② 罗佳琪.因食结爱温暖童心:杭州市余杭区星桥第二小学"星"摊位[C]//中国环球文化出版社,华教创新(北京)文化传媒有限公司.全国教师教育研究成果大会论文汇编.北京:华教创新(北京)文化传媒有限公司,2020:56—58.

年,基于"食育论"的内涵,"三个指数"的测评结果,以及国内实践经验,我们围绕"活力教育成就梦想"的主题,全面推进教育综合改革。从 2016 年开始,相继启动了三大工程:食堂工程、课堂工程、环境工程,努力构建良好的教育生态,不断优化立德树人的内外环境,为学生全面、可持续发展提供保障。比如,2017 年开始实施的食堂工程,主要包括三个内容:第一,家校"共商午餐""共管午餐",形成家校合力,提高供餐质量;第二,学校领导和学生"共进午餐",走进学生倾听学生了解学生,共享饮食文化,提升学生幸福指数;第三,开展"午餐教育",让学生自主备餐,文明用餐,珍惜劳动成果,提升学生文明素养。食堂工程的出发点是提高学校的午餐质量,落脚点是发挥午餐的育人功能,着眼点是促进学生的身心健康。学校通过践行"生活即教育"的理念,提高学校的管理效能,构建深层次的家校和谐关系;提高学校的教育效能,助力减负增效,促进每个学生更好地学习与成长。生活即教育。食堂工程的出发点是提高学校的午餐质量,更是德育教育的载体、校长学生沟通的平台、家校和谐的途径、减负增效的手段。

三、长宁区中小学的"食堂工程"

学校食堂工作关系到师生的身体健康、学校的正常教学秩序、家长的信任与支持和社会的稳定。学生用餐教育也是学校德育工作的重要载体之一。为做好学校食堂管理工作,提高学校食堂管理水平,提升学生午餐质量,落实"为每一个学生更好地学习与成长"的教育理念,长宁区制定了"食堂工程"实施方案。

1. 工作目的

"食堂工程"着力提高学校供餐质量,落实"明厨亮灶""放心食堂"等建设市民满意的食品安全城区工作要求,严格供餐全程监管,确保校内食品安全；建立用餐教育环节，组织学生参与备餐等工作，开展用餐教育，提升学生文明素养。加强家校合作，发动家长参与午餐管理，落实家长担任学校食品安全检查员，做到"共管供餐""共商用餐"。注重改善师生关系，学校领导和教师走进班级与学生共进午餐，了解学生学习和生活情况，提升学生生活幸福指数。

2. 工作内容

（1）健全管理机制，强化工作责任。实行食品安全和午餐质量校长负责制，建立由单位职工、学生家长等组成的食堂食品安全检查员制度。各学校食堂管理供应商要落实专人负责对应学校食堂工程相关事务。

（2）坚持公开原则，赢得家长信任充分发挥家长委员会在学生午餐管理中的作用，吸纳家委会参与学校午餐管理。学校午餐公司的选择流程、午餐管理办法、午餐管理过程定期向家委会公开公布，并接受家委会的监督和质询，针对合理质询给出解决方案；学校要提前一周公布下周的午餐菜单，利用学校的门户网站和各种平台合理进行营养学知识宣传；定期组织家长参观食品供应企业和食品制作过程，充分保证家委会在午餐的监督权，保障家长的知情权，取得家长的信任，共同做好食堂工程。学校要畅通学生、家长与校方沟通的渠道，通过设立校长信箱、校长热线等方式，及时听取学生、家长对午餐的意见和建议，发现问题及时整改，避免因沟通问题而造成网络舆情、集体投诉等现象。

（3）实施"共进午餐"，营造良好氛围。学校通过搭建午餐会等形式的交流平台，支持校长、行政干部、任课教师利用午餐时间走近学生、倾听学生，了解学生对午餐的意见和建议，解答学生心理及学习困惑，拉近师生的心理距离。学校依据实际情况，制定适用于本单位师生午餐沟通的有效途径。

（4）开展午餐教育，提升文明修养。利用午餐渗透劳动教育。积极组织学生参与午餐管理，根据学生年龄特征、性别差异、身体状况等特点，合理安排午餐劳动岗位和适度的劳动强度，让学生直接参与劳动过程，增强劳动感受，体会劳动艰辛，分享劳动喜悦，掌握劳动技能。学校利用午餐渗透节约教育，将食堂作为学生校内社会实践岗位，轮流组织学生参观午餐制作过程，引导学生在此过程中体会工人师傅的艰辛，尊重他们的劳动，珍惜他们的劳动成果，爱惜粮食。学校利用午餐渗透健康教育。学校要开展用餐卫生知识宣传，并配备充足的卫生条件，保障学生餐前洗手、餐后漱口；宣传讲解学习食品的特征，普及健康饮食知识，引导学生注重防止偏食；利用午餐渗透礼仪教育。着重开展用餐礼仪教育，明确各用餐环节的文明礼仪要求，帮助学生掌握用餐的基本礼节。养成良好的文明素养。

3. 工作要求

（1）高度重视，真抓实干。各学校要高度重视学生午餐管理，认真学习、研讨本实施方案，成立学校"午餐管理委员会"，依据学校实际制定实施细则，扎实推进食堂工程，切实保证把"办人民满意的教育"落到实处。

（2）多措并举，有效实施。各学校要在确保食品安全的基础上，不断提升学生午餐质量，确保每餐营养均衡。通过实施午餐管理教育，不断纠正学生不正确的饮食观，培养学生形成良好的健康饮食习惯和就餐礼仪。

（3）主动公开，共同监督。各学校要充分发挥家长委员会的功能，主动听取学生、家长的意见。主动公开食堂相关事务，形成学生、家长和相关部门共同监督，午餐质量不断提升和改进的局面。

长宁区义务教育学生营养改善计划实施方案

为贯彻落实《中共上海市委、上海市人民政府关于切实提高青少年学生身心健康水平实施学生健康促进工程的通知》(沪委发〔2011〕15号)和《上海市人民政府办公厅关于本市实施义务教育学生营养改善计划的意见》(沪府办发〔2012〕47号),结合长宁区实际,制定此实施方案。

1. 目的意义

青少年是祖国的未来、民族的希望。青少年的营养状况,不仅关系着个人的成长发育和全面发展,也关系着整个民族素质的养成和提升。上海市政府决定针对营养缺乏和肥胖(超重)共存的状况,启动实施上海市义务教育学生营养改善计划,是坚持以人为本、落实科学发展观,促进学生健康成长的具体体现;是提高民族素质、关注民生的重要举措。全区上下要高度认识实施义务教育学生营养改善计划的重要意义,切实把这项工作抓实做好。

2. 主要措施

(1)完善工作机制。建立由长宁区教育局、区发改委、区财政局、区卫生局、区审计局、区食品药品监管分局等部门和单位组成的联席会议制度,共同做好实施义务教育学生营养改善计划工作。

(2)明确部门职责。第一,教育局负责将此项工作的实施作为贯彻落实教育规划纲要的重要工作。会同有关部门牵头负责"方案"的实施、指导和监督检查;负责学校食品安全日常管理,完成义务教育学生营养改善计划实名制学籍系统数据采集、供餐方式的调查摸底及确定工作,监督供餐企业和学校的实施,协调有关部门落实好各项措施和规定;配合有关部门对学校食堂、供餐服务企业进行食品安全检查。

第二，发改委应把"方案"纳入国民经济和社会发展规划。建立价格监测和预警机制，开展生产成本调查，组织对食品价格进行监督检查。

第三，财政局要充分发挥公共财政职能，制定和完善相关政策，及时申请划拨专项资金，加强资金监管，提高经费使用效益。

第四，卫生局负责组织处置学校食品卫生安全事故，指导学校卫生防疫和学生营养健康状况的监测评估，对学生营养食谱和营养改善提出指导意见。

第五，食品药品监督管理局负责学校食堂以及供餐单位食品安全监管，制定不同供餐模式的准入办法，切实做好日常综合监督检查工作，组织查处食品安全事故。

第六，教育局和食品药品监督管理局负责制定具体的食品安全培训方案，对实施"方案"的中小学校长、食堂负责人、工作人员以及供餐企业和个人进行食品安全相关法规制度和行业规范培训，深入开展"食品安全进校园"的活动。

第七，审计局在职责范围内，依法对"方案"实施工作进行监督，查处违法违规行为，确保"方案"实施公开、透明。

第八，各有关学校是工作的第一责任人，负责具体落实。学校要全面实行校长负责制，切实承担起具体组织实施和相关的管理责任；要建立健全供餐管理制度，严格管理，规范操作，保证各个环节的食品卫生安全，妥善组织和管理好学生就餐，确保按照标准提供营养膳食；要加强学生的健康教育，通过黑板报、班会课等活动开展环保、低碳、节能、营养膳食知识及健康常识等教育，提高学生健康意识。

（3）提供免费营养午餐。第一，继续为长宁区城市低保家庭学生提供免费营养午餐。免费营养午餐补助标准由区物价局核定，根据各学校午餐供应的实际价格，给予全额补助。

第二,在全区范围内开展本市户籍农村家庭(父母一方为农业户口即可)学生的情况排摸。同时进行宣传告知,在排摸基础上对这部分学生提供免费营养午餐。

(4) 开展科学膳食指导。第一,区卫生部门会同区教育局、食品药品监管部门积极组织开展多种形式的宣传活动。区卫生部门充分发挥社区家庭医生的作用,与肥胖(超重)学生家庭签约,上门开展科学膳食、合理营养指导。

第二,区教育局与复旦大学公共卫生学院继续合作,深入推进小学生肥胖干预项目。通过科学膳食指导和加强体育锻炼,改善学生体质,降低学生肥胖(超重)率。

第三,区卫生部门定期对学生开展营养评价和学生午餐营养分析。及时向区教育局和学校反馈评价结果,并提出相关建议。学校要根据分析结果,会同供餐公司及时调整菜谱,促使学生午餐营养成分达标。

第四,区教育局会同相关部门组织开展学校营养师培训,加强其对学校的营养指导。

(5) 努力改善就餐条件。第一,已有学生餐厅的学校要充分利用现有场地,通过张贴海报、宣传栏、美化环境等形式开展科学膳食指导,为学生提供卫生、清洁、温馨的就餐环境。

第二,尚未设立学生餐厅的学校要按照沪教委体〔2011〕22号文件精神,通过挖掘潜力,创造条件,设立规范、安全、卫生的学生就餐场所。

(6) 加强食品安全管理。第一,深入推进学校食堂规范化管理工作,不断提高学校食堂安全管理水平。2011年,58家学校食堂通过区食药监部门的验收后,进一步加大食堂硬件改造,加强人员安全培训,力争100%学校通过规范化管理达标验收。

第二,进一步加强食堂食品安全监管力度。区食品药品监管部门定期开全覆盖检查,区教育局安全管理中心不定期开展飞行检查,各学校适时开展自查。对检查过程中发现的隐患问题及时进行通报、整改和复查。

第三,加强技防设施的投入和建设,提升网络监控能力。各中小学全面完成食堂摄像监控设施安装,摄像监控数据通过校园光纤网络实时传输到区教育局安全管理中心,中心安排专人负责观看录像,发现问题及时反馈给各学校,有效提升学校食堂安全监管效能。

第四,使用餐饮服务食品安全溯源系统,全面提升食品安全与食品行业自我约束能力。区教育局和区食药监分局将在中小学开展使用上海市餐饮服务食品安全溯源系统,通过溯源系统的使用,严防在学生午餐制作环节中发生违法添加行为,让学生吃得安全,让家长更放心。

第五,定期组织中小学校校长、食堂负责人、工作人员及供餐企业相关人员开展全面培训,确保人人掌握食品安全相关法规制度要求和具体操作规范知识。开展食品安全进校园活动,组织学生参加网上食品安全知识竞赛,树立学生食品安全意识。

(7)加强各环节监督和检查。第一,切实加强义务教育学生营养改善计划补助金的管理,做到专款专用,确保补助资金严格用于为学生供餐。区财政、审计、纪检监察等部门要加强审计和监督。

第二,各学校、供餐企业每月公开学生午餐经费账目、配餐标准、营养食谱等信息,接受学生、家长和社会监督。

第三,完善学校供餐企业准入退出机制,引入家委会参与学校供餐企业选择,做到优胜劣汰,形成企业良性竞争氛围,让学生得到更

好的供餐服务。

3. 工作要求

（1）统一思想，加强领导。实施"义务教育学生营养改善计划"是深入贯彻落实科学发展观和《国家中长期教育改革和发展规划纲要（2010—2020年）》的重大举措，事关学生身体素质和健康成长。各有关部门要充分认识这项工作的重要意义，统一思想，提高认识，完善工作机制，狠抓工作落实。

（2）公开透明，加强监督。各有关部门、学校要不断完善公示制度，定期公布学生午餐经费账目、配餐标准、营养食谱等相关信息，接受家长和社会监督。学校要成立由校领导、教师和家长共同参与的监督委员会，对学校食堂、供餐单位进行不定期的检查和抽查。监察局和教育局要通过信访受理等途径，保证公众意见反馈渠道畅通。

（3）加强宣传，营造氛围。各有关部门要高度重视宣传工作，采取多种形式，向广大学生及家长宣传科学营养知识，营造全社会共同支持、共同监督和推进学生营养改善工作的良好氛围，学校也要做好学生和家长的宣传工作。

教育与生活相结合,教与学相结合,课程与经验相结合,学校与社会相结合,这是当代教育改革和发展的基本价值理念。如果把学生比作鱼,那么学校生活、家庭生活、社会生活就是水,众所周知,只有鱼水相融,才能成就"北冥之鱼"。而长期以来,我国传统课堂教学中,注重知识学习,强调教师的传授,相反,忽视了学生在学习过程中的主体地位,课堂所教知识呈现"繁、难、偏、旧"的特点,并且在教学过程中忽视学生已有经验,不能将所教知识与学生生活经验相结合,这导致了课堂教学效率低下,不利于学生的健康发展。

第十二章　鱼　　论

　　"鱼论"部分主要探讨将学校课堂教学与学生生活实际相结合,构建学习中心课堂,以学生发展为本的课堂教学,强调教育与生活的关系。长久以来,我国传统课堂教学中,注重知识学习,强调教师的传授,相反,忽视了学生在学习过程中的主体地位,课堂所教知识呈现"繁、难、偏、旧"的特点,并且在教学过程中忽视学生已有经验,不能将所教知识与学生生活经验相结合,这导致了课堂教学效率低下,不利于学生的健康发展。

一、教育要聚焦儿童经验

(一)教育即生活

　　"教育即生活"是美国教育家杜威(Dewey,J.)提出的著名命题。

每当有人问我教育是什么,我都会向对方转述杜威先生的思想——"教育是生活的过程,而不是将来生活的预备"。仅是读出这些话就让我激动不已。怎能不激动呢?我的生活离不开教育,无论是自我教育、被他人教育还是教育别人,它们都在塑造我,创造一种高于现实生活的更加美好的生活。在杜威看来,教育首先要关注儿童当下的生活,儿童的兴趣和思维等机能离不开真实的感性生活。只有从儿童现实生活入手,教育才是有效的、生动活泼的,而不是专断的。真正的教育是通过对儿童潜能的有效刺激而发挥效用的,而这种刺激是儿童当下生活中各种要求引起的。

他认为,学校生活不但应与儿童自己的生活相契合,还应与学校以外的社会生活相契合。儿童是学习的主体,教师需要做的是根据儿童的特点设置课程,而不是完全掌控儿童的学习内容。在儿童学习的过程中,教师需要转变角色,教师是参与者而不是掌控者。杜威提出了培养学生思维的方法:第一,学生要有一个真实的经验的情境——要有一个对活动本身感兴趣的连续的活动;第二,在这个情境内部产生一个真实的问题,作为思维的刺激物;第三,他要占有知识资料,从事必要的观察,对付这个问题;第四,他必须负责有条不紊地展开他所想出的解决问题的方法;第五,他要有机会和需要通过应用检验他的观念,使这些观念意义明确,并且让他自己发现它们是否有效。① 杜威是真正地发现了教育与生活的关系的教育思想家。但因为时代的局限,杜威的教育思想并不能有效地解决学校教育与社会生活相脱离的难题。我们借鉴、继承与发展杜威的教育理念,首先应打破学校与社会之间的"围墙",基于真实情景,将学生的生活经验融入课程中。学生研究和解决的问题、项目与学生的生活息息相关,是

---

① 赵祥麟,王承绪编译.杜威教育论著选[M].上海:华东师范大学出版社,1981:143.

真实世界中的难题和挑战。教师应培养学生的自主学习能力,让学生养成独立思考、合作交流的习惯。在课堂上,教师应扮演引路人、指导者和辅助者的角色。只有尊重学生的主体地位,解放学生思想,激发学生的学习兴趣,才能最终促进学生的全面发展。

(二)兴趣引导学生经验的更新

生长和关系的视角是相互解释的:兴趣中的生长一定是借助关系才带来的生长,兴趣中的关系也一定从生长潜能中生发的主动行为,而关系与生长又在经验更新中体现出来。杜威说,"兴趣主要是自我表现的活动的一种形态——也就是说,通过作用在萌芽状态的倾向从而出现的生长的一种型态"。① 杜威谈到,"兴趣和关心是指自我和世界在一个向前发展的情境中是彼此交织在一起的",②当个体感到自己"和正在进行的事情休戚与共,事情的结果和他息息相关,他的命运或多或少和事件的结果攸关"时,会积极采取行动,讲求方法、坚持行动,在"特定的未完成的事态和达到所期望的结果之间","努力改造"以及"继续不断的注意和忍耐"。由此来看,兴趣不是让人趋乐避苦,而是让人在必要时乐于吃苦,将生命关系中的各样"他者"作为陶铸品格和智慧的契机。所以,兴趣教育不能仅仅追求让学生情绪高兴,而应引导他们去追求自身更"成熟"的生长目标,并专注于这个目标,刻苦学习,获得深刻的生长愉悦,做到"教育随时都是自己的报酬"。我们当下应试教育的问题并不在于让学生吃苦受累,而在于忽略了学生的真实生长需要,以外在功利目标取代生长本身的价值,使这些本应让孩子收获生长愉悦的知识,成了死的知识,这才是问题的根源。

---

① [美]约翰·杜威.民主主义与教育[M].王承绪,译.北京:人民教育出版社,2001:49—54.
② 同①。

兴趣意味着对新的经验的态度,那么兴趣教育自然也就意味着引导经验不断更新。根据杜威的相关论述,我们可以将兴趣教育的过程列为以下几点。①

首先,立足于学习者的经验状态来引导。所谓立足学习者的经验,就是指在教育教学中"发现和儿童目前的能力有联系的事物或活动。这种材料能使儿童乐于从事,并使活动始终如一地、连续地坚持下去",②因此,教育应该让"儿童学到的是种种关联",③而不是与生活无关的教条,否则,儿童只会处于被动地位,根本无法产生学习兴趣。

第二,创设问题情境来激发学习者对新的经验的趋向性。问题情境能够促使学习者发现自身关系中的问题,了解经验中的"不成熟状态",激发生长潜能,从而使他们具有真实的学习目的。现今,很多项目学习、STEAM课程、研究性学习等都是以这种思路来进行的。不过,需要注意的是,情境中的问题须得从人的真实生长关系中产生,这样才能对原有经验造成挑战。因此,问题情境往往是难以照搬的。

第三,预备学习资料来帮助学生联结已有经验和新经验。杜威认为,在教学设计中应让学生有可利用的资料,好考虑如何解决在情境中涌现出的问题。这一做法其实就是从学生已经验化的知识出发,搭建他们与学习内容的关系,将他们逐步引入到新的知识与经验之中。

第四,创设实践活动让学习者体验新的经验。体验的目的是实

---

① 樊杰,兰亚果.杜威兴趣观:基于关系与生长[J].全球教育展望,2018(5):47—55.
② [美]约翰·杜威.民主主义教育[M].王承绪,译.北京:人民教育出版社,2001:49—54.
③ 同②。

现个体与新学内容的融合,使其成为自我生命的一部分。杜威认为,当儿童全力以赴探讨需要解决的疑难时,会像真正的科学家那样肯于动脑筋和费心血,所以应该提供条件让儿童自己动脑费心地解决想要解决的问题。他还提到,儿童的生活跟"做戏"类似,高兴的时候要笑、伤心的时候要哭,情感要有一个宣泄的渠道。教学中可以注重这一点,通过观察、研讨、对话、实验、表演等不同方式让儿童设身处地地明白文本内涵与意义。

上述兴趣教育的过程,是通过引导新的关系的建立,而使个体顺利地从原有的经验更新到新的经验的过程,其实也就是引导"做中学"的过程。"做中学"的本质,就是在关系参与("做")的过程中实现经验的更新。只要能让孩子借着与所学内容的关系更新经验,就是"做中学",也就是兴趣教育。因而,带读一本书、上一堂讲授课、组织一个游戏、展开一段研讨、进行一次思维训练等,都可以成为"做中学"。比如,在带领儿童阅读绘本时,教师选择儿童能理解的、有哲思意味的内容,通过提问激活他们的生活情感经验,引导他们敞开想象空间进入绘本故事,并鼓励他们自己复述和创造故事等,虽然动静不大,却能让儿童积极思考,借着绘本更新情感、思维与品格,自然也是兴趣教育了。由此观之,兴趣教育并不取决于形式是否华丽,过程是否热闹,而是取决于孩子是否对新的经验有热切的渴望和深刻的体会。有的教师在课堂上不追求表面,而是寻找不同孩子生命内在相似的某一点经验,以这个点带动整个课堂,将孩子们引入更广泛、深刻和有益的人类经验中,这样的教学不一定是热闹的,却是饱含生命活力的[①]。

[①] 樊杰,兰亚果.杜威兴趣观:基于关系与生长[J].全球教育展望,2018(5):47—55.

二、改革要着眼核心素养

2016年9月13日,中国学生发展核心素养研究成果发布会在北京师范大学举行,会上公布了中国学生发展核心素养总体框架及基本内涵。研究学生发展核心素养是全面贯彻党的教育方针、落实立德树人根本任务的一项重要举措,也是适应世界教育改革发展趋势、提升我国教育国际竞争力的迫切需要。课题组汇聚国内多所高校近百名研究人员,在总体设计、统筹谋划的基础上,综合开展基础理论研究、国际比较研究、教育政策研究、传统文化分析、现行课标分析、实证调查研究,全方位、多层次征求各方面意见建议,反复修改完善,历时三年集中攻关,并经教育部基础教育课程教材专家工作委员会审议,最终形成研究成果。学生发展核心素养,主要是指学生应具备的、能够适应终身发展和社会发展需要的必备品格和关键能力。研制中国学生发展核心素养,根本出发点是将党的教育方针具体化、细化,落实立德树人根本任务,培养全面发展的人,提升21世纪国家人才核心竞争力。中国学生发展核心素养,以"全面发展的人"为核心,分为文化基础、自主发展、社会参与三个方面,综合表现为人文底蕴、科学精神、学会学习、健康生活、责任担当、实践创新六大素养。根据这一总体框架,可针对学生年龄特点进一步提出各学段学生的具体表现要求[①]。

张华教授认为知识与素养的关系主要表现在以下几个方面:素养是人在特定情境中综合运用知识、技能和态度解决问题的高级能力与人性能力。核心素养亦称"21世纪素养",是人适应信息时代和知识社会的需要,解决复杂问题和适应不可预测情境的高级能力与

---

① 核心素养研究课题组.中国学生发展核心素养[J].中国教育学刊,2016(10):1—3.

第十二章 鱼　论

人性能力。核心素养是对农业和工业时代"基本技能"的发展与超越，其核心是创造性思维能力和复杂交往能力。核心素养具有时代性、综合性、跨领域性与复杂性。素养不是知识，知识的积累不必然带来素养的发展。倘若秉持僵化、凝固的知识观，并以灌输、训练的方式教授知识，知识的积累反而导致素养的衰减甚至泯灭。但素养离不开知识，没有知识，素养就是无源之水、无本之木。伴随知识社会的到来，知识的价值正与日俱增。①

在信息时代，怎样让知识学习过程成为素养形成过程？首先，转变知识观，不再把知识当作"客观真理"或"固定事实"，而使之成为探究的对象和使用的资源。即使处在工业时代的杜威都说："知识不再是稳定的固体，它已然液态化了。"②那么在今天的信息时代，知识就更加变动不居了。再把学生当"活的图书馆"（布鲁纳语）去储存知识，非但不能发展素养，还会从根本上摧毁学生人格。

其次，将知识提升为观念(ideas)。就学科而言，将学科知识提升为学科观念(disciplinary ideas)。信息时代，知识的衰减和更新速度空前加快，但知识所体现的观念或思想却相对稳定。因此，舍弃繁杂却无法穷尽的"知识点"，精选核心学科的"大观念"(big ideas)，并联系学生的真实生活情境展开深度学习，是信息时代课程内容选择的基本原则——"少而精"(less is more)原则。

再次，尊重学生的个人知识。所谓"个人知识"，即个体在与学科知识和生活世界互动时所产生的自己的思想或经验。信息时代即自由创造知识的时代。尊重个人自由就是尊重个人创造知识的权利。如果说工业时代的波兰尼(Michael Polanyi)就已经敏锐意识到"个

---

① 张华.论核心素养的内涵[J].全球教育展望,2016(4):10—24.
② Dewey, J. The School and Society. In John Dewey: The Middle Works, 1899 - 1924 (Volume I: 1899 - 1901). Southern Illinois University Press, 1899:17.

人知识"(personal knowledge)的重要性的话,那么在今日的信息时代,崇尚个人知识已成为时代特征之一。学生的个人知识是其素养的基础、前提和载体。没有个人知识,断无素养形成。学生的学科素养建基于其学科思想。学生的跨学科素养建基于其生活理解与体验。因此,尊重学生的个人知识是发展学生素养的关键。

最后,转变知识学习方式,倡导深度学习与协作学习。知识+实践=素养。一切知识,唯有成为学生探究与实践对象的时候,其学习过程才有可能成为素养发展过程。因此,转变知识学习方式是素养发展的前提。让知识学习过程实现批判性思维与社会协作的连接。为此,一要倡导深度学习(deeper learning),让知识学习成为批判性思维和问题解决的过程;二要倡导协作学习(collaborative learning),让知识学习成为交往与协作,即集体创造知识的过程①。

三、教育与生活

长期以来,教育与生活的关系一直为诸多的中外教育家所关注和探讨。斯宾塞的"生活准备说"、杜威的"教育即生活"论、陶行知的"生活即教育"思想,都充分论证了教育与生活的不可分离性。② 然而,教育与生活和谐交融发展的美好理想在现实教育实践中却并非易事。传统教育中意识形态对思想的控制以及现代教育中科技理性的膨胀,导致对知识的崇拜曾一度使教育产生"去生活化"现象。面对欧洲科学的危机,德国现象学家埃德蒙德·胡塞尔对生活世界的重视和理论建构又一次将生活理念引入了教育的视野。我国当代教育界对功利化教育价值观下的传统教育弊端的反思引发了教育回归

---

① 张华.论核心素养[J].全球教育展望,2016(4):10—24.
② 周平.教育回归生活的障碍及路径叩问[J].中国教育学刊,2017(9):76—80.

第十二章 鱼 论

生活世界的强烈诉求,要求教育重视儿童的生活经验,让儿童在与生活环境的互动中获得生命的体验,建构关于外部世界的意义。然而,观念的模糊、认识的偏差使教育向生活世界的回归路径产生错位,调整并寻求恰当的发展路径成为研究者和实践者必须重新思考的问题。

柏拉图(Plato)的"洞穴之喻"启示我们,当人们逐渐适应脱离现实生活的教育方式,现实生活本身的价值和形态必将消解。让教育回归生活,不仅是对教育终极意义的思考与追求,更是对当下教育问题的回应与纠偏。杜威认为,所谓教育原则和教育方法,无非是在日常生活教育和学校教育之间寻找平衡点。教育既是目标,又是过程;既是任务,又是生活。然而在现实教育中,人们总是太在乎目标而忽视过程,总是太注重任务而忽视生活。教育的工具理性一再被放大,价值理性则逐渐淡化。教育回归生活世界,已经成为教育哲学的中心议题。陶行知先生倡导的"生活即教育、社会即学校""教学做合一"的教育理念,对我们理解和改造新时代的教育,依然具有很强的现实意义。

杜威在《民主主义与教育》一书中指出,"教育是生活的需要",教育存在于社会生活之中,又是社会生活延续的工具。教育源于生活又超越生活,教育的发展相对于生活的发展具有超前性,因为教育要通过观念的影响引导社会的发展,通过培养"人"的方式改良和促进社会的发展;同时,教育的发展又具有滞后性,因为人的生活经验的抽象化是一个积累和沉淀的过程,作为教育核心要素的教育内容——课程的设计和存在在一定时期内具有难以超越的稳固性。因此,教育和生活二者发展的节奏并不是完全同步的,教育向生活世界的回归就是教育者不断努力寻求教育和生活同步发展的契合点的过程。在一定的时期,教育的发展会滞后于生活的发展而脱离当下的生活,从而引发教育向生活世界回归的诉求;从另一方面看,教育对生活的超越又会引导生活逐步摆脱发展的惰性,使生活的发展逐步向教育倡导的理念靠拢。如果不能理性地认识这一点,而误解了教育与生活的关系,便会导致教育对科学世界的怀疑和排斥,从而使生活的发展因缺乏科学观念的引导而产生价值的迷失,也会使教育的发展因缺失理性的灵魂而泛化了自身存在的深刻意义①。

教育脱离生活,必将变成无源之水。解决纷繁复杂的教育问题,首先必须抓住根本,让教育回归生活。师生在教育活动中,建立了"教师—教学活动—学生"的教学交往关系。教学活动是师生共同建构的对象化客体,师生是教学活动同时塑造的实践主体,他们之间形成了"主—客—主"的主体交往结构。教育主体之间围绕教学活动形成的交往关系就是教育共同体,主体交往的对象、内容、方式、品质决定了共同体的水平,共同体的水平反过来又影响了主体发展的质量。交往关系越紧密、层次越高,主体的发展机会就越多。师生通过共读、共写、共学、共思等精神交往活动,实现共建、共享、共生活、共成长,形成了充满生命力量和人文精神的教育生活"场"。教育主体正是在这种高水平的交往和高质量的教育"场"中获得更好的发展和成长,最终获得幸福完整的教育生活。

教育生活还具有巨大的连接和拓展功能,让学生与学生、学生与教师、教师与家长、家庭与学校、学校与社会连接起来,形成更多教育共同体,构筑起更丰富的教育生活世界。《教育的目的》开宗明义说:"学生是有血有肉的人,教育的目的是为了激发和引导他们的自我发展之路。"教育的根本目的是"人",必须警惕学校办学目标的异化。学校一切工作的出发点和立足点都应该是为了促进人的自我发展,

---

① 周平.教育回归生活的障碍及路径叩问[J].中国教育学刊,2017(9):76—80.

第十二章 鱼　　论

远离名利之争。身在其中,学生能够时刻感受到来自师长的善意,感受到学校对生命成长的期待。

"教育只有一个主题——那就是多姿多彩的生活。"①英国哲学家怀特海(Whitehead,A. N.)以不容置疑的语气作了这样的判断,一切教育活动都应该围绕"生活"这一主题展开,生活是教育的灵魂。围绕"生活"这一主题,怀特海特别重视教育对精神生活的意义。怀特海强调:"不能加以利用的知识是相对有害的。所谓知识的利用,是指要把它和人类的感知、情感、欲望、希望,以及能调节思想的精神活动联系在一起,那才是我们的生活。"关注精神生活,是怀特海"有用知识"的一个重要方面,他说:"我一直担忧,如果我们不能用新的方法来迎接新时代,维持和提升我国人民精神生活的水准,那么迟早,那些落空的愿望会转化为狂野的爆发,我们将重蹈俄国的覆辙。"正因为如此,怀特海十分强调艺术教育的作用,认为"致力于发展一种纯粹的智力,必将导致巨大的失败"。他指出:"在精神生活中,如果你忽视像艺术这样的伟大因素的话,那么你肯定会蒙受若干损失。我们的审美情趣使我们对价值有生动的理解,如果你伤害了这种理解,你就会削弱整个精神领悟系统的力量。"对精神和心灵世界的高度关注应该是教育的重要使命,是学校课程建设的重要命题。怀特海认为学校课程应该是一个统一于生活的整体,学科之间应该相互包容或融合,反对科目之间相互对立。他批评说:"我们从来没有教过如何把各种知识综合起来运用。这样一系列的课程能代表生活吗？充其量不过是上帝在思考创造这个世界时在大脑中闪过的一个目录表,而他甚至还没有想好怎样才能把它们融为一体。"他主张"根

---

① [美]艾尔弗雷德·诺恩·怀特海.教育目的[M].徐汝舟,译.北京:生活·读书·新知三联书店,2002:12.

除科目之间毫无关联的状态,这种分崩离析的局面扼杀了现代课程的生动性"。

以技术教育、文学教育、科学教育为例,怀特海认为,在这三种课程中,每一门课程都应该包括另两门课程。同时,他认为对不同的学生,学习又应该有所侧重:"即使是最有天赋的学生,由于人生时间有限,也不可能在每一方面都全面发展。"①也就是说,课程应该相互渗透、相互融合,同时课程的学习又应该充分尊重学生的个别需求。正是基于这样的认识,怀特海特别重视学校课程建设的自主性和独立性,指出:"教育改革的第一要务是,学校必须作为一个独立的单位,必须有自己的经过批准的课程,这些课程应该根据学校自身需要由其自己的教师开发出来。"

---

① [英]艾尔弗雷德·诺恩·怀特海.教育目的[M].徐汝舟,译.北京:生活·读书·新知三联书店,2002:85.

新课程改革以来，我们感受和总结的一个基本经验，就是要为学生发展创建丰富而有特色的课程资源，让每个学生都能在学校课程中找到自己的特长，并发展自己的特长。课程也是塑造学校架构和特色的根本，有什么样的课程，就会形成什么样的学校。因此，打造学校课程的"金牌"，其实不仅在于形成特色，更在于实现学校课程品质的提升和引领。从养成学生核心素养出发，现在需要不断丰富课程内容，增强课程的可选择性，满足不同发展层次、不同兴趣爱好、不同特点的学生多元化的需求，利用多元课程资源发掘资质优秀的学生，为他们提供更多可能的发展机会。具体而言，就是要整合国家课程、地方课程和校本课程三级课程，建立以基础型课程、兴趣型课程、拓展型课程、专长型课程等为核心的层层递进式的多元化课程体系。

第十三章　金　牌　论

新一轮基础教育课程改革以来，随着"三级课程"管理体制的建立，越来越多的学校更加关注多元化课程体系的育人价值，着力进行校本课程的开发与实践，力图通过校本课程来建立学校品牌文化，打造特色"金牌"学校。

一、课程建设是学校的"金牌"

课程是塑造学校形态的根本力量，有怎样的课程就会形成怎样的学校，学校中的课程不仅是学校区别于其他组织或机构的重要标

志,更是学生经验获取的重要来源。因此课程是学校的"金牌",学校要花大力气加强课程建设。

(一)学校要建构完备的课程体系

课程要具有丰富性,着力打造多元化的课程体系,关注学生核心素养,促进学生个性品质的发展。课程体系多元化要求丰富课程内容、增强课程的可选择性,满足不同发展层次、不同兴趣爱好、不同特点的学生多元化需求,利用多元课程资源发掘资质优秀的学生,为他们提供更多可能的发展机会。具体而言,需整合国家课程、地方课程和校本课程三级课程,建立以基础型课程、兴趣型课程、拓展型课程、专长型课程等为核心的层层递进式的多元化课程体系。以基础型课程作为全体学生的必修课程,夯实基础,促进学生基本学科素养的养成与发展;以兴趣课程开阔学生的视野,拓展学生的知识领域,为学生兴趣爱好的发展提供专业发展的机会和平台;以拓展型课程满足学生进一步的发展需求,提高学生的自主、合作、探究精神,培养学生的创新精神和实践能力,此类课程可以以专题研讨、合作探究、实践探索等开放性的形式展开;最后以专长性课程为补充,为在各个学科、科技、文艺、体育等领域有特长的学生提供培养路径,鼓励其参加高水平竞赛,为高一级学校和专业团体培养和输送优秀专业人才。

(二)学校要开发凸显特色的校本课程

学校特色课程是能够集中体现学校办学特色和课程优势的主导性校本课程。鲜明的学校个性是学校特色课程最显著的特点,具体而言要"以校为本""突出优势"[①]。师生的创造性是学校特色课程建设最鲜活的生命力,充分发挥学校教师和学生在特色课程开发和实施上的主体地位,吸引学校各方力量参与校本课程建设,做到"人无

---

① 朱治国.学校特色课程建设的深度思考[J].现代中小学教育,2013(5):14—16.

我有,人有我优",打造区域教育的品牌课程、精品课程。第一,基于学校优秀的文化传统和办学特色,立足于学校长久以来的历史积淀和优秀成果,站在过去和未来的交汇点上,继承传统、推陈出新。第二,基于学校的特色和已有的优势资源,充分利用好当地地域文化、区域特色,整合各类优势资源,深化和突出亮点,打造特色课程。第三,要基于国家和区域的政策,对教育发展动向保持敏感性,党和国家以及各级各类教育行政部门通过教育政策来引导和规范教育行为和教育活动,很大程度上反映着教育发展和变革的方向,因而学校应当积极回应政策的要求,结合学校已有的文化传统和当下的发展特色,在充分解读和内化政策的基础上开拓创新、与时俱进。

(三)学校要形成独特的课程文化

学校校本课程的开发,是在对学校整体教育目标以及学生学习需求进行综合考量的基础上,立足学校固有传统和专有特色,经由校长、教师、学生、家长以及社会相关各界人士集体审议和共同协商而建立起来的。因而,校本课程一定程度上能够反映学校整体文化观念、制度规范和发展特色。课程承载着学校教育的育人功能,课程所承载的核心观念对学校文化起着主导作用,课程文化是学校文化的核心,形成具有特色的学校文化是构建特色学校、打造学校品牌形象的关键所在。构建学校课程文化,就是要充分发挥课程文化的正向效应,推动学校课程建设、提升学校办学品质、打造学校品牌文化、促进学校变革发展[1]。课程文化建设要遵循课程文化的内在本质,围绕学生发展的核心素养,坚持立德树人的根本任务,构建多元综合、开放生成的课程体系。学校课程文化建设既是对学校文化的丰富与

---

[1] 叶波.论校本课程开发与特色学校建设[J].教育发展研究,2011(20):11—14.

发展,又是对学校文化育人价值的深化,是学校文化的重要结构性发展。做好中国特色学校文化建设,有利于提升学校文化自信,是实现学校优质办学和品质发展的重要途径。

二、政策导向与理论基础

(一)新课程改革赋予了学校课程自主权

2001年,教育部印发《基础教育课程改革纲要(试行)》①(教基〔2001〕17号)(以下简称《纲要》),开启了新世纪我国基础教育课程改革的新进程。《纲要》提出新课程改革的培养目标应体现时代要求,要使学生具有爱国主义、集体主义精神,热爱社会主义,继承和发扬中华民族的优秀传统和革命传统;具有社会主义民主法制意识,遵守国家法律和社会公德;逐步形成正确的世界观、人生观、价值观;具有社会责任感,努力为人民服务;具有初步的创新精神、实践能力、科学和人文素养以及环境意识;具有适应终身学习的基础知识、基本技能和方法;具有健壮的体魄和良好的心理素质,养成健康的审美情趣和生活方式,成为有理想、有道德、有文化、有纪律的一代新人。基础教育课程改革纲要的颁发为不同学段的课程体系提供了指导。

1. 明确"三级课程体系",打造多元课程体系

中共中央、国务院发布《关于深化教育改革全面推进素质教育的决定》②明确指出,要"调整和改革课程体系、结构、内容,建立新的基

---

① 教育部关于印发《基础教育课程改革纲要(试行)》的通知基础教育课程改革纲要(试行)(教基〔2001〕17号)[EB/OL]. 2001-06-08[2021-04-18]. http://www.moe.gov.cn/srcsite/A26/jcj_kcjcgh/200106/t20010608_167343.html.

② 中共中央、国务院发布《关于深化教育改革全面推进素质教育的决定》[EB/OL]. 1999-06-13[2021-04-18]. http://www.moe.gov.cn/jyb_sjzl/moe_177/tnull_2478.html.

础教育课程体系,试行国家课程、地方课程和学校课程",由此拉开了我国构建"三级课程体系"改革的序幕。实行国家、地方、学校三级课程管理,是由于国家课程难以满足不同地区的特殊需要,而地方、学校课程具有鲜明的地方性和地域性,可以弥补这一欠缺。地方课程的主要任务是贯彻国家课程改革精神,开发地方课程资源,更好地完成国家课程改革的任务。地方课程建构的核心是国家课程标准与地方课程资源的结合与融合。学校课程是学校根据国家课程计划、课程标准,结合本校的实际情况,为实现学校的培养目标而进行的课程设计、实施与评价。总而言之,在实现培养目标的育人体系中,国家、地方、学校各自承担着不同的责任。新课程改革实行三级课程管理政策,既体现国家对课程建设的基本要求,又为各地自主开发课程资源留有空间。

2. 赋予学校课程自主,推进校本课程建设

学校(校本)课程由学校主管。负责根据上级教育行政部门的有关规定,确定本校必修科目的实际课程标准;确定选修教材的编写、选用;开发活动课程;制定重大课程改革方案,报上级教育行政部门审批;进行课程实施的管理。学校(校本)课程是相对于国家课程和地方课程而言的,是指以某所学校为基地而开发的课程,学校和教师是课程开发和决策的主体。开发校本课程,其意义不仅在于改变自上而下的长周期课程开发模式,使课程迅速适应社会、经济发展的需要,更重要的是建立一种以学校教育的直接实施者(教师)和受教育者(学生)为本位、为主体的课程开发决策机制,使课程具有多层次满足社会发展和学生需求的能力。实践证明,学校(校本)课程开发是提高教师专业水平和创新能力的一条有效途径。

(二)学生核心素养的培育需要课程保障

教育部研制印发《关于全面深化课程改革落实立德树人根本任

务的意见》(教基二〔2014〕4号)①相关文件,提出"教育部将组织研究提出各学段学生发展核心素养体系,明确学生应具备的适应终身发展和社会发展需要的必备品格和关键能力"。

1. 核心素养的总体框架

中国学生发展核心素养以培养"全面发展的人"为核心,分为文化基础、自主发展、社会参与三个方面,综合表现为人文底蕴、科学精神、学会学习、健康生活、责任担当、实践创新等六大素养,具体细化为国家认同等18个基本要点。各素养之间相互联系、互相补充、相互促进,在不同情境中整体发挥作用。为方便实践应用,将六大素养进一步细化为18个基本要点,并对其主要表现进行了描述。根据这一总体框架,可针对学生年龄特点进一步提出各学段学生的具体表现要求②。

2. 核心素养指导下的课程改革

坚持立德树人的导向,这要求强化学生核心素养,而核心素养落地首先涉及的就是课程改革③。核心素养指导下的课程改革呈现出新特征。第一,育人导向。育人导向的变化,更加注重学生理想信念和核心素养的培养,关注学生的生命质量和价值,突出终身发展的核心素养。第二,课程综合。关注课程的综合化、主题化发展趋势,强调课程整体育人功能和价值。第三,实践创新。更加关注学生学习体验、动手实践及创新意识的培养,注重综合实践活动课程及其包含的学科实践活动课程、开放性科学实践活动课程在课程体系中的地

---

① 教育部关于全面深化课程改革落实立德树人根本任务的意见(教基二〔2014〕4号)[EB/OL]. 2014-04-08[2021-04-18]. http://www.moe.gov.cn/srcsite/A26/jcj_kcjcgh/201404/t20140408_167226.html.
② 核心素养研究课题组. 中国学生发展核心素养[J]. 中国教育学刊,2016(10):1—3.
③ 杨向东. 核心素养与我国基础教育课程改革的关系[J]. 人民教育,2016(19):19—22.

位和作用,突出实践育人的价值。第四,贴近现实。课程更加贴近学生的生活,提供满足孩子现实生活、未来发展的课程,特别关注核心价值观、生涯指导、金融理财素养,突出学生是现实生活中"完整的人"。第五,课程适应。课程适应性的变化,更加注重增加国家课程和地方课程的适应性及课时保障,突出地方、校本课程的时代性、开放性和灵活性。第六,课程自主。明确课程自主权的进一步下放,增大区县和学校的课程自主权,课程结构中大小课、长短课体现更加灵活和契合学校,凸显区域和学校的课程领导力和课程特色。第七,学习方式。学习方式的变化,更加注重学生体验、合作、探究和基于信息技术的学习方式变革,让学生生动活泼地发展。

(三)学校变革需要课程支撑

1. 提高课程质量,打造学校品牌

学校品牌的打造需要强有力的核心竞争力,即学校的课程。特色精品课程会形成课程品牌效应,对构建学校品牌具有积极的推进作用,促进品牌立校。品牌立校意味着更加强调办学特色,包括教学特色、科研特色、课程特色等。打造课程品牌,提高课程质量。打造课程品牌,就是要通过实施"精品课程建设"计划、品牌教材建设计划、强化实践教学计划,构建适应时代发展要求和社会需要的课程体系,提高课程教材建设水平和课程教学质量[1]。

2. 重构课程文化,建设学校文化

学校是传递文化、创造文化的特定机构,学校文化的建设是学校发展变革的应有之义。学校文化是学校的灵魂,学校的办学思想、教育理念一旦成为全校师生的共同信念,就会体现在每个师生的价值取向、期望、态度、行为之中,体现在学校的各项活动之中。课程文化

---

[1] 林多贤.论品牌立校战略[J].赣南师范学院学报,2006(5):1—4.

是学校文化的重要组成部分,是课程改革背景下学校文化建设理性认识与实践探索的重大发展。课程文化不仅是学校文化的组成部分,同时也是学校文化的核心部分,是学校文化软实力的重要体现和表征①。课程改革实质上就是一种课程文化的重建。课程文化正是通过对社会文化的选择、提炼而形成的一种课程观念和课程形态。现代学校文化建设要求我们必须科学、正确地认识学校课程的性质和功能,加强以"科学素质与人文修养辩证统一、科学精神与人文精神相互融合"的课程文化建设,积极引导学生学会学习、学会合作、学会生存、学会发展,形成良好的情感、态度和价值观②。

三、长宁经验和实践探索

(一)构建多元化课程体系

1. 以"四个学段"课程改革为抓手,系统推进区域素质教育综合改革

长宁区教育局积极倡导"顺其天性,因材施教",以项目为抓手,分学段系统推进区域素质教育综合改革。在全区所有幼儿园开展"主题—运动"项目活动,小学开展"快乐拓展日",在初中开展"阅读领航计划",在高中开展"主题轴综合课程"课程建设,在教育改革的实践中培养学生的创新精神和实践能力。在分学段课程改革方面,教改项目充分关注了从幼儿园到高中不同年龄段学生的认知特点和规律:学前阶段聚焦启蒙,重点关注儿童的好奇心和求知欲的激发;小学阶段聚焦激发,重点关注学生良好学习习惯的养成和自我效能感的提升;初中阶段聚焦有效,重点关注学生自主学习、自我管理能

---

① 彭钢.在学校文化建设中形成学校特色[J].教育发展研究,2008(2):25—29.
② 臧动.现代学校文化建设:基本理念、目标与策略[J].课程.教材.教法,2005(5):14—18.

力的培养;高中阶段聚焦综合,重点关注学生综合素养的提高,鼓励学生学有所长,多元发展。

(1)"主题—运动"项目活动促进幼儿身心和谐。学前教育注重启蒙学习,关注儿童身心和谐、社会性发展,培养儿童的好奇心和求知欲。学前"主题—运动"项目活动选择了幼儿园活动四大板块之一的"运动"作为切入点,立足大运动观,即运动不仅可以提高身体运动能力,而且有利于身心的和谐发展。以幼儿运动经验为依据,从提高幼儿的精细动作、平衡与协调、速度与敏捷、力量等四大身体素质出发,强调以主题的形式开展幼儿的各项运动,呈现幼儿的运动经历,力图使运动体现科学性、场景性、趣味性和教育性,促进幼儿大脑与神经系统发育,提高视、动、听协调能力。在"主题—运动"项目活动的基础上,长宁区幼教学段提出"构建童趣课程,丰富幼儿成长经历"的教育综改项目,针对幼儿园教育教学偏重认知、课程整体的游戏化程度还不够等问题,探索构建多样化、多层次的童趣课程,鼓励教师将"以儿童为中心"的先进理念落实到教育教学实践中,从幼儿的视角来看孩子的世界。

(2)"快乐拓展日"课程活动引导小学生快乐学习。小学"快乐拓展日"课程活动选择每周三组织学生开展主题式、体验式、探究式的学习活动。目前"快乐拓展日"在全区所有小学推广,基本形成系统性、内涵式、常态化运作模式,产生了良好的社会效益。"快乐拓展日"课程活动当天,学校一至五年级不布置常规回家书面作业,其他四个学习日也不额外增加作业量。学生有充足的课外时间,可自主选择拓展性的活动。快乐拓展日以"长作业"为重要抓手。长作业是指多样化的实践性作业,以贴近学生熟悉的现实生活,沟通生活与书本知识的联系,使生活和教学融为一体的理念为指导,注重提高学生综合运用知识的能力,培养学生积极的情感态度。

（3）"阅读领航计划"助力中学生有效学习。初中"阅读领航"计划选择从"阅读"这一学习项目开始，具体包括"学科教材阅读""学科拓展阅读""社会实践阅读"三项行动内容。目前，全区所有初中均参与"阅读领航计划"推进，实施进展顺利。教师列出一张书单，学生课后自觉阅读的时代将一去不复返。如何开展专题探究式的阅读，将被动学习转化为学生直接的学习动机？始于2010年9月的长宁区"初中阅读领航计划"，已成为长宁教育人的共识和自觉，"计划"涵盖学科教材阅读、拓展阅读和社会实践阅读，强调以学定教、先学后教、多学少教，兼顾课内与课外。延安初中要求教师必须对学生的课外阅读行为做出干预性指导，学校语文组在课外阅读上初步建构出一门能使指导落到实处，并产生实效，同时又能与学校实情相适应的特色校本课程——语文阅读领航课程。

"阅读领航计划"目的在于促进学生养成阅读习惯、在阅读中形成健康丰富的精神世界，实现自我教育，追求自主发展。"阅读领航计划"主要包括三方面内容：学科教材阅读、学科拓展阅读和社会实践阅读。为保障社会实践阅读的深入实施，长宁区初中学校每月固定一次，每次半天时间为"阅读实践日"，在"阅读社会"中丰富人生。学校根据课程内容和德育工作需求和计划，每次"阅读实践日"都有一个大的主题，如环保、低碳生活、城市交通等等。在这个大主题下，学生组成若干小组，每个小组在指导教师和家长志愿者的指导下确定自己小的研究课题。课题来源于学生熟悉的学校生活和社会生活，这些课题研究既可以培养学生形成对社会问题的基本认识和理性判断，在认识社会问题中增强学生的分析判断能力，也可以在调研研究中提升他们的社会责任感和公民素养，还可以为学校教育、社会发展提供有用的信息。

（4）"主题轴综合课程"培养高中生思维能力和综合素质。一个主题轴由多学科或领域的知识糅合而成,具有相当的整合性,再由这几个主题轴组整合成一个课程体系。目前,长宁区区域内的高中学校以自己的学校文化为基础,确定一个"主题轴",围绕这个"主题轴",将原本较为零散的、孤立的校本课程整合起来,形成独具特色的课程群。主题轴"中的"主题"因校而异,每所高中可以根据学科优势或学生特点确定不同主题,如:复旦中学以"博雅文化"为主题,天山中学以"生涯规划"为主题等;而"轴"则是一种联系和纽带,将多学科或跨领域的知识加以糅合,使其具有相当的整合性,再由这几个主题轴"成组"构成一个相对完整的课程模块,课程内容由浅至深,呈螺旋式发展。这种基于学校自身发展特色构建起来的校本课程体系,促使高中学生获得学科知识迁移的机会。又如:市三女中的"女生教育"、天山中学的"三生教育"等主题鲜明的课程群逐渐在学校架构起来。学生在学习的过程中,获得了多学科知识迁移的机会,增加了多学科综合学习的经验,形成跨学科的知识理解和运用的思维方式,对培养学生"条理式思维能力、综合性思维能力、创造性思维能力、尊重的思维能力、道德的思维能力"具有积极的意义。

2. 以课程建设为载体,深入系统开展道德教育

(1)确立分学段的德育课程建设。长宁区教育局在详细分析各学段学生道德发展特点的基础上,确定了小学、初中、高中德育课程建设的重点:小学阶段是"习惯养成和体验",课程建设的重点是在训练、体验中培养良好的"生活习惯、学习习惯、交往礼仪、学校集体规范、社会公共规范";初中阶段是"道德感悟和践行",课程建设的重点经典浸润,涵养性情,在实践中培养学生的公德意识和责任意识;高中阶段是"道德思考和实践",课程建设要注重发展学生的道德思维能力,包括发展学生的道德推理能力、道德判断能力、道德决策能

力以及道德抉择能力,引导学生参加社会实践活动,培养学生在社会实践中面对具体的道德情景进行道德推理做出道德判断和道德选择。

(2) 构建社会实践活动课程体系。各学校在开展社会实践活动的过程中,加强以爱国主义为核心的民族精神和以改革创新为核心的时代精神的培养,在内容设计上注重调查研究,反映学生的发展需求;在形式上创新教育的途径和有效方式,坚持以体验教育为基本途径,并将实践活动与学科教学有机结合起来,构建校本社会实践课程。

虹桥中学将社会实践与拓展课程相整合,优化和完善了拓展型课程,学校在此基础上成立了跨学科的四大综合备课组,各综合备课组在勘探各基地社会资源的基础上,整合成可为学校利用的课程资源,各综合备课组和各年级组通过合作教研,确定整合方案,设计出符合不同年龄学生需求的《虹桥中学学生社会实践学习手册》。华政附中依托高校,整合三类课程,成立"法治实验室",开发"模拟法庭""模拟立法""模拟听证"等实践项目,通过宣传动员、思考讨论、剧本创作,采用组织庭审、专家解读、庭后反思等方式开展模拟实验活动,增强学生规则与法律意识,提升交流辩论、公正评判等综合能力。市三初中建设了"五彩社会实践课程",有塑造灵魂"红色之旅",有珍视生命"绿色之旅",有开拓国际视野的"蓝色之旅",有培育人文情怀的"橙色之旅",有女性自觉"紫色之旅";延安初中围绕着"数学特色,科技见长,人文相济,和谐发展"的课程特色,从课程的角度进行立意,在社会实践资源的开发上,考虑到学生的年龄层次和认知水平的因素,坚持立足于学科的原则,通过调动学科教研组的力量,从学科出发,寻找符合学生发展需求的社会实践资源,构建学校的学生社会实践活动系列,形成了社会实践活动系列方案;地处虹桥交通枢纽中的机场小学主动去选择、寻找周边航空资源，使适合学生个性成长的社会资源真正成为宝贵的教育资源，建设了蓝天课程的5个主题拓展模块，建立了4条学生社会实践的"飞"行航线，为学生提供丰富而难忘的学习生活体验。

（二）加强学校特色课程建设

长宁区全面贯彻落实"立德树人"的根本任务和要求，以课程为载体，积极推进道德教育建设。以区域德育课程为依据，鼓励各个学校自主开展校本德育课程建设。

1. 建设区域特色德育课程

2011年，长宁区教育局依据社会主义核心价值体系，结合"两纲"教育的目标和要求，结合区域素质教育综合改革试验项目，开展主题为"雅言传承文明，经典浸润人生"的中华经典诵读课程建设。根据学生的年龄特点及接受能力，确立了各学段的教育目标。同时，组织力量开展教材建设，编制了《中华经典诵读》读本，课程内容安排由浅入深、循序渐进。为保证课程的实施，教育局对各学校提出了明确要求，指导各校从实际出发，勇于实践，积极探索将经典诵读活动与基础性、拓展型、研究型三类课程有机结合的途径和方法。目前小学阶段基本将《中华经典诵读》落实在快乐拓展课程中，保证了每周一节课的课时。初中积极创造条件，将经典诵读融入"阅读领航"及文化、艺术、德育等各类课程中。

中华经典诵读办公室还通过组织听课、评课等现场教学观摩活动、研讨活动、举办专题辅导讲座，组织教师参加上海市经典诵读培训班的学习提升教师的经典诵读课堂教学能力，并通过竞赛、表演、品鉴、论坛、创作等开放、多元的活动形式，展示"中华经典诵读"活动阶段性成果，努力营造亲近经典、热爱中华优秀传统文化的社会氛围。

2. 开展校本德育课程建设

各中小学根据长宁区德育课程建设的总体要求和学校育人目标,对德育课程进行有效的开发和利用,努力做到课程建设与学生成长需要匹配,与学校特色一致,避免了"千校一面",使德育课程各具特色,丰富多彩。复旦小学构建了阶梯状、递进式的成长仪式教育序列;北三小学构建了节庆教育课程,引导学生了解祖国传统节庆的人文内涵和文化特色;北二小学充分利用北新泾地区广厚的民俗文化资源,形成了分年级、分项目的民俗文化教育课;威宁小学为了每一个学生的健康心灵,以《心灵加油站》校本课程培养孩子的交往技巧、人际沟通能力,营造和谐、快乐的成长环境;东展小学立足学校境外学生较多的校情,根据不同文化背景,开展"立人为本,成人为品"的人品教育,学校开设"人品教育"课程,丰富学生的童年生活,让他们更爱笑、爱玩、爱生活,实现内心的丰富与成长;天山初中构建了主题教育校本课程;开元中学开设了《国学教育》校本课程,华政附中建设了"法治实验室",延安中学、市三女中开设了"模拟联合国"课程等。

(三)促进学校品牌文化建设

1. 以三级课程为依托,推进课程文化建设

国家对课程管理体制作了很大的调整,从以往划一的国家课程管理体制改为国家、地方和学校三级课程管理体制。由于课程管理重心的下移,对学校的课程开发及教学研究的要求提高了,学校教师不仅仅是课程的执行者,而且还应有课程开发的能力。要求教师关注课程功能、优化学习范围、加强课程整合。单纯依靠教师个体的重复劳动或自生自灭的个人奋斗,或许由于个别教师的敬业精神和教学能力,或依靠引进一些特级教师,学校也许会出现一时的辉煌,但不可能实现可持续发展。

一方面,校本研修需要把教师个人的智慧、经验和思想转化为教

师集体的财富,并形成学校的特色和传统,从而实现由教师发展推动学校发展。从 2004 年开始,学校在校长的带领下,成立了由各学科特级教师或资深教师担任主编的各学科课程资源建设队伍,学校根据自己的具体实际情况对国家课程计划进行校本化的适应性改造。国家仍是课程计划的权力主体,这时课程目标已经明确规定,课程内容也基本确定,但学校教师仍然可以根据学校的特点和条件,就课程资源、单元进度、授课顺序、教学方式、考核方式等课程议题进行自主决策。在三级课程管理中,这一含义可以理解为校本的课程开发或国家课程的校本化实施。

2. 团结各方力量,推进学校文化建设

上海市长宁区深入学习贯彻中央和上海文化发展战略,把推进学校文化建设作为新时期促进教育内涵发展的重要抓手。近年来,区教育局把加强学校文化建设的顶层设计作为重中之重工作,研究制定了《长宁区学校文化建设行动计划》,着眼"提升长宁教育之风、长宁教师之德、长宁学校之美"的建设目标,整体规划了课堂文化、校园文化、教师文化三大类 10 个项目。

(1) 突出课堂文化,凸显文化育人的教育理念。一是"全学段课程教学改革"。重点是深化全学段课程与教学改革,形成新的课程文化。把课程与教学改革作为学校文化建设的重要组成部分,进一步加强校长课程领导力,促使校长切实承担起课程改革第一责任人的职责,确立以人为本的价值取向,激励教师自主学习与自我更新,注重师生、学生间的沟通与合作,形成和谐、民主的关系。二是"中华经典诵读"。重点是传承优秀民族经典文化。该项目以"雅言传承文明,经典浸润人生"为主题,制定了《实施方案》和《课程实施指导意见》,在全区 13 所中小学、幼儿园试点。通过融入基础型课程、开设拓展型课程、辐射探究型课程,覆盖整个课程体系,并开展竞赛、表演、品鉴、创作等活动。该活动有效发挥了学校校长、教师和学生的积极性，使中华传统文化在诵读中得以传播传承。接下来将向全区学校推开。三是"青少年科技创新能力培育"。重点是培养科学素养和创新能力。结合青少年创新能力培育项目和区域学生科学素养培养活动，提高青少年的科学精神和创新能力。科普实践活动以科技传播为立足点，注重科普实践活动的趣味性、科学性，搭建国际青少年科技交流平台。科技创新活动以培育青少年科技创新人才为目标，引导学生开展研究性学习，参与科技创新实践，并通过区域创新实验室共享工程、区域科技创新师资建设工程等基地资源和智力资源，完善青少年科技创新人才的培育机制和培训体制。

（2）聚焦学校文化，营造特色鲜明的校风教风。以"教室更加温馨、校园更加美丽、学校特色更加彰显"为愿景，引领广大师生认同主流价值取向，培养师生健康高雅的审美情趣。主要通过"校园 e 文化""一校一品"评选和展示、"文化志愿服务"和"学校文化资源开放"四个项目。加速创建"校园 e 文化"网络。市教卫党委建设的易班平台是全国最大的区域性学生网络互动社区，获得了中央和上海市委领导的批示和肯定，前阶段主要面向大学生，下阶段将在高中和职业学校展开探索。长宁区教育局主动对接，依托易班平台，创建长宁"校园 e 文化"网络，主要面向高中阶段学生和全体青年教师，师生一起共建内容，积极开展网络主题教育活动，把育人内涵融入主动的网络服务，营造文明向上的网络文化氛围。目前，复旦中学已登录易班平台并开始试运转，高一年级学生和青年教师全部成功注册。

此外，还通过"一校一品"活动，组织"校训""师生讲坛"等特色文化评选和展示，努力推出一批广大师生喜闻乐见的学校文化精品项目。为了搭建优质家长资源共享平台，近期建立了区家校协力委员会，使家校对未成年人的教育形成共识和合力，推进家校良性互动。

推动学校文化设施向社区开放,鼓励学生社团、学校艺术团队进社区,促进学校文化资源与区域文化资源互动融合,共建共享。

(3)强调教师文化,关注广大教师的幸福感和发展需求。一是持续深化"学习型党组织"建设。发挥党组织在学校文化建设中的政治核心作用和思想引领作用,形成统一的指导思想和共同的理想信念,以"三风引领"为抓手,塑造长宁教育之风。二是大力促进"文化引领师德建设"。弘扬表彰先进,目前正开展"教书育人楷模""市园丁奖""师德十佳"和"青年十佳"的评选,挖掘感人事迹,提炼先进典型,营造浓厚氛围。三是逐步完善"三个指数"评价。根据"学生身心健康指数""学习生活幸福指数"和"学业成就发展指数"的测评调研结果,为改进学校管理、教育教学、家校合作以及学校文化提供参考。科学运用评价指数,切实提高师生幸福感和成就感。

课程实施作为一个动态的序列化的实践过程，具有一定的运行结构，课程实施的协同化、有序性需要一定的保障。一个完整、成熟、高质量的课程实施过程，就如同小美料理机一样，通过内置程序＋按键操作就可以烹饪出美味佳肴。课程也一样，学校课程体系的建构和课程实施，应该标准化、程序化和稳固化，不会因为人员上的变动而导致瘫痪。有了稳定的制度和机制，尽量减少因人员流动给学校和课程带来的变动，这也是未来课程改革的基本要求。

第十四章　小　美　论

　　将课程变革的行动落到实处，就必须依赖课程实施。课程实施作为一个动态的序列化实践过程，具有一定的运行结构，课程实施的协同化、有序性需要一定的保障，如对整体课程制度体系的建构、管理，课程实施主体（教师、学生、校长等）的配合，以及有利于课程实施的环境等。这个过程既是一个创新的过程，也有着严格的标准化要求，就如智能机器人"小美"一样，仰赖其标准稳定、高效低成本和节能环保的特质，就可以为"客户"提供独特的味觉享受。那么，学校的课程能否也像智能化的"小美"一样，为学生提供个性化的课程选择呢？

一、课程实施要标准化和体系化

（一）完善课程实施的制度建设

课程制度建设是学校课程发展与课程实践的基本任务,现代课程本质上是一种制度化形式的课程,是在特定制度背景下的社会文化建构。在新课程改革大背景下,课程变革的价值理念要通过课程制度来保障实施,以制度化的形式来规范、稳定和形成课程秩序,学校课程制度运作是课程变革顺利进行的支撑和保障力量,因而,必须要加强和完善课程制度建设。自《基础教育课程改革纲要（试行）》[1],(教基〔2001〕17号)（以下简称《课程改革纲要》）颁布以来,我国逐渐确立起了"三级学校课程"管理体制,要求学校首先必须对国家课程、地方课程和校本课程进行整体设计、实施、评价和管理,建立课程规划制度；其次,建立课程实施制度,学校课程改革成功与否的一个关键环节就是学校课程实施,学校课程改革最终必须落实在实施上。学校课程实施是学校课程改革的"着陆点"。课程实施效果是决定课程改革是否有成效、目标是否达成的标准,学校课程实施是实现预期学校课程理想的必要手段；再次,加强课程管理制度的建设,我国的学校课程管理体制变革经历了中央集权制到中央集权与地方分权相结合再到国家、地方、学校"三级学校课程"管理体制的初步形成,建立了国家课程制度、地方课程制度、校本课程制度相结合的学校课程制度。新课改需要进一步推进学校校本课程的开发和建设,加强校本课程的管理,提高校本课程的教学质量,推进学校课程领导力建设；最后,加强学校课程评价体系建设和规范,学校课程行动的

---

[1] 教育部关于印发《基础教育课程改革纲要（试行）》的通知基础教育课程改革纲要（试行）（教基〔2001〕17号）[EB/OL]. 2001-06-08[2021-04-18]. http://www.moe.gov.cn/srcsite/A26/jcj_kcjcgh/200106/t20010608_167343.html.

最终落脚点就是进行合理的学校课程评价,要想保障学校课程改革顺利有效地开展,必须重视并建立起相应的学校课程评价制度①。

(二) 以课程为载体推进教师合作

新课程的实施最终要落实在课堂上,其成效如何的关键是教师。对教师来说,最为重要是对传统思维方式的变革,即改变以往教师"各自为政"的局面,由"单兵作战"走向"合作共赢"②。在新课程理念下,可以根据教师的学科、能力、特长、性别等情况,将教学任务进行合理分工,使其分别承担不同的角色和任务进行合作施教,共同完成教学任务。首先,教师合作教学中要实现互补,必须使教师形成互补型结构,知识结构互补、教育教学经验互补、教学风格互补、个性气质互补等;其次,全面实施集体备课、合作化教学,从集体决策到分工备课再到达成共识都要求资源共享、平等合作;最后,设置合理的教育教学评价机制,教学评价作为学校管理的一种手段,具有很强的导向功能和激励功能,改革现行的评价制度,对提供教师教学合作的政策保障有着十分重要的意义③。具体而言,可以通过同仁互助、校本教研、专题工作坊、协同教学等多样化的形式展开。

(三) 加强教研组建设

随着课程教材改革的推进,建立高水平的教学研究集体,形成教师通力合作的氛围变得至关重要,甚至成为教育教学改革成败的关键因素。在学校转型化变革的背景下,教研组的建设需要从多个方面进行变革:从性质与功能来说,教研组要从实际上的基层管理组

---

① 郭元祥.学校课程制度及其生成[J].教育研究,2007(2):77—82.
② 任红娟,赵正新.从个人主义走向合作:新课程对教师文化的诉求[J].当代教育科学,2004(16):13—16.
③ 李洪修.课程变革下教师合作的理论思考[J].天津市教科院学报,2007(2):50—52.

织真正转变成为教学研究组织;从文化与运行来说,教研组要从教师在校工作、生活的基层组织转变为研究变革、实施变革的教师实践共同体;从教研组中的"人"来说,组内教师要从"个体行动者"转变为"合作者"①。具体而言,首先新型教研组建设要根据教研组的文化特色、工作需求来制定新型教研组工作目标,明确新型教研组建设方向。其次,注重人员培养,创新教研组长培养方式,提升教研组长的领导力。再次,科学合理地设计教研活动方案,组织实施有效的教研活动。最后,建立健全新型教研组建设保障机制,激发教研组自主发展的内驱力。加强教研组的建设,是保证学科教学的质量、开展有效教育教学的保障,同时也是促进教师专业成长、影响课程教学变革的重要力量,能够有效促进新课程改革的持续深化。

二、"小美论"的理论基础

(一)深化课程体系结构改革的要求

1. 课程体系改革的目标

《课程改革纲要》提出,基础教育课程改革要以邓小平同志关于"教育要面向现代化,面向世界,面向未来"和江泽民同志"三个代表"的重要思想为指导,全面贯彻党的教育方针,全面推进素质教育。新课程的培养目标应体现时代要求。要使学生具有爱国主义、集体主义精神,热爱社会主义,继承和发扬中华民族的优秀传统和革命传统;具有社会主义民主法制意识,遵守国家法律和社会公德;逐步形成正确的世界观、人生观、价值观;具有社会责任感,努力为人民服务;具有初步的创新精神、实践能力、科学和人文素养以及环境意识;具有适应终身学习的基础知识、基本技能和方法;具有健壮的体魄和

---

① 伍红林.当代学校转型变革中的教研组建设[J].教育发展研究,2014(24):70—74.

良好的心理素质,养成健康的审美情趣和生活方式,成为有理想、有道德、有文化、有纪律的一代新人。改变课程管理过于集中的状况,实行国家、地方、学校三级课程管理,增强课程对地方、学校及学生的适应性,逐步形成课程自主更新的机制,是我国基础教育课程管理体制改革的基本要求。

2. 重点强调学校课程制度的建构

1999 年中共中央、国务院发布《关于深化教育改革全面推进素质教育的决定》①提出,要"建立新的基础教育课程体系,试行国家课程、地方课程、学校课程",从课程政策层面确定了学校课程制度的合法性;2001 年 6 月教育部颁行的《课程改革纲要》中关于"三级课程管理"的规定,使学校课程制度建设正式进入了实践层面;2017 年教育部颁布的《普通高中课程方案和课程标准(2017 年版)》②使这一意向得以在普通高中付诸行动。课程制度是学校共同遵守的、落实课程计划和课程方案、有效促进学校课程实施与课程开发、课程管理与课程评价的一系列规程和行为准则,是学校实现课程自主更新的机制。学校课程制度是对国家课程制度、地方课程制度的具体化,学校课程制度居于三级课程制度的最基层地位,直接面向学生、学校和社区,是对国家课程制度、地方课程制度的灵活生动的阐释和补充,大大增强了课程对地方、对学校、对学生的适应性,有助于逐步形成课程自主更新的机制,体现了我国基础教育课程改革的基本要求③。

---

① 中共中央、国务院发布《关于深化教育改革全面推进素质教育的决定》[EB/OL]. 1999-06-13[2021-04-18]. http://www.moe.gov.cn/jyb_sjzl/moe_177/tnull_2478.html.
② 普通高中课程方案(实验)[EB/OL]. 2018-01-16[2021-04-20]. http://www.moe.gov.cn/jyb_xwfb/gzdt_gzdt/s5987/201801/t20180116_324668.html.
③ 和学新,张丹丹.论学校课程制度[J].全球教育展望,2011,(02):22—27,41.

（二）新课程改革提倡教师合作

随着基础教育课程改革的不断深入，教师合作内容方面的一个突出的特色就是关注对新的课程标准和教材的学习、理解与实施。新课程使教师的教学方式、学生的学习方式、学校的管理方式和评价方式都发生了变革，教师的合作不仅变成可能和现实，而且更是一种工作必需。教师合作是实施新课程标准和新教材的需要。新课程标准对知识掌握要求虽然没有大纲那样具体、系统，但却体现了学生学习的基础性、普及性和发展性的要求，特别是发展性更是需要教师通过跨年级、跨学科的合作才能够达成的。新课程下，学科课程和教学会遇到的很多问题，都需要教师合作进行理性的交流与探索，从实际出发寻找能够解决自身问题的方法与策略。新教材更需要教师的合作，它注重的不是教参，也不是现成的课时教案，而是学生学习的实际情况。

教师合作是推动学校变革的重要力量。从学校变革的角度来说，教师是学校变革的重要因素，教师合作是学校变革不可缺少的条件。在有活力的学校里，合作是同提供不断改进和终身学习的机会和形式联系在一起的。它基于这样的假设：教学的改革是一项集体的事情而不是单凭个人的激情，在分析、评价和实验改革中和同事和睦相处是教师提高的条件。只有把改革作为教师集体事业的时候，学校才能提高自身的活力。实践证明，同事之间经常和睦、互助、交流合作，既可以取长补短，也有助于学校教师集体的形成。同时，教师合作有利于推动学校改革，生成新的组织文化。学校文化变革的现实推进力量在于校内教师集体的组织形式、学校的外部人力资源，而其中教师"合作互动"体制起着决定性作用。学校应该是合作的，学校中教师要有共享的教育价值观①。因而当教师相互交流、相互

---

① 李洪修.课程变革下教师合作的理论思考[J].天津市教科院学报，2007(2)：50—52.

支持的时候,当他们进行新的教育实践、处理问题、发展新的技能等的时候,学校改革才会实现。

(三) 新课程改革倡导教研组转型发展

在我国基础教育领域中,中小学教研组在基础教育发展和质量保障过程中扮演着重要的角色,尤其在新一轮基础教育课程改革不断深化的新形势下,中小学教研组在促进学生全面发展、提升教师专业水平、推动学校内涵建设等方面的重要作用日臻明显。适应新课程改革的要求,教研组要积极促进自身各方面的转变、统筹兼顾,才能发挥教研组管理与建设的整体优势与作用。具体而言:一是优化制度建设,规范教研组行为。要理顺教研组与学校的关系,健全教研制度,明确教研组的性质和职责。同时,要建立教研活动制度、考勤制度、教学及管理制度、青年教师及骨干教师培养制度、组内教师教研能力定量考核制度等。二是精心设计方案,建立教研活动载体。教研活动是教研组成员共同研究问题的过程。共同研究体现了教研组的特征,教研活动是教研组建设的重要途径,抓好教研活动就是教研组建设的最直接的反映①。三是定位教研组长角色,发挥其在教研组建设中的引领作用。在教研组这个专业共同体中,教研组长是核心,对教研组建设起着引领作用,他是教研组发展的规划者、教研组文化的培育者、课堂教学的示范者、教育科研的指导者、课程资源的开发者、教师培训的促进者②,因此,教研组长应该具有良好的学科领导力。四是遵循教研组建设的发展性原则。教研组建设要坚持发展性,引导和激励教研组走可持续发展之路;教研组建设应具有改

---

① 李国元,李禹蒙,赵艳杰.中小学校新型教研组建设探索与实践[J].中小学教师培训,2012(12):9—12.
② 陈秋兰.教研组长引领下的优秀教研组建设策略[J].课程教学研究,2014(1):87—90.

革性,教研组建设的内容、方式、方法和目标要顺应新课程改革的要求;教研组建设应具有行动性,教研组建设要树立行动研究的意识,不断完善建设方案与标准,促进教研组健康发展;教研组建设应具有导向性,要符合新课改理念,要有长远发展的追求,要有利于教研组自身的发展,还要符合学校整体发展要求①。

三、长宁经验和实践探索

(一) 强化学校的课程改革意识

课堂是落实教育立德树人根本任务的主阵地。教育的聚焦点在课堂,教育改革的核心是课程改革,课程改革的核心是课堂改革;教育改革只有进入到课堂层面,从"课改"到"改课",才真正进入了深水区。课堂质量关系到生命质量,生命质量关系到公民素质,公民素质关系到民族未来;聚焦课堂,提升课堂品质,是整个基础教育也是长宁活力教育恒久重要的命题。

1. 课程改革的基本原则

长宁区要求学校课程改革要重点关注和解决以下问题。

一是课程的方向性。党的教育方针政策已很明确,包括推进素质教育、培养学生创新精神和实践能力等,长宁始终坚持正确的课程改革的方向。特别是现在的国际教育很热,市里也出台了很多要求,长宁区有"三个城区"建设要求等,长宁要明确自己的方向。二是课程的丰富性。学生的全面发展需要丰富的课程。如适存小学的体育课程、绿苑小学的五大教育文化功能展示和体验区、华政附中的非智因素发展等。长宁要在已有课程的丰富性基础上,考虑课程的核心价值,课程主要解决什么问题都要想清楚。就如李希贵的模拟联合

---

① 刘明华,王必闩.教研组建设现状及功能思考[J].上海教育科研,2008(4):47—48.

国是为了让学生学会妥协;泼水节课程是为了让老师学生知道平等很重要。再比如山东潍坊一所学校的离校课程,核心价值观是感恩,让学生学会感恩。长宁区学校在做丰富的课程时,要把课程背后的理念、核心价值梳理清晰,寻找适合自己学校的课程,根据学生的喜好来设置,要让学生有体验,通过体验让他们成长。三是课程的选择性。选择很重要,要让选择成为学校的主题词。有了选择,学生的责任感责任心才会加强。自己选择的责任心会增加,要把选择和责任联系起来,所以学校要有更多的选择。2013年已经启动并于2014年全面推开的作业分层工作,就是旨在让初中学生在作业过程中有选择性。缺乏选择性会使学生压力很大,要让学生根据自己实际情况来选择。李希贵有篇文章提到了寄宿制学生的熄灯时间问题,他请学生自己去作调研并提出打算怎么解决这个问题。最后,学生们通过分析整理,想出不同楼层不同时间熄灯的方案,学生可以通过选择来确定自己住在哪一层。学生在做调研和形成方案过程中,既培养了能力,又解决了矛盾。四是课程的参与性。学生参与过,其主人翁精神会不一样。学校课程建设要充分听取老师学生的意见。包括教材的编写,就如李希贵学校老师组织学生参与编写教材,高年级再教低年级的学生使用这些教材。他们学校成立学生大使团的做法也很好。学校每年要接待很多国内外人员参观访问,学校组织一批学生负责接待介绍。可能从表面看学生浪费了几节课,但是对学生成长作用是很大的。如接待外国朋友时,学生用英语介绍学校,就能锻炼学生英语表达能力,另外一方面学生要了解学校的发展,也培养了学生对学校的关心和热爱。通过这样一些不经意的举措,都会对学生的培养起到很好的作用。所以说参与对学生发展来说非常重要。

2. 围绕"教学年"主题,推进课程教学改革

其一,组织开展第十一届教学工作研讨活动。围绕"研究学生、

深化课改、促进发展"的主题,全面开展系列学习研讨、实践研究和各级各类展示评优活动,整理提炼并推广具有区域特色且可持续发展的教学成果。其二,推进学前教育发展。继续实施《长宁区学前三年行动计划(2011—2013年)》,进一步发挥市示范园辐射作用,拓展学前教育优质资源。加强幼儿园日常教育教学的管理与指导,完成仙一、基金会、虹城、兆丰、虹二5所一级园的复验工作。不断提升幼儿园保教质量,加强对保育员、营养员的管理和培训。继续按照《长宁区托幼一体化推进方案》,稳步推进托幼一体化,持续提升办园质量与水平。其三,分学段系统推进课程教学改革。围绕2012年长宁教育"教学年"主题,学前阶段:继续开展幼儿园"主题—运动"项目活动,以试点园带动园际合作研究小组,并在全区范围内开展项目活动,形成阶段性成果;小学阶段:以"快乐拓展日"课程活动实施为抓手,研究学生身心发展规律和学校办学特色,编制具有学校个性与特色的课程计划,做好"快乐拓展日"阶段性工作总结,探索系统性、内涵式、常态化的运作模式,通过学校"合作共同体"的建设整体推进区域学校课程改革;初中阶段:继续推进"阅读领航计划"试点工作,严格遵循推进制度,重点关注"三类阅读"试点成果呈现方式的概括提炼,通过学科自学能力检测及学业成就发展指数调研等手段,研究试点工作对学生自主学习的价值;高中阶段:继续完善学校"主题轴"课程建设,所有高中学校在2012年完成研讨课开设及"主题轴"课程载体建设工作,进一步设计区域高中"主题轴"课程建设模型图,继续参与部市合作项目"高中生创新素养培育"的研讨和活动。

(二)建立体系化的学校课程制度

1. 以课程理念整合学校课程建设

课程理念是整合课程开发的根本价值取向,决定了课程的体系和形态。长宁区确定了"以学生发展为本,坚持全体学生的全面发

展,关注学生个性的健康发展和可持续发展"的课程理念。以此为前提,确定课程目标—课程内容—课程组织—课程评价的课程开发模式。比如,长宁区确定的中小学课程目标包括:初步形成正确的人生观、价值观和世界观,具有民族精神和国际视野、民主与法治意识以及社会责任感;智育——具有适应终身学习的基础知识、基本技能和学习策略,具有初步的创新精神、实践能力和持续发展能力,具有基本的人文素养和科学素养;体育——具有健康的个性和良好的身心素质;美育——养成健康的审美情趣和生活方式。同时,也确定了课程的基本结构,包括基础型课程、拓展型课程、研究型课程三类课程;学习领域→科目(学科、活动、专题教育)→模块或主题三个层次;基础性、整体性、多样性三个特点;等等。

2. 加强课程实施的过程管理

首先,加强课程管理。实施国家、地方、学校三级课程管理,形成以校为本、立足发展的教学研究制度;推进高中课程的学分管理;建立学校选科指导制度。同时,促进课程整合,处理好模块或主题之间的联系,学科之间的联系,学习领域之间的联系,以及三类课程之间的联系,加强学校课程与社会实践的联系;实现课程与信息技术的整合:熟悉信息化的学习环境、提升课程的设计水平、丰富课程的实施方法、提高课程的管理质量。其次,优化学程,一是对现有教材进行有选择、有重点的校本化再改造的探究。形成与部分课程,部分年级教学相匹配的《学程手册》,进一步研究中学生掌握各门学科基本结构与核心知识的规律;在教学中提倡优化中学生学程的教学策略:例如在常规课堂渗透研究性学习;布置开放性作业;分层布置作业;运用多元智力的学习策略,鼓励学生发展个性特长;运用多元学习媒介的教学策略等。二是从课程设置方面优化学程。比如,增设"主题·探究·表现"模式,以学习经验为本位,研究初中探究型,高中研究型课程的实践和开发,进一步探索"跨学科研究型自主学习"的教学理论和实践。增设一定数量的学生中心课程和社会中心课程,重点研究拓展型课程在技术、艺术、体育与健身、社会实践四大领域的实践和开发。以满足学生个体发展的兴趣与需要,关注学生创造能力的培养,探究和解决现实世界中的问题,关注学生的个人成长空间和个性潜能开发,培养学生的团队精神和合作能力。三是从评价方面优化学程。比如,建立番禺中学学生档案袋评价系统,有目的的收集学生作品和记录一段时间内学生的进步;体现合作的过程,收集、检查和使用信息的过程,反思和促进教学的过程。重视学生的学习态度、学习兴趣、学习习惯、实践能力和创造能力的形成和发展,对学生实行多元化的评价策略。在对学生进行评估时,充分考虑他们的努力与进步程度,实行重视发展进步的评价策略,致力于使每一个学生的综合学力"增值",而不是通过层层筛选,挑出所谓的"有价值"的学生。让学生参与评价过程,主动建立个人发展档案,通过自我评价获得发展的动力。

3. 重点凸显课程评价

(1) 以"三个指数"调研测评为抓手,完善区域教育质量评价体系。长宁区坚持倡导科学的教育质量观、科学的评价观和科学的教学观,以"三个指数"(学生身心健康指数、学习生活幸福指数、学业成就发展指数)为重点,推进区域教育评价改革,探索建立区域教育质量评价体系。2011年"三个指数"测评调研在小学开展,2012年以来在义务教育阶段全面推进。测评调研结果以"一校一报告"的形式向学校反馈,学校根据报告制定有针对性的改进措施。2014年"三个指数"将与学校五年规划的制定实施结合,测评结果纳入对学校的督导评估。区教育局和区政府教育督导室每年以视频会议形式,向全区教师解读"三个指数"调研测评情况,力求通过科学的分析,引导校

长、教师以及家长在关心学生学业成绩的同时也考虑学习的成本、学习的品质;在关心学生学业成绩的同时,还关注学生的身体和心理健康,不断提升学生在校生活的幸福感,从而有针对性地促进学校教育管理和教学行为改善。市教委、市教研室等领导、专家通过专题调研,认为长宁区推进"三个指数"工作是区域教育机制建设的重大突破,是区域教育内涵发展实践的鲜明亮点,成为上海市中小学教育质量"绿色指标"的区域特色实践。

(2)以"三个中心"专业指导为支撑,促进区域教育教学质量整体提升。长宁区教育局整合区教育学院教研员、区政府教育督导室督学以及区域骨干教师、退休特级校长、特级教师等专业力量,成立了区域学科发展中心、作业效能监测中心、教育教学质量监测评估中心"三个中心"。一是区语文、数学、英语学科发展中心着力"研究学生",纵向打通了小学、初中、高中学段的学科衔接,横向带动了教研、科研和师训有载体的一体化合作;"三个中心"积极参与推进义务教育阶段新优质学校建设、初中小班化学校转型发展、全职外教小学全覆盖和初中试点工作、高中"哈佛辩论课程"项目、"网络课堂"建设和应用等,发挥了积极作用,促进了优质资源惠及区域学生。二是区作业效能监测中心加强对基层学校作业效能监测工作的调研,编制学科单元作业指导建议,为进一步推进区作业效能监测工作提供实证研究。着力从作业的整体性、针对性、差异性、诊断性等4个方面来控制作业总量,杜绝机械性、惩罚性、随意性的作业布置,提高作业品质和效能,体现"减负""增效"。三是教育教学质量监测中心结合"三个指数"调研测评工作的推进完善,进行教学质量调研,组织教研员、教师开展命题能力学习培训工作,及时向校长反馈质量监测分析情况,加强对学校教育教学和管理工作的评价与指导,促进学校内涵提升。长宁教育在管理方式注重思想和专业引领并加强机制建设,使区域教育改革和发展更有保障和支撑。区教育行政部门加强统筹领导,激励学校依法自主办学和特色发展,充分发挥区教育学院专业支撑作用和区政府教育督导室督导评估作用,合力推进区域教育转型发展。

(3) 建立"三支队伍"——为区域教育转型发展护航。近年来,长宁区在原有专职督学队伍的基础上,建立了社区教育督导员队伍和专家型督导员队伍共"三支队伍",为区域教育转型发展护航。2009年长宁区组建了近30名的社区督导员队伍,形成了以依法规范办学行为为督察重点的社区教育督导人员独立完成的常态督察活动机制,着力回应社会对教育改革与发展的关注,努力探索公共治理模式,推进了督导制度的实践创新。三年来,社区教育督导员针对区教育工作重点和学校倾向性问题,定期开展专项督察,基本做到了月月有安排、月月有报告、月月有反馈。据开展的调研工作反馈,社区常态化教育督察工作在区域内学校层面已形成了共识,社区常态化教育督导工作的开展确实在一定程度上优化了学校依法办学,规范了教师的教育教学行为。2009年,长宁区聘任了一支近30名专家型督导员队伍,形成了以促进内涵发展为督察重点的专家型教育督导员独立完成的常态督察活动机制。专家型督导人员不定期深入学校,深入课堂,并以课堂教学、校本研修督察为主,为教师提供全面的教学服务,有效促进了教师专业发展,成就学生的全面发展。

(三) 赋权学校校本课程建设

1. 开发课程文化资源

课程文化是"指按照一定社会发展对下一代获得社会生存能力的要求,对人类文化的选择、整理和提炼而形成的一种课程观念和课程活动形态"。课程文化资源开发的内容包括学校课程文化的基本内容,即蕴含于文本课程、综合活动课程、选修课程、实验等课程中的仁爱与情感、人与自我、人与人、人与自然的和谐、信念与价值等为标

志的现代课程内容文化的挖掘和优化;不同类型的学科课程文化的特点分析,如语文学科阅读教学强调的理解与交流、批判性思考、审美体验,数学学科强调的理性思考、审美体验、实践创造等;学校课程文化建设的多样表现形式,即学科渗透、专题性研究、学校文化建设新课型以及开放式教学等。

2. 推进校本课程开发

校本课程开发的兴起与它事实上要承担的任务是分不开的。从我国三级课程管理的立场看,校本课程开发应该承担的基本任务主要体现在三个方面,即满足学生的实际发展需要、培养和提高校长和教师的课程意识以及形成和体现学校的办学特色。校本课程开发也形成了三种模式:一是需求主导模式,以学生实际发展需求为开发校本课程的主要依据。二是条件主导模式,以学校的资源条件为开发校本课程的主要依据。三是目标主导模式,以学校办学目标为开发校本课程的主要依据。

(1)满足学生的实际发展需要——虽然国家课程和地方课程也要满足学生的发展需要,不过,由于国家课程和地方课程更多地考虑到的是学生的统一的、共同的基本素质要求,所以它必然地不可能以某一所学校的具体发展需要为对象来设计课程,而学校是真正发生教育的地方,所以校本课程开发更有条件满足学生实际的发展需要。

(2)培养和提高校长和教师的课程意识——作为教师专业发展的重要途径,校本课程开发的任务之一是培养和提高学校校长和教师的课程意识。学校校长和教师对校本课程开发中遇到的一系列问题,要进行认真分析和有效解决,将有助于校长和教师加深对课程的理解,拉近他们和学生的距离,丰富他们对学生发展的看法,这也有助于增进他们对国家和地方课程的理解,从而更加富有创造性地实施国家和地方课程。

（3）形成和体现学校的办学特色——形成和体现学校的办学特色,这是决定学校办学长久生命力的关键所在。校本课程开发要致力于形成和体现学校的办学特色,主要是由每所学校学生的实际发展基础和需要以及课程资源、学校和校长的办学思想等存在差异而决定的。一方面,校本课程的开发要为形成和体现学校的办学特色做出贡献;另一方面,要把办学特色渗透到国家课程和地方课程的有效实施过程之中。

3. 学校课程开发的活动方式

（1）课程选择——课程选择是校本课程开发中最普遍的活动,是指从一些可能的课程项目中决定学校付诸实施的课程计划的过程。

（2）课程改编——课程改编主要是指教师对正式课程的目标和内容加以修改以适应他们具体的课堂情境和发展需要。进行课程改编需要充分考虑多方面的因素,但这些因素大致可以归纳为:目的、内容选择、内容组织、学习资源。

（3）课程整合——课程整合是指超越不同知识体系而以关注共同要素的方式来安排学习的课程开发活动。课程整合的目的是减少知识体系的分割和学科间的隔离,把受教育者所需要的不同知识体系一连接起来。如物理和数学关联就是意味着物理和数学专题的编排顺序应该把那些解决物理问题所需运用的数学知识安排在前面。

（4）课程补充——课程补充是指以提高国家课程的教学成效而进行的课程材料开发活动,它可以是补救性练习等,在学校这一级,教师既可以在市面上挑选补充材料,或者与同事一起合作开发,也可以独自进行开发。

(四) 以课程为载体的教师合作

1. 项目引领,促进中青年教师共同发展

项目负责制一直是长宁区教师教育的特色,由区各学科的带头人以工作项目为载体,引领区域内中青年骨干教师或基层学校教研组,围绕区域改革重点,整体推进课程与教学改革的实践。项目负责制的做法是区学科带头人管理研发中心编制《学科带头人项目制项目指南》。《项目指南》中的项目分重点项目和一般项目,重点项目围绕区域课程与教学改革重点,以提高教师专业水平为重心进行设计,一般项目则由项目领衔者自主选择,围绕教育教学中的重点、难点开展项目设计与实施。优秀学科带头人在项目负责制工作中担任项目领衔者,一般学科带头人则成为合作者,他们获得了更多的发展空间,共同研究区域教育教学改革的重点、难点、热点等问题,有利于在研究中进一步提升自身的专业水平。而对于项目负责制学员(即区"教学能手")来说,项目负责制采用群体带教的方式,促使学员在项目领衔者及合作者的引领下,在项目活动中互帮互学,实现合作共赢。长宁区的项目负责制工作已进入第四轮,在这新一轮的项目负责制中,54名优秀学科带头人和147名区学科带头人作为项目导师,624名区"教学能手"作为项目学员,根据《项目指南》,设立了75个项目,致力于区域骨干教师的培养,发挥骨干教师在区域教研发展中的引领作用。

2. 模块培训,创设有效的学习共同体

根据市教委关于"优青学员"的标准,长宁在区域教师中公开择优选拔,并为他们一对一配备资深专家作为导师。采用"模块化培训"(师德与人文素养、教育教学科研能力、课程领导力与执行力)的方式实施培养。着重采用"成长共同体"的组织和管理模式,即所有的学员按照"兼容差别,优化组合"的原则,采用"组内异质,组间同质"的小组编排方式,组建 4 个合作学习小组,每小组 2~4 人。采用导师引领、专题论坛、教学展示、课题研究、学习考察等多种方式对全体学员实施有效的培养。

（五）加强教研组建设

长宁区根据不同阶段教师专业发展的需求,搭设相应的服务平台,促进教师自主发展的实践。

1. 开展区域教研

区域教研活动是由区教育学院根据学科发展动态设计并实施的,注重整合优化,突出体现个人研究水平和学术修养,将教研、科研、德研有机结合,以满足教师专业发展的需要。区域教研实行教师申报—区学术委员会审核—教师实施培训—学分审核等系统化的管理流程。教研要实现教、德、科三方整合。每年分别开展三年一轮的教学工作研讨活动、德育工作研讨活动和科研工作活动,发掘、总结、推广本区优秀教师的先进教育教学经验。评选教学、德育、科研先进工作者,"长教杯"优秀课堂教学奖、先进教研组、优秀校本课程等,激励教师不断提升专业素养。

2. 聚焦"学科发展中心、学科基地（学员/导师）"建设

学科发展中心、学科基地是学科建设和发展的工作推进机制,是衡量区域学科建设和发展水平的功能性组织。2009 年,长宁区建立了区语文、数学、英语等学科发展中心,指导与引领区域中小学、幼儿园的教学研究、教师培训、学业评价、学科特色创建等。学前阶段逐步形成以"主题—运动"项目活动为特色的快乐启蒙教育,小学以"快乐拓展日"为抓手深化基础型课程、教与学方式、评价机制的改革,初中以"阅读领航计划"为抓手,促进学生掌握学习方法、养成良好的学习习惯和自我管理能力,高中以完善"主题轴"综合课程建设为抓手,实现高中多样化发展。

3. 从"课改"到"改课"

(1) 改善教学方式,全力推进阅读领航计划。从学生的角度来看,阅读水平是学习能力和思维方式的体现。阅读水平的高低很大程度上决定了学生学习能力的强弱和思维方式的差异。这也是长宁教育在初中阶段推行"阅读领航计划"的初衷。"学科教材阅读"以教学模式的改变为核心,解决"先学后教,以学定教"问题,让学生成为课堂的主人。"学科拓展阅读"旨在扩大学生阅读量,拓宽学生阅读视野。"社会实践阅读"让学生在社会问题中增强分析、判断能力,提高社会责任感和公民素养,形成学生对社会问题的基本认识和理性判断。项目推行至今,已取得良好效果,课堂在改观,学生的学习方式在变化,教师的教育行为也在优化。2014年"阅读领航计划"项目推行将借鉴部分加拿大经验。如动员家长参与阅读、为学生提供更加明确具体的小步骤阅读提升策略、改建更多的学校图书馆、为学生创造更好的阅读环境等等。

(2) 树立科学的教育教学质量观。其一,为学生减负,推动全面发展。为什么学生的学习负担重?一些领导认为是素质教育和应试教育导致学生负担较重。产生这一看法存在先入为主的偏见。这也是目前教育行政部门在推动教育改革过程中遇到的问题。长宁区推进的教育教学改革始终立足于德智体美全面发展,为社会服务。其二,探索实施科学的教学观。要求遵循学生身心发展的规律、教育教学的规律以及教育与社会经济发展相适应的规律。继续推行"主题—运动"项目、"快乐拓展日"活动、"阅读领航计划"、高中多样化特色发展4个学段的重点项目,再学习、再思考、再进步,切实优化课堂教学教与学方式,将教育教学的改革探索落到实处。其三,情感态度价值观培育。分数并不重要,但是分数也不可回避,这是体制问题。长宁区各学校的学生每天都花时间准备各种各样的考试,但是这个时间只占他们每天学习的很小一部分。一天中的大部分时间,学生用来学习生活中更加重要的事情。长宁并不为取得好的数学成绩花大量的时间,但是长宁花大量的时间去学习"数学"。长宁并没有花大量的时间来准备阅读考试,但是长宁花大量的时间去"阅读"。正因为这样,长宁区的孩子们在数学、阅读等各个方面表现很好,同时,他们的考试成绩也非常好。长宁并不关心孩子们本学期的期末考试成绩,但是长宁在乎孩子们学到的东西对他们今后的人生有没有帮助。教会学生更多的生活技能是作为一名长宁教师最重要的工作。

生源对一个学校而言至关重要,但生源不是唯一,它不是决定学校教育的唯一根本指标。

不同形态的生源,恰恰证明了教育的丰富内涵和教育发展的无限可能。学校关注和评价的重点,应该是学生在学校中收获了什么,感悟了什么,体验了什么,生成了什么。这就要求学校要基于学生主动健康发展的教育理念将教育评价必须与学生的学习基础和起点相结合,建构指向学生成长的教育评价理念。学校教育评价不能够只看考试成绩,简单以考试作为评价学生的唯一标准,学生的学习基础、学习方式和学习能力都是有差异的,在对学生进行评价时,需要结合学生的学习基础,注重对学生学习过程的评价,禁止对学生采取"一刀切"式的不利于学生发展的评价方式。

第十五章 生 源 论

教育评价是教育改革的重要指挥棒,对落实立德树人根本任务,确立科学的育人目标,确定正确的发展方向具有重要意义。学校教育评价不能够只看考试成绩,简单以考试作为评价学生的唯一标准,学生的学习基础、学习方式和学习能力都是有差异的,在对学生进行评价时,需要结合学生的学习基础,注重对学生学习过程的评价,禁止对学生"一刀切"式的不利于学生发展的评价方式。

一、优质与均衡的导向

现代教育发展究其根本在于追求实现公平,而这之中实现教育的优质、均衡发展是关键。因此,任何一位校长都有必要在实践中,探索教育资源整合的路径,实现优势互补,并在此基础上引领全校师生,实现学生、教师和学校的同步发展。为此,笔者在学校教育的优质、均衡发展上作了一些点滴的思考和实践。

(一)依法治教的需要

为了推进义务教育均衡发展,教育部于2005年5月25日颁发《关于进一步推进义务教育均衡发展的若干意见》(教基〔2005〕9号),要求人们从实践"三个代表"重要思想和落实科学发展观的高度,在建构社会主义和谐社会的背景下,统一思想认识,把推进义务教育均衡发展摆上重要位置。同时,强调有条件的地区,必须重视推进学前教育和高中阶段教育的均衡发展。如果说上述文件意味着教育均衡发展有了直接的政策支持,那么2006年修订的《义务教育法》则为教育均衡发展提供了法律上的准则。在这部《义务教育法》中,直接涉及教育均衡发展的条款就有第六、八、二十二、三十二、四十五、五十二等条。这些条款明确了国家及地方政府在促进教育均衡发展方面的责任,包括教育经费的保障、政策落实的监督、薄弱学校的资助、师资力量的调配等,其根本的目的是,通过政策的调控和制度的重组,在地区之间、学校之间、学生之间,实现教育资源的合理配置。由此开始直至今天,它一直是教育改革的重要价值取向。这意味着,教育均衡发展不仅是教育系统内部要素和资源的均衡配置,是教育民主化的必然要求,而且是促进整个社会公正的重要途径,是保障个人自由的重要举措。或者说,"均衡"是经济与社会区域共同发展的客观要求,体现的是一种公平与公正的理念。它是世界教育发展的潮流,是教育现代化的核心理念,也是适应当代中国教育实际的政策取向和实践理想。

（二）走向优质的保障

何谓"均衡"？为什么提出"优质均衡"？这是我们必须回答的前提性问题。纵观已有的相关研究来看，一般认为"均衡"就是各种力量在相互作用或"博弈"中形成相对"均势"或"平衡"的状态。而关于教育均衡发展，主要有三种观点：一是指教育资源（如教育经费、师资等）配置的均衡。二是教育系统内部要素（如不同类别或层次的学校之间的资源占有）的均衡。三是教育机会的均等（如入学机会）。

在前两种观点看来，教育均衡发展的责任主体是政府，尽管学校自身也可以发挥相当的作用，但它在资源配置过程中基本上是受动的；而就最后一个观点看来，教育均衡发展的承担者虽然也涉及政府，但是其重点已转向了学校内部，转向了教师，转向了教育展开的全程，因而这种"均衡"是一种更为实质的面向学生发展的均衡。只有实现了学校内部的均衡，即学生在享用学校教育资源方面达到了均衡，学校本身的公平性和公正性才能得到体现，才能对其他学校及其教师和学生的发展产生积极的示范和指导作用。我们所强调的"优质均衡"，其主旨就在于从外部的教育资源配置均衡走向内部的资源占有或享用的均衡。外部的资源支持固然不可或缺，但是内部的制度安排更具有根本性和能动性，否则外部所给予的优质资源都可能因为学校内部的安排失当而造成流失、浪费甚至荒废。

在实际的操作中，有些教育管理者认为均衡化就是平均化，把三好学生名额平均分给各级各类学校，把"推优生"名额平均分给层次不一的学校，把各种奖励平均分给办学质量有差异的学校。有些学校领导和教师也认为均衡化就是平均化，在工作中"等""靠""要"，等上级的平均化政策，靠上级的平均化护持，要上级的平均化奖励。这是被动的教育均衡发展。凡此种种不利于真正的均衡化教育，不利于教育的发展。这些都是有待我们摈弃的。我们所需要的是一种主动的教育均衡发展,即根据科学发展观的要求,通过学校的内涵发展,主动发展,去实现教育发展的均衡化。

（三）我们的理念和实践

在思考和实践教育的优质、均衡发展过程中,我们进行了一些改革的探索和尝试,积累一些零散的经验,形成了一些初步的认识。略作陈述,以供大家交流。

第一,实施教育优质均衡发展,就是要逐步缩小区域之间、校际之间和学生之间教育机会的不平衡。在学校层面,就是要以学生为出发点和落脚点,大力提倡学生的个性化、特色化发展,在更大范围、更高程度上满足更多学生的合理教育需求。这与科学发展观中"以人为本"的内涵是根本一致的。学校坚持从公正、公平的原则出发,围绕学生的发展特点和现实需求,妥善协调学校各方面的利益关系,促使教师树立牢固的教育事业观,增强他们的服务意识和奉献精神。为了使学生享受"优质均衡"的教育,学校尝试取消了重点班,合理配置师资及其他教学资源,从而确保每个班级的学生在起点上都有同等的受教育机会和学习环境,同时也使教师的工作有了共同的、自然的"基点"。

第二,教育优质均衡发展,不仅强调每个学生都获得进步,而且要求每个学生走上"全面发展"的道路,使学生真正成为社会主义事业的可靠的接班人和合格的建设者。而要推进学生的这种发展,没有教师的发展是不可想象的,因此教师必须注意"修炼内功",拓展知识,陶冶情操,锤炼意志,与学生共同成长。有了这两个方面的发展,学校的发展自然"天成"。这与科学发展观中"全面发展"的思想自相吻合。在与一些实验性、示范性中学的比较中,学校明确了自身在促进学生"全面发展"方面的不足,这种不足主要体现在学生自我管理和自主学习的能力上。为了弥补这种不足,使学校学生获得更好的发展,学校要求各年级组、各教研组认真研究学生实际,把培养学生的自我管理、自主学习的能力作为重要的目标和任务,列入教育教学工作的"议程"。目前,这些工作仍在不断的完善和落实的过程之中,其效果也开始显现。

第三,教育优质均衡发展,要求学校立足自身的办学传统和客观实际,依据社会改革和发展的要求,借鉴兄弟学校的成功经验,加强自身的特色建设。"特色"是学校生存和发展的"本钱",是学校在数代人不懈实践中积淀下来的"文化"。没有"特色"的学校,也就是没有"文化"的学校,也就难以与其他学校进行平等的对话,与它们共同的发展。只有充分展现自身特色的学校,才能为区域内学校或学生之间的均衡发展做出积极的贡献。这与科学发展观中"协调发展"的意蕴是完全契合的。教师是学校的财富,是学校文化的缔造者和传递者,是教育思想的传薪者。学校要寻求适合学校的定位,要建构属于自身的特色,就必须回到自己的历史中,必须依靠教师。

第四,教育优质均衡发展,要求学校建立能不断自我完善、自我发展的学校文化。老教师是学校的文化积淀,青年教师是学校的新鲜血液。要保持学校的持续发展,就必须做好学校的教师梯队建设,保持老中青教师之间的传承、平衡和衔接关系。这与科学发展观中"可持续发展"的观点是同出一脉的。作为学校的"掌门",校长的首要任务是深入学校实际,了解教师状况,领悟学校文化,承继前辈的工作,保证学校稳定而持续的发展。

二、关注学生成长,学生经验的获得

杜威(Dewey, J.)认为:第一,重视学生的经验,能够带给学生"真正利益之价值",而不是仅仅为了装潢门面,也就是说,经验能够真正帮助人学会应对各种实际问题;第二,重视学生的经验,能够帮助学生与社会生活之间建立联系,经验总是来源于生活的,缺少经验的教育往往容易与社会产生隔膜,也难以得到社会的关注和帮助;第三,重视学生的经验,能够使学生学习更有兴趣,只背诵条文原则,只学习书本知识,学生就会觉得学习苦不堪言,不愿意继续学习。所以,学校教育要以学生健康、主动发展为目标,同时必须重视学生的经验,结合学生的经验,这样才能培养出全面成长的人才。

(一)聚焦教育转型性变革

教育转型发展的方向在哪里?在上海经济社会"创新驱动、转型发展"战略的引领下,上海基础教育事业改革创新、转型发展的要求十分迫切。2011年3月召开的上海市基础教育工作会议上明确指出,上海基础教育转型发展的目标,一是在教育价值取向上,要从过度追求现实功利,转向追求教育对人的发展的价值。二是在教育质量评价上,要从过度注重学科知识成绩,转向全面发展的评价。三是在学生培养模式上,要从高度统一的标准化模式,转向注重需求导向的培养。四是在教师专业发展上,要从强调掌握学科知识和教学技能,转向注重专业素养和教育境界。五是在教育管理方式上,要从单纯依靠行政命令,转向更加强调思想和专业引领。这5个方面的要求是对当前上海基础教育发展方向的高度概括,从根本上说,这5个转型也就是把促进学生健康快乐成长作为一切工作的出发点和落脚点。教育转型不是颠覆,而是在现有的基础上改善、优化、调整。基础教育转型发展,就是将教育发展的方向与社会政治经济发展的方向匹配,使教育符合学生身心发展的规律,不断满足学生多样化、个性化的教育需求,将继承传统和创新驱动相互结合,不断吸收各方面的好经验和好方法,为我所用。只有适合的教育,才是最好的教育。

教育转型发展的意义是什么?当前,上海基础教育正处于重大战略转型的关键时期和攻坚阶段,已经触及改革中的深层次困难和

矛盾,以创新来驱动教育的转型发展是教育事业发展"十二五"期间的工作重点。早在2010年的全国教育工作会议上时任总书记胡锦涛就提到,虽然我国教育事业已经取得巨大成就,但还不完全适应国家经济社会发展和人民群众接受良好教育的要求——"教育观念相对落后,内容方法比较陈旧,中小学生课业负担过重,素质教育推进困难……"除此之外,在接触教育一线的过程中,我们也的的确确看到过很多教育现实工作中的问题,不断被媒体曝光又层出不穷的教师变相体罚问题,普通百姓最关注的择校热问题等等。我们期望通过教育转型发展,以创新的方式解决教育内涵发展中面临的问题,办人民满意的教育,为了每个学生更好地学习与成长。

教育转型发展,我们可以有所作为!对于工作在教学第一线的校长和教师来说,理解并认同教育转型发展的内涵和意义,其根本目的是要充分发挥教育智慧,寻找到切实可行的教育转型的路径。"个性化,有选择"是教育内容转型的要点,如,学校可以通过课程内容的设置,为学生提供丰富的,满足学生多样化需求的课程,让学生更加喜欢学校。"更适合,可操作"是教育方式方法转型的关键,如,对于"因材施教"这条出自论语的经典教学方法,今天的教育转型不是要将这条教育方法改变,而是要研究如何更加有效的因材施教,制定具体可行的、适合学生的具体方案。"从有意义到有意思"是教育形式上转型的基本方向,传统的教育形式往往单纯追求教育意义,或者说优先考虑教育意义,但是,如果这样的行为没有意思,无法引起学生的兴趣,再有意义的教育行为也是无效或者低效的。最后,"顺天性,得尊重"是教育在要求上的转型,随着时代的进步,人们对教育的要求也在发生着变化,私塾先生教育学生的方式已经不能被现代人所接受,死记硬背、体罚辱骂的教育也早已被人们所摒弃,人们对师德问题的关注也上升到前所未有的高度……教育就是要让学生得到应有的尊重,充分尊重学生身心发展的规律,这才是教育的本质!

（二）关注学生健康成长

保护未成年人健康成长是教育改革中的重要环节。长宁区教育局在推进区域教育评价改革促进每一个学生更好地学习与成长中,进一步推进教育改革,全面关心学生的健康成长。为贯彻落实国家和上海市中长期教育改革和发展规划纲要精神,实施"为了每个学生更好地学习与成长"的核心理念,长宁区于2010年下半年启动了教育评价改革工作,以构建科学的教育质量评价标准为切入口,推进教育改革,努力为学生提供更适合、更全面、可选择、有竞争力的教育。经过一年多时间的认真调研和详细论证,确定了以"学生身心健康指数""学习生活幸福指数"和"学业成就发展指数"三个指数为主要内容的测评体系。

长宁区教育局将根据"三个指数"的测评调研结果,结合课程和教学改革,采取"一校一报告"的方式,将调研情况和诊断结果反馈给对应小学,为改进学校管理、教育教学以及家校合作提供参考;进一步修订完善"三个指数"的框架结构和指标内容,同时,探索建立"三个指数"测评调研的常态机制,将测评工作与学校发展性督导工作机制有机整合,力求以科学的教育质量观为指导,探索构建科学的评价观,促进教师形成科学的教学观,促进每一个学生更好地学习与成长。

三、快乐教育

作为上海市的中心城区,长宁区的教育事业具有深厚的历史传统和优良的基础,近年来也不断取得课程教学改革等方面的新突破,在上海市和全国教育改革中产生了较大影响。长宁的教育探索,始终围绕着"快乐教育"这一主线,就学生快乐的"学"和教师快乐的

"教",进行了系列的教育教学改革,发展"快乐"学生,成就"快乐"教师,构建"快乐"课程,实施一种关照儿童生命的、幸福的教育活动,我们一直在路上。

课堂是学校教育的主战场,更是教师教育的主阵地。如果一名教师失去了主阵地,绝不是一个好教师。怎样通过课堂改革,为学生实现减负增效?长宁区要求全体中小学教师用近一年时间完成课堂教学录制。从"课改"到"改课",在 2000 多节教学录播课的"诊断"中,让教师教学更精准,真正使学生受益。长宁区教育局在所有中小学启动实施"课堂工程",引导教师聚焦课堂教学研究,要求各学科在职教师每人录制一节课,每节课附"教学设计",用近一年的时间完成所有教师的课堂教学录制。"课堂工程"中,除了"一师一实录",还要求做到"一课一点评""一师一优课"。学校组织教研组对每节课堂实录开展观摩和研讨,进行"教学优点""存在不足""教学建议"的教研点评;区教育局组织专家对课堂实录进行优课评选,"优课"今后还将在平台上共享;对于一般的录课,则采用专家会诊形式,诊断问题,提出意见,督促改进。

"课堂工程"改革的实施,促使校长和教师深入思考教育教学中深层次的问题,重新审视和界定自己在课程改革中的功能、地位和作用,校长的课程领导力、教师的专业自觉力不断增强。从"课改"到"改课","课堂工程"为所有老师搭建了一个平台,让"优势学科""优秀团队"在课堂改革中孕育生成,使"好教师""好校长""好学校"脱颖而出。通过自主探究的学习方式的变革,希望学生主动学习、独立思考,老师多往后"退"一点,以课堂环境促进教学变革研究,为教师、学生、环境三位一体的课堂教学提供更好经验。

习近平总书记指出,好老师要"用一辈子备一堂课,用一辈子在三尺讲台默默奉献"。三尺讲台是教师展示教学的第一平台,课堂是教师挥洒教育人生的第一舞台。学习是学生个性化认知建构的过程，教师应该给予学生足够的自主空间。在课堂这片教学天地，学生要"做中学"，教师要"做中教"。学校将云平台上的"微课资源""习题资源"嵌入课堂教学，要求师生以协同"做"来共同建构、研究、反思、改进一堂课，以师生在课堂资源上的共建来实现师生在教学进步上的共赢。古希腊哲学家苏格拉底（Socrates）说："教育不是灌输，而是点燃火焰。""课堂工程"点燃的即为师生的创造力，激活的就是师生的生命力。

在新时代，教育的根本任务是立德树人。坚持立德树人，从根本上说，就是要培育和践行社会主义核心价值观。做现代中国人，就是以培育和践行社会主义核心价值观做中国特色社会主义建设者和接班人。习近平总书记指出，立德树人的主渠道、主阵地在课堂，在三尺讲台。好教师要"用好课堂讲坛"，要"守好一段渠、种好责任田"，要用自己的学识、阅历、经验滋润学生心灵，增强学生的价值判断能力、价值选择能力、价值塑造能力，引领学生健康成长。

英国教育家赫伯特·斯宾塞（Spencer，H.）认为："教育的目的是让孩子成为一个快乐的人，教育的手段和方法也应该是快乐的。"这一种理念得到众多专家和学者的认可与肯定，并对快乐教育的定义进行总结。所谓快乐教育就是利用快乐的教育手段和教育方法，营造快乐的氛围，让学生能够在学习的过程中感受到快乐，使学生的情绪和性格变得饱满，引导学生逐步成长为一个快乐的人。从本质上说，快乐教育就是要让学生在学习知识的同时获得充分的快乐。第一，营造轻松和谐的教学氛围。教师需要将课堂教学氛围变得舒适和谐，使学生能够在教学中放松心情、获得快乐，去享受学习的过程。第二，在教学中融入趣味性。教师必须要提高课堂教学的生动性和趣味性，要利用趣味性的元素让学生获得足够的快乐。第三，引导学生充分的交流与互动。课堂教学应该是一个互动交流的过程在学生互动交流的过程中,学生的学习主体性能够得到进一步激发,同时也能让学生获得交流的乐趣,使学生获得更多的快乐。快乐教育是指学生在教师的指导下,在一种民主和谐的氛围中,教师激发学生的学习兴趣,尊重学生的个性,让学生在快乐中学习的教育。

(一)快乐教育的内涵及特点

1. 快乐教育的内涵

把快乐作为教育目标。教育的目的之一即是培养儿童的自助能力。"不管才是管教的目的。最高的教育目标,应当是培养一个能自治、自省和自我教育的人"。由此可见,斯宾塞确定的具体的教育目标和教学任务有三个:一是传授知识,二是发展能力,三是学得愉快。与现今所谓的"三维目标说"不谋而合。斯宾塞将快乐作为教育目标和教学目的,夸美纽斯说"学校本身应是一个愉快的场所,不管从外表和内部来看都具有吸引力。"

第一,快乐是教育的目标(为了快乐的教育)。教育目的,是帮孩子成为一个快乐之人。儿童的快乐是一生幸福的基础,快乐的孩子往往具有自信心和独立性,内在人格健全。

第二,快乐是教育的原则(在快乐中的教育)。把快乐作为教育的原理和教学的原则。"知之者不如好之者,好之者不如乐之者。"快乐应被作为教育的原理和教学的原则运用于教育实践。教学法应能减轻学习的痛苦,使得没有什么东西妨碍学生或者阻止他们在学习上取得进步。同样,教学内容的选择要能激发学生的兴趣,免除他们在学校的痛苦,尝到其中的乐趣。

第三,快乐是教育的方法(通过快乐的教育)。把教学过程转变成快乐的过程。快乐是一种生长力,对于调动人们的行为动机有着很大的促进作用。快乐是目的,也是教与学过程中不可或缺的实现途径,在教育活动中有着突出的价值和地位。儿童处于非快乐的情绪当中,他的潜能难以发挥,智力就会降低。面对儿童缺乏对学习的兴趣,简单粗暴的教学只能使其更加厌恶学习,并产生沉闷、胆怯、忧郁的心理。快乐是儿童的应有姿态,一不快乐便有了"问题"。当儿童学习遇到困难,教师稍加点悟、启发、诱导,学生在苦思冥想后顿开茅塞,获得理性之乐。学习并不排斥艰难困苦和意志努力,但最终还是会转化为快乐的过程,在快乐中走向成功,通往幸福。快乐追求教育的要求:首先,学生在学校教育教学活动中要获得积极的情感体验。学校教育教学活动要对学生积极的生活态度的形成导向。其次,快乐不仅仅是一种心情,还是一种认识和行为,一个快乐的人才是最具有创造力的人。再次,在学生的发展上,读书勤奋、锻炼健体、交往合作、参与实践、开拓创新……涵盖了对学生在德、智、体等方面全面发展的要求,希望学生乐观向上、身心健康、全面发展。

2. 快乐教育的特点

快乐教育主张创设生动活泼的教学情境,教师快乐地教,学生快乐地学,师生关系和睦融洽,注重学生的情绪感受,让学生体验学习的快乐与成功的喜悦。快乐教育有如下5个特点。

其一,趣味性是快乐教育的重要方面。让课堂有趣,教师教的有趣,学生学的有趣,能在趣味学习中感受快乐。其二,愉悦性是快乐教育的突出特点。并且应该贯穿于课堂教学的始终。快乐教育注重学生在学习过程中心情的舒畅愉悦。其三,和谐性是快乐教育的基本条件。课堂教学要实现师生关系和谐、生生关系和谐,教师在融洽的人际关系中才能有效实施教学。其四,开放性是快乐教育的重要条件。教师要充分尊重学生的主动性、创造性,让学生成为课堂的主人,给学生充分的自主权,营造宽松自由的学习环境,让学生自主探究获得知识,体会收获的快乐。其五,发展性是快乐教育的最终目

的。教师本着以学生的发展为本的思想,针对学生的个性特点创造有益于发挥学生潜能的条件,促进学生的个性发展。教师要尊重学生的个性,要用敏锐的眼光去观察每一位学生,发现每个学生的优点,并有针对性地培养,让学生充分发挥自己的优势,看到自己的闪光点而快乐自信地成长。

(二)快乐教育的传统

作为一种教育理念,快乐教育有着悠久的历史。在孔子的教育思想中,就包含了快乐教育的雏形。孔子说:"知之者不如好之者,好之者不如乐之者"。这就是快乐教育最早的典型概括。在教育中寻找快乐因子,把教育和快乐相结合一直是不同时代教育家们探索的话题。早在春秋战国时期,就有孔子的"学而时习之,不亦悦乎",明朝王守仁的弟子王心斋的"不乐不是学,不学不是乐。乐便然后学,学便然后乐"之类的乐学之说。"学生只有在自由、安逸而快乐的情绪中,头脑才能吸取知识,教学的效率与学生从事学习的快乐程度是成正比的。快乐课堂是指在课堂教学中,教师通过创设愉快的学习情境,激发学生产生强烈的学习愿望和认知兴趣,教师利用教育智慧,引导学生快乐、主动地学习,自主克服困难,从而获得学习的成功感与满足感,产生乐学的体验,最终实现学生的身体健康和快乐成长。

快乐课堂体现了以学生为本的教育理念,寓教于乐,引导学生主动、快乐学习,自主克服学习困难,让快乐伴随着学生知识的增长过程。这需要以快乐教育思想为指引,继续深化课堂教学改革,推进快乐课堂理念向纵深发展,实现促进学生的快乐健康成长和教师的快乐发展相结合。

从理论上第一次系统的提出快乐教育的,是教育家赫伯特·斯宾塞。他的《快乐教育》一书,全面地阐述了他对快乐教育的构想。

这本《快乐教育》,成了快乐教育的理论开端。在西方,快乐教育萌芽于古希腊的柏拉图,初创于文艺复兴后的夸美纽斯,形成于英国工业革命后的斯宾塞,之后一直延伸到现代(如阿莫纳什维利等)。现代心理科学所取得的新进展,为快乐教育的理念与实施提供了较好基础,其中尤其是积极心理学的形成和发展与快乐教育关系密切。积极心理学提倡从优势出发,从兴趣培养出发。这也正是快乐教育的核心内容之一。夸美纽斯认为,幸福快乐是心灵之乐而不是身体之快乐,它有几个层次:第一是有学问的人,"与外物融为一体""达到忘我境界","是一个智者在沉思中体验到的幸福"和"找到智慧的愉快";第二是有德行的人,体现在具有"诚实的气质""美好的良心"和"可亲的性格"等优良道德和个性品质上。从心理学的观点来看,快乐是一种主观、积极的情感体验。快乐的情感体验能够调动学生的学习积极性和自主性(动力功能)、提高认知活动的效率(调节功能)、促进教育内化(疏导功能)、改善师生人际关系(协调功能)、增进身心健康等(保健功能),还能减轻学习的压力感和紧张感。快乐的心理学内涵为快乐课堂提供了实践依据。在课堂教学中,教师要通过创设愉快的学习环境,唤起学生求知的欲望和进一步探究的兴趣,让学生主动建构知识,在此过程中体验学习的快乐和成功的满足。

快乐的哲学内涵为我们的课堂教学提供了价值导向:快乐课堂应该以实现每个学生健康发展、快乐成长为宗旨,而不是以学生成绩的好坏、对教材的内化程度等为目标,学习不再是冷冰冰的清苦过程,而是由快乐伴随着学生知识的增长过程,快乐和学习一道前进。

(三)快乐教育概念和基本信念

所谓快乐教育就是利用快乐的教育手段和教育方法,营造快乐的氛围,让学生能够在学习的过程中感受到快乐,使学生的情绪和性格变得饱满,引导学生逐步成长为一个快乐的人。

（1）兴趣是求知和学习最大的动力。把握学生的兴趣点是让学生快乐学习的关键。"兴趣是一种重要的学习动力，是对学习的热爱和自觉需要。兴趣可以驱使人接近自己愿意接近的对象，探索和钻研事物，进行创造性劳动，是智慧活动及创造活动的重要保障和动力源泉。

（2）快乐状态下孩子学习效果最佳。当一个儿童处于非快乐的情绪当中，他的潜能难以发挥，智力就会降低。不但知识吸收困难，而且自信心会锐减；此时，"尽管是一名伟大的教育家在面对孩子，也不会有什么好方法。唯一的方法，是先把儿童的情绪调节到快乐、专注、自信，接着才开始学习"。

（3）孩子的习惯产生于重复和快乐。

（4）快乐学习促成自我教育、终身教育。"倘若求知的事，为学生素所厌恶，则一旦离开了父母和教师的强迫，势必将放弃了学业。倘若求知的事，素为学生所爱好，则昔日在督促下而自行教育，今日虽无督促，亦必能自学而不辍了。此乃是必然的结果。

一个学有兴趣、学得快乐的人，因成功满足致使心智、脾气和健康等都得到好处；相反，一个厌恶学习而缺乏能力者，由于冷眼、威吓、惩罚而苦恼，有危险产生永久的沉闷、胆怯甚至体质上的忧郁，以至与教师及其所有教育计划发生对立。

一位高中老师上了一堂诚信主题教育课，就在她还陶醉在学生签署诚信承诺书、学生庄严宣讲的感人场面时，却发现信箱里有学生下课后发来的一封信，信中写道："老师，今天您课上讲的诚信故事令我们感动，不诚信行为对社会、对他人造成的危害令我们触目惊心。但您觉得我们知道了讲诚信的好处、不讲诚信的害处、签署了承诺书就能做到诚信吗？如果是这样，那我们应该早都是诚信标兵了，因为今天的上课内容我们在小学就这样上，只不过是例子不同罢了。"

第十五章　生　源　论

一封信道出了目前主题教育的实情,"什么是诚信?我们为什么要讲诚信?不讲诚信会有什么样的后果?班级中存在着哪些不诚信?签署诚信承诺书",这是小学的,也是初中的,同时还是高中的"诚信"主题教育的模式;"友善自己、友善同学、友善家人、友善社会"这是小学的,也是初中的,同时还是高中的"友善"主题教育的模式;这种"套路式"、小初高严重趋同的主题教育思路与内容,既禁锢着教师的教学,又严重影响着教育实效。如何突破这种模式束缚,使社会主义核心价值观的教育充满活力,使学生的学习过程充满快乐?2015年,长宁区教育局将"小初高一体化社会主义核心价值观主题教育课程建设"作为教育综合改革项目,开展分层递进、有机衔接的小初高一体化社会主义核心价值观教育研究和实践。依据学生身心发展特点及认知发展阶段,将社会主义核心价值观教育目标和教育内容分为"小学低年级、中年级和高年级,初中低年级和高年级,高中年级"5个层次,构建了从低年级到高年级、从显性到隐性的结构化的社会主义核心价值观体系,形成了《长宁区小初高一体化社会主义核心价值观分层纲要》(试用),《分层纲要》包括社会主义核心价值观的"教育目的、分层依据、分层教育目标、教育内容参考"等要件,编写了《长宁区中小学生社会主义核心价值观读本》。区域中小学以问题、需求为导向,依据"分层纲要",建构了以主题班队会、主题教育课、主题实践活动为载体的主题教育课程,形成了丰富的课程资源,同时也找到了使社会主义核心价值观落实落细落小的有效途径,引导学生牢牢把握富强、民主、文明、和谐作为国家层面的价值目标,深刻理解自由、平等、公正、法治作为社会层面的价值取向,自觉遵守爱国、敬业、诚信、友善作为公民层面的价值准则,将社会主义核心价值观内化于心、外化于行。

仍以诚信教育为例,主题教育活动不再是"千课一面"的重思想

教育,而是呈现"百花齐放"的局面。在小学,有"我与父母(老师、伙伴)做约定""学会做负责的承诺""我是值得信赖的人""向不诚信说'不'""当约定无法履行时""勇于承担责任"等主题,注重对学生的行为指导;在初中,有"网络信息传播的诚信""网络资源使用的诚信""辨别网络信息的真伪""网络交往的真诚与自我保护""正确应对同伴压力""诚信与告密""仗义与诚信""不能妥协的事情"等主题,引导学生学会辨析学习生活中两难问题,学习做出正确的选择;在高中,有"学业诚信规范讨论""如何应对网络拉票""当身边的人在作弊,我坚守的意义何在?""讲诚信是目的还是手段""社会诚信体系建设我规划"等富有思辨的主题,发展学生的道德思维能力,培养学生在社会实践中面对具体的诚信问题进行正确的推理、判断和选择。

可持续性是德育充满活力的基础,满足学生发展需求是使学生快乐成长的源泉。"小初高一体化社会主义核心价值观主题教育课程建设",将更有利于贯彻党的十九大报告提出的"全面贯彻党的教育方针,落实立德树人根本任务",有利于循序渐进地引导学生健康快乐成长,有利于引导学校德育工作从关注德育活动的开展到追求道德价值的内化,使德育工作更具实效。

四、打造学生乐学,教师乐教的快乐课堂

宋代学者张载说:"学至于乐,则自不已""学至于乐则成矣"。可见快乐对于学习的重要。陶行知先生针对当时中国教育的实际,主张"教育要回归于生活,回归于农业,回归于儿童,回归于游戏",则是快乐教育实践的典型范例。从儿童的快乐出发,秉持尊重与顺应、呵护与善待、理解与信任的态度和立场,积极探索和运用"快乐的方法",营造"快乐的气氛",将知识性、教育性、趣味性融为一体,采取情境化教学、生活化教学、游戏法教学,采用多感官刺激学习及活动化、

多样化的教学方式,追求在快乐状态下实现最佳的学习效果。准确把握快乐教育关键期,运用快乐教育规律,秉承其教育理念,在教学实践中教师乐教,学生乐学,教学相长,在教师主导下充分发挥学生的主观能动性,以构建自由、和谐、民主的教学环境为实施快乐教育的前提,把多元化课堂组织形式和丰富多彩的教育内容作为实施快乐教育的保证,以开发学生的创造力和潜能为实施快乐教育的目的,积极培养学生学习兴趣,提高自我教育能力,以乐观向上的态度愉快学习,提高学生综合素养。

在快乐教育实践中,为了发挥学校教育的整体效益,需要从影响学生成长的诸多因素考虑,建构快乐教育体系。

(一)快乐地学

学习的本质就是变化,是一种发生在个体知识或行为上相对持久的变化。我们每天都在遭遇各种事情,完成一定活动,由此而获取新的行为、新的信息以及新的概念等,这些个体变化正是学习所在。快乐地学,就是要在个体身上有目的地使之快乐地发生变化。为什么学?如果说学习是为了促进我们对环境的适应并提升对环境的竞争力,那么快乐学习就是为了增加幸福与快乐的概率,提升主观幸福感。促进个体积极态度习惯的形成。怎么学?(包括:学什么?)学什么?学会快乐健身、学会快乐健心以及学习积极应对事情都是快乐教育所强调的学习内容。如:个性化学习。

(二)快乐地教

教师的情绪状态具有很大的传染性,教师的快乐施教能给受教者创设轻松欢快的环境,产生潜移默化的效果,使受教育者形成积极的心理品质。相反,教师对自己的悲伤、恐惧、愤怒等负性情绪处理不当,也会形成明显的暗示作用,直接或间接地导致受教育者消极心理品质的萌生。在现代教学中,总体上强调的是"教书育人",核心内

容有两项：教书与育人，两者不能偏废。否则，仅重视知识的传授，而不注重人格的塑造，尤其是积极品格的培育，可能会导致如同药家鑫一样的悲剧性的结果。让学生的学习最初基于内在兴趣，并在学习中体会快乐，而不是无穷无尽的孤独、寂寞与痛苦。怎么教？要解决好快乐地教，需要从教师角色的行为分析入手，根据教师的认知、情感以及行为规律来调整指导教师的活动。如：创造快乐情境，实现寓教于乐。如：注重因材施教。要求教学以儿童为中心，注重个性发展，在智育或知识获取上重视直接经验、强调活动和参与等等。最终构建实质上就构成了快乐教育所特别强调快乐的教学环境的营造问题，而只有创造出快乐的教育时空，才能更好地提高教学效果。

（1）**环境体系**。"学校本身应该是一个愉快的场所，不管从外表和内部来看都具有吸引力。"（夸美纽斯）着力构建显隐结合的快乐教育环境，营造"和谐、进取的环境氛围""自由、民主的教学环境""快乐、有为的学校文化"。

（2）**组织体系**。"好的教育，必定是快乐的"。快乐教育涉及教育领域的诸多要素，然而关键因素必定指向教师和学生。教师乐教，把教育"引为最大的乐事"，把"乐教"当作一个崇高理想去追求，不断提升教育生命的质量和水平，在教育中获得"发自内心的情感满足"；学生"乐学"，在学习过程中获得好奇心和求知欲的满足、兴趣爱好的顺应和培养、学习热情的激发和调动、个性自由自在的发展，感受到学习、思考、发现、创造的快乐。"和易以思，可谓善喻矣。"（《礼记·学记》）教师"乐教""善教"感染和引领学生的"乐学"。教育是教育者和受教育者心灵交融的工作，师生情感存在着共鸣效应。

（3）**课程体系**。"快乐"学生的成长、"快乐"教师的发展，都必须依托"快乐"课程的建构才能得以实现。《学记》提出："不学其艺，不能乐学。","艺"在这里指课外的活动、感性认识等,如果不经过课外的技艺和实际训练,学生就学不好正课,也谈不上学习的快乐。学校应着眼儿童特点,加强校本课程的开发,提高课程的选择性和适应性,满足孩子多样化的需要;突出课外活动课程建设,充实课外教育师资力量,建有多个书法室、绘画室、微机房、舞蹈房等;突出游戏特色课程建设,开发丰富多彩的游戏校本课程,建有游戏室、游戏园等。学校指向"快乐"教育的基本目标,构建起环境、艺术、游戏、阅读、活动、体验等相互关联的"快乐"课程,顺应了学生"寓学于乐"的学习需求,拓宽了学生"寓学于乐"的学习空间。

(4) **快乐管理**。在管理过程中,人是最重要的因素。管人是一门管控人心的学问,需高度关注师生的积极性和愉悦感。积极倡导和推行尊重与平等、责任与担当、科学与民主的管理理念,运用符合人性的文化教育人、管理人。通过人文化的管理方式激发师生尊严感、归属感、成长感、成就感,从而提升在工作、生活、学习中的幸福感。

(5) **快乐课堂**。快乐课堂学生可以感受到学习的乐趣,教师也可以感受教学的快乐。夸美纽斯说过,"教师应该知道怎样防止出现厌恶,怎样激发兴趣,怎样鼓励热情。"创设生动的教育情境,增强学生的学习热情,采用引发快乐的方式,激发学生对学习的喜爱,促进个体积极、快乐的心理和态度习惯的形成。改进教学方式,施行"自主教育""趣味教育",引导学生自由实践、主动发现、快乐表达,不断提升课堂上教与学的幸福感。

(6) **快乐活动**。开展学校与年级两级的社团活动,开设多门类的校本活动课程,满足儿童多样化的兴趣需要。构建快乐舞台、快乐时光、快乐之家等,尽情释放和充分展示自我。开辟儿童自主活动的时空,给予儿童一个相对自由的发展空间,给予儿童参加课外科技活动和文体活动的自由,引导孩子主动地玩,把玩与学习结合起来,在玩的同时刺激了求知欲,启迪了智慧。通过开展一系列快乐的活动,引导孩子在参与、体验、创造中享受快乐,"欣然有得"。

(7) **评价体系**。斯宾塞说:"作为评判任何培养计划的最后考核时,应该提出这样一个问题:它是否在学生中间造成一种愉快的兴奋剂他将兴趣与快乐引入课程教学和教育评价。"既然快乐被确定为教学的一个目标,那么它必然是内容选择和方法选择的标准,是评判良师和庸师的标准。快乐教育不是娱乐教育,不是放任自流、为所欲为,不是单纯地营造一种表面热闹的气氛,而缺乏对儿童心灵和情感世界的真切关照。我们在快乐教育理念的指导下,深刻理解快乐教育的内涵,把握快乐教育的各个要素,建立快乐教育的评价体系,注重评价的主体性和过程性、表现性和情境性,让孩子感受到自身存在的价值,不断增进孩子的学习兴趣和快乐体验。

(三) **快乐成长**

快乐教育不是单纯地营造一种热闹的氛围,也不是刻意地追求学生外在的欢声笑语,快乐教育是一种契合素质教育的一种教育理念。所以快乐教育应以激发学生的兴趣为核心,反对加大作业量、增加考试密度;反对增加课时、提高难度;反对过度抑制孩子的健康情趣。尊重学生的兴趣与爱好,才能点燃他们的求知欲望,他们才能把心思集中在所学的东西上,才不会感到别扭和厌烦。第二,尊重学生的主动性。快乐教育是一种内在的快乐,是学生经过一系列艰苦过程最后的快乐体验,这种体验过程必须来自探索者本身。因此我们提倡学生主动参与,主动探索,反对任何形式的"填鸭"和强制。学生的学习不应当成为一种负担,一种外在的任务。

快乐是自由的、积极的和享受的,但并不排斥艰难困苦和意志努力,快乐教育也不是娇生惯养、放任纵容、娱乐玩耍。快乐、自由、兴趣、享受等这类字眼,既很诱人,也极易引起争议。快乐除了会被误解为身体之乐和外在之乐之外,还常常被贴上无须痛苦、不要努力、轻松自如等标签,其实这也是一种偏见。

第一,快乐教育不是不要刻苦学习。从心理学角度来分析,快乐与刻苦属于两个不同的心理品质,快乐属于情感的心理品质,刻苦属于意志的心理品质,两者没有对立的矛盾关系。从本质上讲,学习是一种艰苦的劳动,需要付出时间和精力,不可能轻松、舒服;同时,学习也是一种快乐的劳动,因为学生通过学习掌握很多新的知识,不断加深对奥秘无穷的自然界和人类社会的认识,使自己的聪明才智得到发展,从而体验成长中的快乐。刻苦的动力有很多种,有的人志存高远,想成就一番大事业;有的人想做成一件事,因为有目标,所以投入极大的经历、付出艰苦的努力,甚至是长期的努力。小学阶段的学生年龄比较小,还谈不上有远大的理想,也没有实现目标而自觉地表现出坚强的意志。因而,实施快乐教育要从培养学习兴趣入手使学生感受到学习活动过程中的乐趣,经过他们自觉地刻苦学习而增知增智。简而言之,快乐教育追求的是:刻苦学习,快乐体验。

第二,快乐教育不是放任教育与自由化教育。快乐教育强调个性化的发展、自主性学习,但绝不是不加约束的放任教育,也不是毫无纪律的自由化发展。

第三,快乐教育不是只有快乐单一情绪体验的教育。人的情绪是多元的,不能只懂快乐,而是快乐体验与多种情感体验的融合。快乐是主流、主导,是过程,是学生人格培养的终极方向。科学引导学生正确理解人生旅途中的挫折、用心体验所遭遇的痛苦经历,形成快乐与痛苦相比较存在的哲学思考,从而最终形成体系完整的快乐教育观。快乐的孩子更自信,自信的孩子更善于思考,善于思考的孩子

更具有创造的意识,具有创造意识和能力的孩子会更容易健康、快乐和成长。教育作用和意义不仅是传道授业解惑,还在于参与生活、引领时代、改造社会。教育形式、途径和阶段不仅是学校、教师,还在于时时、处处、人人能学。学校教育不仅在校园、课堂,也不仅是教书,还在于课外、活动、社会和育人。学生收获不仅是知识、智力甚至是分数,还在于会做事做人和个性和谐发展。教学方法不仅是传授讲解和认知背诵,还在于体现知情意行的学思结合、知行统一。正是一批又一批像斯宾塞这样"富有浪漫色彩"和"仰望天空"的人,始终在唤醒、鞭策和领引着,才能够使教育、学校和教学不至于迷失方向而不断地前进、发展和进步!

课堂无疑是学生获得德、智、体、美全面发展并成长为中国特色社会主义建设者和接班人的最主要、最直接、最适宜的场域。以三个指数即身心健康指数、学校生活幸福指数、学业成就指数为抓手,长宁区为活力课堂把脉问诊、为学生成长保驾护航。由此,以"活力教育,成就梦想"为主题的长宁教育描绘了一幅生机盎然的愿景:让校园充满阳光和快乐,让教师充满爱心和智慧,让学生充满梦想和追求,让课程充满创新和选择,让课堂充满活力和灵动。在这幅愿景中,学生的梦与教师的梦交汇,并融入中华民族伟大复兴中国梦。实现中国梦,就是为人民谋幸福生活;实现教育强国,就是为学生谋快乐成长。活力课堂乃教育强国的源头活水,而回归活力课堂即回归教育本源——快乐成长。

> 学校的教育、教学的改革、学生的学习和发展都有一定的阶段性和层次性。同样,处理和应对学校事务,也要坚持层次性和融合性,要将价值理念融入自己的日常教育工作之中,以使处事能够做到有意义、有意思和有条理。如汉堡一样,面包夹肉,就会显得丰富多彩;麦当劳无营养"没意义",但学生愿意吃,而我们有意义的内容让学生如同嚼蜡。不仅让做事有规可循,而且还可以为教育、为学生提供多元的营养,最终能够使教育健康发展,使学生健康、快乐地成长。

 # 第十六章 汉 堡 论

"汉堡论"是指处理事情背后有一套行为价值取向,并将价值理念融入自己的日常教育工作之中,以使处事能够做到有意义、有意思和有条理,如麦当劳无营养"没意义",但学生愿意吃,而我们有意义的内容让学生如同嚼蜡。不仅让做事有规可循,而且还可以为教育、为学生提供多元的营养,最终能够使教育健康发展,使学生健康、快乐地成长。

一、教育改革要坚持价值领导

为了加强社会主义核心价值体系建设,努力在全党全社会形成统一的指导思想、共同理想信念、强大精神力量、基本道德规范。结合上海历史文化积淀和现阶段发展实际,积极倡导"公正""包容""责任""诚信"的价值取向。这形成了教育领导者和教育管理者的处事

理念,将"公正""包容""责任""诚信"的价值取向融入日常教育管理的工作中,以此为导向,引领教育健康发展。

首先,要积极倡导"公正"的价值取向。公正就是要坚持公平、正义和公道。民主和法治是公正的基础。作为执政党,维护公正,首先要坚持立党为公,努力为缩小分配差距和改善低收入群体生活创造更好的制度空间。要实现公正,还应在社会风气和人际关系处理中予以积极倡导,干部要办事公道,舆论要主持公道,市民要处事公道,形成崇尚正义、追求正派、维护规则、遵守秩序、平等待人的社会氛围,使公正这一价值取向成为深入人心的基本价值理念。

其次,要积极倡导"包容"的价值取向。包容的基础是尊重和维护公民的权利。包容需要自信,自信才不会浮躁,才不会计较一时之长短,才能宽容他人,才能心平气和地通过讨论协商求同。包容不是回避矛盾,而是设身处地为他人着想,用理性的态度解决矛盾。海纳百川的包容心态是上海的传统,也是上海的优势。我们应该继承这个优秀传统,吸收国内外优秀文化元素,欢迎各方优秀人才来沪发展,为上海发展提供充实的动力。各级领导干部也应发扬这种传统,鼓励批评,鼓励各种思想的交流;坚持群众观点和群众路线,坚持依法治市的原则,依法坚决、慎重地处理各种危害社会秩序的事件。

再次,要积极倡导"责任"的价值取向。权利和责任相应而生,只讲权利不谈责任的社会不可能存在;只讲权利不讲责任的公民最后将丧失权利。国家的兴旺与每个公民息息相关,公民参政议政是权利也是责任,鼓励并创造条件畅通表达意见的渠道,加强并扩大政务公开为公民表达意见提供方便,既是凝聚共识、形成正确决策的重要措施,也是增强公民责任意识的重要方法。担任领导工作的干部,应该在其位、谋其政、行其权、尽其责,对历史负责、对群众负责、对自己的人生负责,并承担失职被追究之责。

第十六章 汉堡论

最后,要积极倡导"诚信"的价值取向。诚信是社会信任的基石,是市场经济最重要的原则,也是人的自由发展应有的品质。从执政角度看,公信力是公权力的基础。"实事求是"是诚信价值观在我们党思想路线上的体现。"有无认真的自我批评是我们党区别于其他政党的显著标志之一"是诚信价值观在党作风上的体现。要继承、坚持和发展这些好的作风,讲真话、办实事,不回避掩饰困难、问题和错误,坦诚地对待一切,以党和政府的诚信引领社会的价值取向。应该创造诚实守信受尊敬不吃亏、欺骗失信受惩处遭唾弃的法律条件和舆论环境,为诚信的价值取向的塑成做扎扎实实的制度性基础工作。

教育转型势在必行。一些学校在中考中付出的代价很大,如留级等,甚至牺牲了学生的人格尊严。学生进了初中反映老师很凶,"你这样要留级的",孩子如何有积极性去学习?下面向全体教师讲一讲如何转型。

《少年日报》小记者采访录

《少年日报》三个小记者采访我,我问:你作为小学生认为局长应该做什么?学生说:周三无作业日,但语文要交作业一篇,数学要做卷子,作业很多。我们校长、教师应如何做,我想作业效能中心要再强调,我们要告诉学生家长,长宁区几大中心、举报电话都要告知学生家长。学生还谈到老师讽刺挖苦学生到了极致,学生说:同学默写不好,老师要批评。但学生讲到老师挖苦的原话:"你是男同学中的巾帼英雄。"这就是老师的职业道德、职业精神欠佳的典型表现。有的同学谈到最多有个词语抄了300遍,三天完成,有的学生甚至感到"好像我不应该来到这个世界上。"我很心痛。教育不转型怎么办。学生还问到关于好学校的标准,是校舍好还是老师好,我心里很纠结。

教育转型应该是改善、优化、调整学校的教育管理、课堂教学等。具体体现在以下几方面。

（一）教育内容要体现个性化、有选择

教育内容应该从个性化、有选择去思考。四年级学生的作业做到12点钟，内容不是个性化有选择的不行，作业分层要作为一个主攻方向。作业多了有人说，少了也有人说，作业应有选择，至少有A、B、C几种选择，有基本的、拓展的、提高的，老师要分得清。这对老师要有很高的要求。教育学院要思考如何才能有利于学生的发展。与学年的重要工作"命题"结合起来。如市三女初开设了很多个性化的课程。黄浦区开展了一个调研，考进10所高中的每个学校选择20人，高考结束后看200个人的变化，结果变化小于5%，没有什么变化。这说明：一是中考基本定型；变化有是有，但不会有天翻地覆的变化。二是高中学校搞了各种特色，但培养了三年特色是否真的调动了学生的积极性。我认为高中还是流水线，还是灌输，市区重点没有本质的变化，没有真正的转型。流水线大家都差不多，没有本质的区别。

（二）教育方式要体现更适合、可操作

我和校长谈话时讲了一些方法，作为教研员、教师要如何做。虹桥中学陈红波校长说要求教师做到每个学生勇于发言表达自己，我问教师遇到不愿意回答的学生怎么办？要给学生有可操作的方法。校长提出了目标，让教师集思广益想出操作的办法。如《文汇报》记者苏军写道：有个教师很有教育智慧，通过打电话给家长启发不愿意回答问题的学生。有的老师可能会告状，告诉家长学生上课不发言，而这个老师对家长说：学生各方面较好，如果能做到上课发言会很好，明天我讲课文，会讲5个问题，今天家长可以让学生预先读课文看明天能回答几个问题，于是家长让学生阅读了几遍，学生告诉家长可回答 2 个,家长再告诉老师是哪 2 个问题。第二天老师就提这 2 个问题,学生回答出来很高兴,几次下来学生就转变了。校长要给教师讲策略,讲方法。教研员组织教师教研活动要从可操作、更适合方面去思考。

(三)教育形式要体现有意义、有意思

有意义的事情要有意思,让学生愿意做。如麦当劳无营养"没意义",但学生愿意吃,而我们有意义的内容让学生如同嚼蜡。如,有位信息化老师以前是教院的教研员,做到将有意义和有意思结合起来。如讲二进制,提供 5 张表格,用 0~32 之间的数据问学生,让学生先感到在玩,通过游戏了解二进制,达到理解。课程教材都做到了有意义,但我们要做到有意思,课堂的引入如何做到有意思?教研员要静下心来考虑,开展教研活动,将教育智慧挖掘出来,然后分享,将好的方法与教师共享。

(四)教育转型要体现顺天性、得尊重

教育要在符合学生身心发展规律,符合教育教学规律,符合党的教育方针政策的基础上,真正让学生感受到教师是尊重他的。温家宝总理曾在全国教师工作暨"两基"工作总结表彰大会上的讲话中强调:"教育的根本目的,是促进人的自由全面发展,培养经济社会发展需要的各类人才。"会上明确提出促进学生自由、全面的发展。让学生"顺天性、得尊重"应当是毫无疑问的。我们更加有理由要充分考虑到学生的个性发展。

教育转型要结合我们开展的"快乐拓展日""阅读领航"等一起进行。希望大家一起将教育工作做好,真正做到教育转型,不要让学生天天做作业到很晚,效率却不高。我对陈红波说,我对虹桥中学的中考分数没有要求,但要做到学生喜欢来学校,我认为这样就成功。对虹桥中学等 5 所小班化试点初中学校,我认为教育转型发展成功与

否不是分数、不是中考成绩,而是学生是否认可这个学校,一直很阳光,感到很幸福,喜欢到学校。要让学生天天很开心,在开心的基础上思考如何把学习成绩搞好。

二、分学段教育教学改革

启动"学段项目",是为了促进每个学生的个性发展。学前阶段:继续以园际合作小组的形式开展"主题—运动"项目教研活动,初步形成区域主题运动课例并汇编成册。小学阶段:继续加强学校"合作共同体"建设,探索系统性、内涵式、常态化的运作模式;组织开展学校"快乐拓展日"课程方案研讨评审,指导编制富有学校个性与特色的校本化课程方案并汇编成册;初中阶段:推进"阅读领航计划"实施,组织开展学校专场展示活动和市级展示活动,开展学科阅读素养调研;推进初中小班化学校转型发展工作;坚持"初中沙龙"活动。在义务阶段继续推行新优质学校建设。高中阶段:坚持高中校长例会制度,继续推进高中学校"主题轴"课程载体建设。继续参与部、市合作项目"高中生创新素养培育"的研讨活动,完成《区域推进高中更多样化特色发展的行动研究》课题的中期总结。此外,区教育局坚持开拓创新,积极推进教育改革,为学生健康、快乐成长保驾护航,给学生的健康成长提供丰富的营养,着力在"减负增效"上下功夫,努力为区域群众提供更好的教育。

(一) 系统推进区域素质教育综合改革

区教育局积极倡导"顺其天性,因材施教",以项目为抓手,分学段系统推进区域素质教育综合改革。学前"主题—运动"项目活动、小学"快乐拓展日"活动、初中"阅读领航计划"、高中"主题轴"综合课程建设取得有效进展,促进了学前启蒙学习、小学快乐学习、初中有效学习和高中综合学习,进一步夯实了每个学生终身学习能力的基础和健全人格发展的基础。区域教育教学质量和水平稳步提升。

（二）完善区域教育质量评价体系

长宁区坚持倡导科学的教育质量观、科学的评价观和科学的教学观，以"三个指数"（学生身心健康指数、学习生活幸福指数、学业成就发展指数）为重点，推进区域教育评价改革，探索建立区域教育质量评价体系。2011年"三个指数"测评调研在小学开展，2012年以来在义务教育阶段全面推进。测评调研结果以"一校一报告"的形式向学校反馈，学校根据报告制定有针对性的改进措施。2014年"三个指数"将与学校五年规划的制定实施结合，测评结果纳入对学校的督导评估。

区教育局和区政府教育督导室每年以视频会议形式，向全区教师解读"三个指数"调研测评情况，力求通过科学的分析，引导校长、教师以及家长在关心学生学业成绩的同时也考虑学习的成本、学习的品质；在关心学生学业成绩的同时，还关注学生的身体和心理健康，不断提升学生在校生活的幸福感，从而有针对性地促进学校教育管理和教学行为改善。市教委、市教研室等领导、专家通过专题调研，认为长宁区推进"三个指数"工作是区域教育机制建设的重大突破，是区域教育内涵发展实践的鲜明亮点，成为上海市中小学教育质量"绿色指标"的区域特色实践。

（三）办好群众家门口的好学校

"新优质学校"是上海市教委自2012年开始推进的项目。新优质学校非传统名校，而是办出了特色的学校；不唯分数，而是关注学生的发展；不挑生源，而是负责任地接纳对口就近入学的全体儿童；在政府均衡配置教育资源前提下，学校综合办学水平、育人质量明显提高，成为周边百姓满意的好学校。例如：长宁区绿苑小学、开元学校、天山初中已经成为上海市"新优质学校"推进项目成员校。2013

下半年长宁区"新优质学校"推进项目启动,复旦小学、古北路小学、新虹桥小学、北新泾第二小学、长宁中学、省吾中学、虹桥中学和泸定中学成为项目成员学校。

区教育局将通过"新优质学校"推进项目的实施,促进"学校管理科学化""师资队伍专业化""教育质量优质化""学校办学特色化",努力把老百姓家门口的学校办成个性鲜明、课程丰富、学生喜欢、家长满意的优质学校。

(四)促进区域教育教学质量整体提升

区教育局整合区教育学院教研员、区政府教育督导室督学以及区域骨干教师、退休特级校长、特级教师等专业力量,成立了区域学科发展中心、作业效能监测中心、教育教学质量监测评估中心等"三个中心"。一是区语文、数学、英语学科发展中心着力"研究学生",纵向打通了小学、初中、高中学段的学科衔接,横向带动了教研、科研和师训有载体的一体化合作;"三个中心"积极参与推进义务教育阶段新优质学校建设、初中小班化学校转型发展、全职外教小学全覆盖和初中试点工作、高中"哈佛辩论课程"项目、"网络课堂"建设和应用等,发挥了积极作用,促进了优质资源惠及区域学生。二是区作业效能监测中心加强对基层学校作业效能监测工作的调研,编制学科单元作业指导建议,为进一步推进区作业效能监测工作提供实证研究。着力从作业的整体性、针对性、差异性、诊断性等四个方面来控制作业总量,杜绝机械性、惩罚性、随意性的作业布置,提高作业品质和效能,体现"减负""增效"。三是教育教学质量监测中心结合"三个指数"调研测评工作的推进完善,进行教学质量调研,组织教研员、教师开展命题能力学习培训工作,及时向校长反馈质量监测分析情况,加强对学校教育教学和管理工作的评价与指导,促进学校内涵提升。

(五)提高终身教育的受益面和有效性

区学习办牵头不断完善区域终身教育体系,推进学习型城区建设。根据区委、区政府关于转型发展的要求,2013 年长宁区社区学院研究制定实施学院三年发展规划及社区学院师资队伍转型方案,以菜单形式向社区公布 73 门课程与讲座。为区域各类群体终身学习提供了便利,丰富了区域群众生活。2014 年长宁区社区学院按照区委、区政府的要求,完善配套功能,深化转型发展。通过不断深化社区教育、强化教育培训、拓展文化教育、做精学历教育,努力建设成为服务区域学习型城区建设的综合性开放办学实体和面向市民终身学习的服务平台。

此外,根据区委、区政府要求,区教育局加大投入,协同区社团、公安、工商等部门联合加强区域教育全行业管理,以社区学院为基础建成了集审批注册、教育评估等为一体的长宁区教育服务业综合服务平台,努力营造规范有序的区域教育服务环境。2013 年区教育局审批成立的各类民办非学历教育机构达到 95 所,一定程度满足了区域不同群体对教育的多元化需求。

标准的设立既是一种结果,也是一种方法。通过确立优质学校的办学标准,为每所学校提供发展的方向和路径,帮助学校找寻适合各自发展的道路。同时,在学校办学过程中,可以运用标准来评价各项工作成效与学校整体表现。长宁区确立了义务教育优质学校办学标准,从学校的办学理念、学校内部管理、环境塑造与课堂教学等方面共同致力于实现优质学校办学标准,同时以该标准为指导,引领学校各项改革,指导学校品牌形象建设与品牌项目打造。

第十七章 标 准 论

办学标准总是承载和表达着特定的目的和理念追求,具有明显的价值指向。与旨在促进合格学校建设的中小学办学标准不同,构建义务教育优质学校办学标准的目的乃是要发现个人和学校组织的优势,以及实现个人与学校组织的潜能发展[①]。已往的合格学校建设,特别是薄弱学校改造,大多采取了一种问题诊断式的学校改进路径,强调聚焦问题和解决问题。而义务教育优质学校办学标准的构建,则是激发人们以更加积极的眼光察看身边的世界,促使师生员工不仅能够认识到自身的优势和长处,还能看到身边其他人的亮点和闪光面,从而发现和培植优势、积累正能量和激发潜能。

---

① 张新平,郑小明.义务教育优质学校办学标准:目的与维度[J].中小学管理,2015(7):36—39.

第十七章 标 准 论

一、建立义务教育优质学校办学标准的意义[①]

构建义务教育优质学校办学标准具备以下三个方面的意义。

(一) 发掘学校办学优势

只要耐心地寻找,就不难发现每所学校都蕴藏着内在的发展潜能,都有这样或那样的优势和长处。它们既可表现在教师和生源方面,也可体现在教学与管理方面;既可通过学校拥有的各种物质资源表达出来,也可通过学校的制度、文化等精神资源体现出来。总之,这些优势和长处存在于学校组织的各个层级和学校活动的各个环节之中。构建义务教育优质学校办学标准,应有效地引导人们以欣赏的眼光来探寻和发现这些习而不察的元素和力量。近年来,社会工作领域流行一种工作模式。这种模式强调,"作为社工(社会工作者的简称)所应该做的一切,在某种程度上要立足于发现和寻求、探索和利用案主的优势和资源,协助他们达到自己的目标,实现他们的梦想,并面对他们生命中的挫折和不幸,抗拒社会主流的控制。"[②] 这种不同于以问题诊断为要点的社会工作实践模式,也完全适用于学校领域,我们可以将其引入学校管理与各种教书育人的活动中,从而最大限度地挖掘学校优势和激发组织潜能。

(二) 建设学校合作能力

学校是一个相互关联的生态系统,是一个合作体系,各项工作都是在人们的共同协作过程中进行和完成的。教职工合作意识的强弱与合作能力的高低,在很大程度上决定着学校的发展方向和质量。缺少必要的交流、理解和包容,缺少了足够的配合与支持,学校工作

---

① 张新平,郑小明.义务教育优质学校办学标准:目的与维度[J].中小学管理,2015(7):36—39.
② 梁莹.优势视角与系统理论:社会工作的两种视角[J].学海,2013(4):70—78.

就会变得低质、低效甚至是无效,学校共同体的愿景就会虚化和空洞。合作既存在于课程教学过程中,也存在于学校领导与管理过程中;既存在于学校组织的内部,也存在于不同的学校之间,还存在于学校与不同类型的社会部门及人群之间。构建义务教育优质学校办学标准,应有助于培育师生的合作意识、提升师生的合作能力。

(三)促进公平和提升质量

《国家中长期教育改革和发展规划纲要(2010—2020年)》[①]把促进公平确立为国家的基本教育政策,将提高质量作为教育改革发展的核心任务,这为学校层面的改革创新指明了方向。学校公平是一种基层公平,涉及权利公平、机会公平与规则公平。学校必须培植一种致力于公平的组织文化,保证和落实师生员工的平等参与、平等发展权利。学校质量则是一个与时俱进的情境性概念,其内涵总是伴随着人们对学校认识的深入而不断地丰富,其意义也随着学校内涵建设得以拓展和深化。提升学校质量,意味着学校要把资源配置和工作重点集中到教学环节和确保每位学生成功上来,需要学校办出特色、办出水平。公平与质量是紧紧咬合在一起的两个价值指向,在"后普九"时代,追求"有质量的教育公平"成为义务教育发展的内在要求,而推动义务教育内涵式均衡发展,则成为实现"有质量的教育公平"的新途径[②]。总之,学校层面的促进公平和提升质量,意味着一种复杂的综合性改革努力,它体现在学校工作的"人、财、物、事、气"等各项内容中,落实于教书育人与领导管理的整个过程和具体活动中。正因如此,构建义务教育优质学校办学标准,要把促进公平和提升质量作为重要的价值追求予以考量。

---

① 中共中央国务院印发《国家中长期教育改革和发展规划纲要(2010—2020年)》,中华人民共和国教育部,2010.
② 谈松华,王建.追求有质量的教育公平[J].人民教育,2011(18):2—6.

二、义务教育优质学校办学标准的内涵

(一) 生成性的办学理念

优质学校的内涵具有多样性。优质学校并非一个简单的固化实体,我们不能简单地采用传统的办学规模、建筑设施、办公设备、教学名师等硬性条件来考量学校。优质学校强调的是学校的文化和价值观,强调形成促进学校追求卓越的文化机制。优质学校是一种理想,卓越是其永远的追求。优质学校是一种系统、一种永恒的变革活动,是学校内外各种要素的功能整合,是持续不断的创新①。优质学校实质上是一种学校生活方式。这种生活方式依赖于学校成员之间相互协助、民主平等的人际关系。建立良好关系的关键在于学校成员要有共同的说话方式和"共享的现实"。话语在塑造各种关系的同时也被各种关系所建构。通过反思学校组织的话语现象,学校成员能认识学校组织的关系状态,通过改变说话方式和语词来调节、改善关系。同时,学校成员之间的对话、相互欣赏将有助于发现彼此以及学校组织具有的优势,达成关于优质学校生活的共识,畅想美好的未来,开展各种合作活动。

(二) 追求优质的课程教学

课程教学是实现教育目标的重要途径,课程教学优化是优质学校建设的重要内涵。为了实现优质的课程教学,学校应从以下几个方面做出努力。其一,要意识到人人成才、共同进步的至关重要性。要致力于为每一位学生提供最优的教育,最大限度地激发学生的潜能。其二,教学目标是使学生便利地获得知识基础,进而形成专长。

---

① 谢翌,马云鹏. 优质学校建设的背景、理念与维度[J]. 教育发展研究,2007(10):34—38.

因此，要对知识进行精心、灵活地组织，使学生能够通过不同的方式获取知识。其三，教学评估应该考虑学生在心理表征方面的偏好差异，给学生提供与学生能力类型相匹配的教学方法以及评价方式。评估不仅要涉及学生记住了什么，同时还要包含分析性、创造性和实践性成分，要运用多种评估形式让学生表现他们学到的知识。其四，课程教学要培养学生对话思维和辩证思维的能力。

（三）充满活力的内部管理

充满活力的内部管理，即学校在人、财、物、事等诸多方面形成了效率高、质量优的紧密配合的分工协作系统。其一，建立以数据分析为基础的决策系统，推进学校的可持续发展。用数据说话是学校内部管理充满活力的坚实基础。数据可以帮助学校确定亟待建立的管理目标以及目标可否实现，及时监测目标实现的进程，设计并实施有效、及时的干预策略。其二，建立完善且合理的学校管理制度，能保证学校内部管理的有序竞争。即通过管理制度的设计打破学校组织的保守性，通过适度有序的竞争和合理的绩效考评激发学校内部人员的活力。其三，发展可持续的领导力。领导力是一个系统，一种文化。学校是校长、教师、学生和家长共同领导的场所。从时间维度来看，所有领导者的工作既受到前任影响力的冲击，也会对后任产生影响。如何保存过去的成就并使他们当前的成就在其离职后继续存在，是当前领导者必须面对的挑战。因此，发展可持续领导力，必须在整个学校共同体中创造分散的领导力文化，而不只是培养和发展领导精英；要聚焦于发展领导者的潜力，而不是循环利用他们已有的业务能力。

（四）高支持性的外部环境

学校既是一个完整的系统，又是整个社会大系统的子系统。社会大系统以及社会大系统中的其他子系统构成了学校的外部环境。

第十七章 标 准 论

学校与外部环境之间存在千丝万缕的联系。一方面,学校要从外部环境中获取有用的资源与信息;另一方面,学校也要通过促进学生发展为外部环境提供教育服务。学校与外部环境之间存在边界。学校组织的边界界定了学校控制或试图控制的资源与活动,界定了学校成员生活的领域以及学校有权实施的权威。当然,学校与外部环境的边界是模糊的,其广泛性是不断变化的。不仅如此,学校组织的边界还具有可渗透性,组织外部的团体或组织有时会指导组织内部的行动[1]。因此,学校始终处在一种危险的平衡状态。如何趋利避害、争取外部环境的支持,是学校改革与发展必须面临的问题。

学校优质化既有学校自身发展的动力,也有外部环境的压力。优质学校的建设与发展离不开外部环境的支持,包括政策体制、政府财政和社会投入、专家支持、社区家庭、社会舆论和公共文化等。外部环境在保持外部压力的同时,要结合学校的具体情况为学校优质化提供持续、稳定而有效的支持。教育学术机构和教育专业、行业团体应运用专业知识,根据学校的特点,为学校优质化提供及时而有效的专业支持。学校、家庭和社区都承载着培养人的使命,三者在对孩子的教育上既是三个独立的主体,各自发挥着不同的作用,同时又相互影响与依存。社区是学校最值得依靠的力量,而家长又是社区中的中坚分子。在争取社区与家庭支持的过程中,学校要注重以家长为主体,创建家长与学校沟通的环境,通过开展多种活动激发家长与学校沟通的积极性,利用现代技术寻找学校与家长沟通的新途径,增强社会舆论对优质学校的支持。最重要的是,要改变舆论支持的方式,摒弃"统一"思想的陋习,克服"制造"舆论的习惯,改变"主流"媒

---

[1] SCHLECHTY.创建卓越学校:教育变革的6大关键系统[M].杜芳芳,译.上海:华东师范大学出版社,2012.

体的姿态①。

三、优质学校办学标准制定的方法论②

标准化是现代国家和国际组织管理经济活动和公共服务的重要政策工具与治理方式,其在保障产品质量、公共生活安全和公共服务水平等方面发挥日益突出的作用。2015年国务院印发的《深化标准化工作改革方案》指出,要"更好发挥标准化在推进国家治理体系和治理能力现代化中的基础性、战略性作用"。对于教育这项重要的社会公共服务而言,完善教育标准体系,实现教育事业发展的标准化,有利于优化教育资源配置,有利于规范教育有序发展,促进教育质量提升。2015年底,国务院颁布的《国家标准化体系建设发展规划(2016—2020年)》,提出了要在2020年"基本建成具有国际视野、适合中国国情、涵盖各级各类教育的国家教育标准体系"。近年来,虽然我国教育标准体系建设的步伐加快,但是,目前我国教育标准体系还存在着不规范、不完善、不平衡、不系统的问题③。实现教育现代化,建设教育强国,需要加强教育标准建设,不断完善教育标准体系,以标准化促进教育治理质量的整体提升。

义务教育学校标准的制定事关义务教育发展的大局,其内容决定着一段时期内义务教育发展的方向和水平。标准的制定也是一个系统性的工作,既要综合考虑教育与经济社会发展的整体情况,还要照顾各种发展水平的地区义务教育发展差异,也要关注各类义务教

---

① 吴康宁.反思我国教育改革的舆论支持[J].湖南师范大学教育科学学报,2012(2):5—9.
② 魏峰.义务教育学校标准的制定:内涵、目标与方法论[J].教育发展研究,2017(18):15—21.
③ 国家教育标准体系研究课题组.国家教育标准体系的发展与完善[J].教育研究,2015(12):4—11.

育发展利益主体的需求,对这些问题的深入研究是义务教育学校标准科学制定的基础。在此意义上,义务教育学校标准的制定也是一种具有极高技术含量的工作。我们认为,在方法论的层次上义务教育学校标准的制定需要具有国际视野和本土经验的结合,需要不同层级政府的上下合作,需要多元主体的共同参与,需要配套政策的协同治理。

(一)要兼具国际视野和本土经验

国家标准化体系建设发展规划(2016—2020年)》对教育标准体系的定位是"具有国际视野、适合中国国情"。这就要求我们"向外看",研究、学习发达国家义务教育学校标准化建设的经验和教训。如日本早在1958年就通过《义务教育标准法》,以立法保障标准化建设;美国在1980年兴起教育标准化运动,其后2001年的《不让一个孩子掉队法案》和2016年的《让每一个孩子都成功法案》,不断地明确、提升教育质量标准,同时也不断反思、调整评价和奖惩机制。当然,对于我国的义务教育学校标准化建设而言,既要关注美国、日本等发达国家的标准化建设经验,同时也要关注印度、巴西等基础教育规模较大且与我国经济社会发展水平相近国家的经验。这都需要学术界开展更为广泛、深入的比较研究,为形成具有国际视野的义务教育学校标准提供理论支持。与此同时,关于义务教育学校标准的研究还要回望历史,系统梳理我国自近代教育开始以来在形成教育标准、推进学校标准化建设的过程中的经验与教训。我国自清末的《钦定学堂章程》到民国时期的《中学规程》《小学课程标准总纲》等再到中华人民共和国成立后的《小学四十条》《中学五十条》等,都是推进学校标准化建设的重要政策。对这些政策制定和执行过程的研究,可以更为深刻地理解我国在学校标准化建设的进程中经历过的挫折,为制定符合中国国情的义务教育学校标准提供历史借鉴。

（二）要上下合作

长期以来，各类办学标准的制定都是政府教育行政部门尤其是较高层级（中央和省级教育行政部门）的事务，这可以称为是自上而下的路径。这一路径可能带来的问题也是显而易见的：一方面行政主体的知识和能力的限度影响标准的科学性；另一方面因为地区发展不均衡带来的义务教育发展复杂性导致自上而下的标准制定会因为不能兼顾到区域的复杂性而难以执行。在此背景下，自下而上的标准生成路径就显得具有重要的价值。区域等较低层级的教育行政部门和学校可以根据本地区、本校的具体办学情况自发地生成学校标准，经上级教育主管部门认定后在特定区域内使用甚至是在更大范围内获得推广。

（三）要多元主体的共同参与

在理论上，标准的制定需要不同背景主体之间的信息交流与合作，而多元主体的参与也会使得标准的内容更加丰富，相应地，更大范围主体的参与会使得标准的内容能够满足他们的特殊需要而更具有合法性。从实践层面来看，现代国家治理越来越重视吸纳政府以外的各类社会组织的力量，也更重视尊重和吸纳利益相关者的意见。《国家标准化体系建设发展规划（2016—2020年）》提出要"培育发展团体标准，鼓励具备相应能力的学会、协会、商会、联合会等社会组织和产业技术联盟协调相关市场主体共同制定满足市场和创新需要的标准，供市场自愿选用，增加标准的有效供给。"就义务教育学校标准体系的制定而言，要积极鼓励第三方中介组织、高校和科研院所等教育研究机构共同参与研制标准，在深入调查和学术研究基础上制定不同类型和层次的标准，这有助于克服政府的有限理性。在此过程中，专家、教师组织、家长、媒体、教育相关行业（设备提供者、学校建筑设计机构）等利益相关者的广泛参与可以在一定程度上增强标准的科学性、公正性及可行性。

（四）要配套政策的协同治理

当前,义务教育学校发展中存在的一些突出问题不是教育行政部门可以独立解决的。当前学校教师数量不达标的问题在一些地区也比较突出。调研中,我们发现有些地区多年没有增加教师编制,在某些人口增长迅速的新城区学校和乡镇中小学甚至有20%的无编制代课教师,这些代课教师的素质和稳定性不能满足义务教育学校标准化建设的需要。因此,在操作层面上,在优质学校办学标准制定之后,还有标准的执行、达标情况的监测与认定、标准的调整等多个环节,从整体上构成了义务教育优质学校办学标准化建设的系统、动态过程。

四、实现优质均衡教育的长宁探索

为办好人民满意的教育,以党的十八大及十八届三、四、五、六中全会精神为指导,践行创新、协调、绿色、开放、共享的发展理念,对接区域建设"国际精品城区"的发展目标,提升教育质量,促进教育公平,形成"活力教育,成就梦想"的区域教育特色,长宁教育秉承"为了每个学生更好地学习与成长"的核心理念,深入推进教育综合改革,落实《长宁区教育改革和发展"十三五"规划》,进一步促进区域教育优质均衡发展,不断提高教育对区域社会经济发展的贡献度,有效提升百姓对教育的满意度。

（一）创新发展,探索区校合作办学

立足提升长宁教育品质,促进国际精品城区建设,实施与华东师范大学(以下简称"华师大")合作办学,创新机制体制,推进大中小幼一体化办学,探索新型人才培养体系。

1. 整体设计,贯通学段

通过更名或改建等方式,建设华东师范大学附属实验幼儿园、实

验小学、实验初中和实验中学,以集团化办学模式为主,探索15年一贯制的新型办学体制。

2. 科研引领,提升内涵

聚焦核心素养培养,与华师大合作探索"课程设计、学习与教学方式、测量与评价、教师专业发展、教育信息化"五大领域的研究开发工作,促进长宁教育转型,提升长宁办学品质,优化教师队伍。

3. 专业支持,助力高端

充分发挥华师大教育领域的学科力量和专业优势,从师资队伍建设、学科课程规划、学校管理等方面对长宁区提供支持,扩大优质教育资源供给,助力长宁区教育品质的高端化发展。

(二)协调发展,推进"三好两优"系统工程

"三好两优"系统工程旨在通过破解教育发展瓶颈实现教育各要素协调发展,夯实教育发展后劲。"三好两优",即在全区范围内涌现一批教育同行认可、全市影响较大的好校长;一批学生喜欢、家长满意的好学校;一批学生喜爱、专业精湛的好教师;一批示范辐射、引领发展的优势学科;一批人才集聚、成果丰硕的优秀团队。

1. 立足"成长指标",着力"好校长"培育

全面开展以校长专业标准为基础的"三大项目""八大平台"的培养培训。基于长宁教育发展和校长能力的现状分析,提炼"好校长"六个成长性指标,开展"中小学校长专业领导力核心素养培育研究",创造教育家型校长办学的绿色和谐的教育生态环境和"好校长"孵化机制。

2. 确立"导向指标",引领"好学校"建设

结合区域全面开展的"学校五年发展规划督导评估",形成相对全面、具有较强可测性和可操作性的"好学校"评估导向指标体系,开展"好学校"评估,引导学校向着"好学校"的目标稳步前进。

3. 依托"三级六层",完善"好教师"培养

"三级",即基础培训、专项培训和高端培训三级。"六层",即教坛新秀、教学能手、优青项目承担人、学科带头人、名师后备人选和特级教师六层。从"机制、方式、路径"着手,完善教师队伍培养模式。

4. 开展"主题研讨",促进"优势学科、优秀团队"建设

围绕"综合改革"等5个年度主题,开展"活力教育"主题研讨活动,促进各学科组成长、优秀团队形成。

(三)绿色发展,建构良好教育生态

立足教育根本任务,坚持科学的质量观、教学观、评价观,遵循学生身心发展规律,分主题深化各学段课程教学改革,全面推进"课堂工程",促进教育的绿色发展。

1. 遵循规律,深化课程教学改革

围绕启蒙学习,学前教育在"主题—运动"项目基础上,着力构建富有活力的童趣课程。围绕快乐学习,在"快乐拓展日"活动的基础上,全面推行"家校共育"计划。围绕有效学习,初中在"阅读领航"项目基础上,深入实施作业开放性研究。围绕综合学习,高中在"主题轴"综合课程建设基础上,探索学生自主学习平台建设。

2. 聚焦质量,实施课堂工程

"录""研"并重:推进"一师一实录",用好实录资源,开展自我研修和校本教研。"诊""训"并重:推进"一课一点评",开展多元多样的听课评课活动,实施有针对性的分层分类培训。"评""享"并重:推进"一师一优课",筹建资源共享平台,推广优质课实录,开展大数据分析。

(四)开放发展,促进基础教育多样化

顺应经济与社会发展的多元化趋势,通过教育主体、教育形式、

教育目标、教育评价的多元化促进教育多样化发展,满足人民群众不断增长的多样化教育需求,进一步促进和保障教育公平。

1. 推进基础教育国际化建设

建设基础教育国际联盟,为师生搭建中外教育的交流平台;引进国外先进课程资源和师资培训资源,形成适合学生发展、具有学校特色的国际化品牌课程,提升本土教师专业素养;实现义务教育外教全覆盖,派出数学教师赴英国授课,鼓励本土教师站在国际舞台上讲好中国教育故事。

2. 规范教育培训市场秩序

秉持"依法规范、分类施策、稳慎有序"的工作要求,在完成区域教育培训市场专项调研的基础上,依据相关政策办法,开展自查自纠和集中规范整治。逐步建立长效机制,巩固规范整治成效。

3. 规范民办学校办学秩序

通过引入知名民办学校,扩大办学规模,做大民办教育;通过弥补硬件短板、发展教育特色,做强民办教育;通过区域资源盘整、拓宽办学主体,做活民办教育。通过完善管理体制,依法规范办学,做实民办教育。

(五)共享发展,完善组群发展机制

聚焦区域内教育内涵发展水平的整体提升,探索建设若干学校发展共同体,加大优质教育资源辐射力度,共享教育资源和实践智慧,提升每所学校的教育品质,使更多的学校成为老百姓"家门口的好学校"。

1. 进一步完善"学区化集团化办学"模式

结合区域及各校实际情况循序渐进地组建各种类型的"学区集团"或"教育集团"。探索教师走教、学生走学,促进优质课程共享。建设具有学区、集团特点的课程开发机制,促进优质课程共建。完善制度设计,进一步推动骨干教师流动。引入第三方评估机构进行绩效评价,科学有效地推动学区化集团化办学健康发展。

2. 进一步完善"新优质学校集群发展"机制

对接区域综改项目,组织针对不同问题的实践研究团队,形成新优质学校发展共同体。加大对项目学校校长与教师的培养,形成一批认同和践行"新优质教育"理念的师资队伍。加强宣传,经验共享,增强新优质学校的社会认同。建立发展性评估机制,形成基于标准的循环改进提升机制,引领更多学校走向新优质。

3. 进一步完善"教育对口支援"策略

精心组织,依托学校,统筹推进长宁与新疆、云南、海南等地的教育对口支援工作。聚焦人才培养,发挥"传帮带"作用,多渠道实施对口地区教师培训。进一步完善援教工作制度,加强管理,提升工作实效性。

(六)推进学校文化品牌形象建设

1. 积极推进学校文化建设

根据区委、区政府关于长宁区文化大繁荣的工作要求,贯彻落实《长宁区学校文化建设行动计划(2012—2015年)》,制订实施长宁教育学校文化项目实施方案,全面推进课堂文化、校园文化、教师文化三大类10个项目建设,突出文化育人的功能。组织区域层面的学校文化建设展示活动,加强宣传力度,营造浓厚氛围,培育和打造一批文化精品项目,鼓励和扶持一批富有成效的文化建设学校。把学校文化建设列入文明单位(和谐校园)评比和学校考核,表彰学校文化建设先进个人和集体,建立学校文化建设激励机制。

2. 培育教育文化品牌

为提升长宁文化软实力,我们积极引导社会著名的文化创意企业融入长宁教育文化品牌,开展文化创意类教育品牌建设。充分利用相关办学主体的国际合作优势,以产学相结合的模式继续与国际著名的影视集团合作在上海打造一个国内一流的影视动漫研创训基地。

本着弘扬中华传统文化的理念,建成集高等人文素养培养和为书法家、企业家交流一体的高端平台。该平台建成后既是一个进行社会文化培育的机构和长宁区域文化,又是一个书法家、企业家集聚的沙龙活动场所。

3. 重视"梯队建设",打造长宁"一流教育"教师品牌

通过优化教师队伍建设顶层设计和加强以"三级六层"为主的教师教育格局,"十二五"以来,我区共评选和培养区教坛新秀 253 名、区教学能手 624 名;市优青项目学员共 46 名;评选第六轮区学科带头人共 200 名,开展 75 个项目的研究工作,带教学员 624 名;市名师后备 31 名;在职特级教师共 22 名(其中 2014 年新评特级教师 7 名)。全区参与到"三级六层"教师教育培训体系的教师约占专任教师总数的 24%。长宁教育基本建成一支以特级教师、领军人才、拔尖人才为龙头;区学科带头人为骨干;优青学员、教坛新秀、教学能手为支撑的多层次、多类型的骨干教师队伍,为长宁建设"一流教育"奠定基础。2012 年,我区教育局被国务院授予"全国两基工作先进单位"称号。

4. 引领示范,在方法创新中打造品牌

(1)依托长宁"名校长工作室",聚合一批有教育追求的校长组成共同体,搭建相互切磋、取长补短、共同成长平台。以"校长带校长"的形式,通过经验传授、课题研究、工作指导等举措,搭建校长岗位成长平台。

(2)建立长宁"名师培育工作室",以"教师带教师"的形式,推进"长宁区学科领军人才培养工程""创建优势学科和学科特色"等四个项目,为区域培育高端教育人才,造就一系列优势学科和优秀团队。

2017年,11名教师在长宁区十大领军人才、长宁区第四届领军人才、长宁区第九轮专业技术拔尖人才评选中脱颖而出、收获殊荣。

5. 建设现代校园文化

现代学校文化建设呈现出开放性、民主性、多样性、动态性、生成性等特征。

(1) 开放性。现代学校文化建设无论是获取知识、培养能力的文化建设,还是思想道德文化建设,无论是制度文化建设,还是精神文化建设等,都在各自的内部构成了自己的系统,这些不同子系统又构成了一所学校的系统。但这并不等于现代学校文化建设是封闭的,恰恰相反,现代学校文化建设系统是开放的。只有开放,才能根据学校的培养目标选择和生成更多的先进文化,促进现代学校文化建设。

(2) 民主性。民主既是现代学校文化建设的手段和途径,也是现代学校文化建设的目标之一。在现代学校文化建设中要通过多种有效形式充分发挥学校群体成员的主体作用,充分发扬民主,尊重现代学校文化建设的主人,倾听他们的意见,创造和谐融洽的工作和学习环境,最大限度地发挥每个成员内在的潜力和创造力,共同把现代学校文化建设搞好。

(3) 多样性。现代学校文化建设的多样性体现在两方面。一是内容的多样性。从纵向看,有优秀历史的文化传承和当今文化精华的内化;从横向看,现代学校文化建设融合着中与外,学校与社会丰富多彩的文化精神。二是形式的多样性。从存在形式看,有物质形式的、有制度形式的、有精神形式的;从活动的时空看,有课堂文化和课外文化;从活动方式看,有课堂教学、社团活动、文体活动、社会实践、校园文化节等。

(4) 动态性。现代学校文化虽然是相对稳定的、持久的,但现代学校文化是个开放的系统,随着社会的前进,多元的文化会通过各种信息渠道无序地涌进学校,致使现代学校文化建设处于不断选择、转化和更新的动态发展之中。因此,现代学校文化建设要与时俱进,对其实行动态管理。

（5）生成性。现代学校文化是社会文化的一种亚文化,它不是社会文化的简单照搬,学校要根据育人的目标,对复杂的社会文化进行选择、提炼和再创造。现代学校文化建设随着时代的前进,社会的进步,它要在继承的基础上进行创新。现代学校文化建设要通过"再创造"和"创新"生成有自己特色的文化。

（七）推进教育品牌项目建设

"十二五"规划——18个重点项目：①优化教育设点布局,形成"东优、中强、西高"的教育格局；②构建主题型德育综合课程,完善学校德育工作评价标准；③完善心理健康教育,探索区域家校合作模式；④增强市区示范性幼儿园的引领与辐射作用,创优质教育品牌；⑤形成有特色的快乐启蒙教育；⑥继续推进小学"快乐拓展日"课程活动；⑦继续推进初中"阅读领航计划"；⑧建设高中学生创新素养培育实验区,探索区域高中多样化特色发展模式；⑨设立"研究学生论坛",促进教师研究学生；⑩与高校联合举办名师名校长培训,促进校长、教师、班主任卓越发展；⑪建立学科教师专业标准体系,完善教师职业生涯发展规划；⑫打造区域职业教育品牌,争创国家级示范校；⑬组建区特殊教育指导中心；⑭完善"学在数字长宁"网站,推进学习型城区建设；⑮探索适应国际化的人才培养新模式；⑯构筑区域性国际教育管理和公共服务平台；⑰拓展"教育行政管理平台"功能,提高教育管理与服务效能；⑱围绕课程与教学改革,构建数字化学习支持服务体系。

> 某些具有一定影响力的教育企业,其管理模式与教学模式有诸多可资借鉴之处,尤其是标准化的专业性课堂教学模式更是其企业的核心竞争力。学校管理者可以从标准化课堂教学中汲取营养,以学生的综合素养养成为根本,选择与制定有效的教学策略与方法,强化学校课堂教学的质量评价标准,加强对课堂教学质量的监控。具体来说,关键就是通过科学化、标准化的课堂教学质量监控与评价,提高学校教育教学质量。

第十八章 学 思 论

课堂教学质量是学校教育教学质量的重要组成部分,而课堂教学质量评价是促进或抑制课堂教学质量的关键。我国现行的课堂教学质量评价体系是20世纪50年代开始在苏联教学理论的影响下建立起来的一整套对课堂教学进行评价的系统,其核心是依据教学理论确立的一堂好课的标准。

一、课堂教学的质量评价标准[①]

制定有效的课堂教学质量评价标准是保证准确、全面、有效地进行评价的基础。高效的课堂教学是提高学校教学质量的关键,通过对课堂教学的质量评价提升课堂质量,进而促进学生成长。

---

① 刘志军.课堂教学质量评价标准的探讨[J].中国教育学刊,2000(2):56—59.

（一）体现以促进人的发展为根本宗旨的教学目标

以促进人的发展为根本宗旨的教学目标，包含以下两个层次：第一，学科教学的基础目标。它是指国家颁布的教学大纲中明确规定的学生必须掌握的学科基础知识、基本技能、基本学习能力以及相应的思想品德，是国家对学生提出的最一般要求，是教学质量最基本的体现。基础目标体现在课堂教学中，应具体明确，有层次性和可操作性，并反映各门学科的不同特色。第二，主体性发展目标。它的特点就是把学生作为认识的主体、发展的主体，课堂教学的重要任务之一就是发展学生的主体性。主体性发展目标主要包括自主性、主动性和创造性3个基本特征。其中自主性是对自我的认识和实现自我不断完善的自我教育能力。在思想观念上集中表现为自尊、自立、自决、自强等自我意识，符合实际的自我评价、积极的自我体验和主动的自我调控能力。主动性是对现实的选择和对外界适应的能动性，集中体现在学习的选择性和社会适应性上。主动性强调学生有较高的成就感、强烈的竞争意识、浓厚的学习兴趣和求知欲，具有主动积极参与以及合作交往的能力。

创造性是对现实的超越，是主体性发展的最高表现。主体性强的人，不仅有强烈的创新意识，而且有创造性思维能力和动手实践能力。

（二）科学合理的教学内容

教学内容是课堂教学质量的根本保证，教师必须熟练地驾驭教材，从学生发展这一基本目标出发，从教教材转变为用教材。体现现代教学思想的课堂教学内容包括：第一，教师正确理解并创造性地使用教材，合理确定重点和难点，精选的学科知识应有基础性、范例性和综合性，让学生掌握扎实的基础知识和学科知识的基本结构。同时，教材内容应充实新的科学成果，删除陈旧的内容，减轻学生过重的负担。第二,认真挖掘教材内容的教育因素。教材内容应有一定挑战性,能激发学生的学习兴趣,培养学生的创新意识和总结、归纳概括的能力,学会举一反三。第三,重视教材内容的文化内涵,体现科学性与人文性、社会性相结合。一方面从科学理性出发,努力使学生掌握基本概念、基本原理、基本规律、基本技能和问题解决的策略,具有科学意识,有实事求是、严肃认真的科学态度,有进行科学研究的初步训练。另一方面从人文性、社会性出发,重视课堂教学中情感、意志、直觉等非理性因素,强调群体间的社会交往和课堂教学环境的潜在影响,培养学生的人文素质,陶冶人文精神,发展学生的自信心、自制力,培养其积极进取的良好个性品质。第四,关注教材内容的实践性,密切联系社会实际和学生生活实际,通过多种形式的教学实践活动,培养学生动手操作能力和分析、解决实际问题的能力。

(三)学生主动学习的教学策略和方法

课堂教学应当以学生为主体,通过学生主动学习以促进其主体性发展。体现这一特点的教学策略与方法突出表现在以下几个方面:第一,主动参与。学习主体在内部和外部活动基础上用现有的认知结构去"同化"外部世界的过程,是主动建构知识的过程。人的主体性正是在活动中生成,在活动中发展的。学生通过积极主动参与课堂教学活动,可以掌握知识以及相关的思想方法,形成独立获取知识、创造性地运用知识以及解决现实问题的能力,同时形成良好的个性和人格。主体参与的核心问题是学生主体的参与状态和参与度,而学生的参与状态和参与度不仅取决于学生自身的主体意识和活动能力,也取决于教师的教学观念以及对教学内容、方法的整体把握。为此,教师在课堂教学中要努力为学生提供主动参与的时间和空间,通过引导学生积极主动参与,为他们提供自我表现的机会,还

其学习的主动权,拓展发展空间。第二,合作学习。课堂教学应当非常关注课堂教学中的群体间人际关系和交往活动,积极建立群体间合作学习关系;采取集体教学、小组合作学习相结合的教学形式,在教师于权威、顾问、同伴三重角色的选择和学生于竞争、合作两种关系的处理中,形成良性促进的和谐关系。这是一种相互接纳、相互理解的合作、民主、平等、和谐的人际关系。课堂教学过程作为师生共同构建学习主体的过程,在充分尊重人格的基础上,通过多样、丰富的交往形式,有意识地培养学生学会倾听、交流、协作、分享的合作意识和交往技能,不仅为他们提供一个自由和谐的教育环境,而且有利于使其获得集体意识和行为规范,提高其自我教育的水平,培养其社会适应性。第三,自主学习及尊重差异。课堂教学应当着力于学生自主学习能力的培养,让学生通过自我选择、自我监控、自我调节而逐步形成自我学习的能力。在课堂教学中要承认学生发展的差异性,不搞"填平补齐",让每个学生在原有基础上和不同起点上获得最优发展;承认学生发展的独特性,尽可能发现每个学生的聪明才智,尽力捕捉他们身上表现出的或潜在的优势,不求每个学生各方面平均发展,而是让每个学生形成自己的特长和鲜明个性。在课堂教学中,要注意区别指导,分层教学,使学生实现有差异的发展。第四,鼓励创新。教师应鼓励学生质疑问难的精神和行为,努力挖掘学生的创造潜能,并创造条件让他们经常体验到创造的乐趣,同时引导学生开发自己的创造潜能,促其形成自己独特的创造力。

二、课堂教学质量监控的现实困境

1. 重视传递信息,忽视行为管理

在中学教育教学质量监督管理工作中,层次比较分明,下一层隶属于上一层。这种监督管理体系既有优势,也有明显弊端。在这一监督管理模式下,容易限制最低层普通教师的能力。由于教师有过多的职责层次,同时又细化其职能,所以普遍会降低教师的适应能力,还会出现思想僵化问题。由于教师之间缺乏信息传递,所以就会抑制教师的创造性,并且教师自身责任感和责任意识也得不到增强。一旦遇到工作难题,这些教师不是积极地想办法解决,而是相互推诿。

2. 教育教学理念问题

随着中学课改的不断深入,教育教学理念也相应发生变化。然而,在运用其指导教学实践时,仍有一些问题存在:一是墨守成规,有的教师因教学经验丰富,很难改变他们的教学习惯,所以传统的教育教学理念仍在教育教学中沿用,并且教学实践的教育教学方式是模式化的。二是矫枉过正,有的教师在开展教育教学实践时依托于新的教育教学理念作为指导,但是因没有真正理解教育教学理念的内涵,所以教育教学实践就会存在用力过猛的现象,导致教育教学最终失败。

3. 教育教学模式存在弊端

在中学教育教学模式中,分数是管理的依据,也是用于学生成绩评定的重要工具,更是教师教育教学质量的衡量标准,由此便夸大了学生分数的重要性。在这一形势下,分数由原本作为促进教师和学生进步的方式转变为一种隐性束缚,这对于师生都是极为不利的。此外,教育教学模式作为教育教学环节的规划基础,因现代化教育教学设备的日渐普及,以及教育教学理念不断革新,使得很多教师对新的教育教学模式开始进行探索。在探索中也有一些问题存在,比如,有的教师对于教学创新重点强调,但没有合理规划课堂实践,在课堂上全部将创新教育教学方式呈现出来,致使学生对知识消化的时间被压缩。有的教师掌控课堂的能力不佳,对课堂中可能会出现的变数无法预见,所以课堂创新活动就会陷入无序的状态,教学质量就难以保证。

4. 重整体发展而忽视个性

过于强调整体统一,就可能对个人的创造力产生一定的限制。比如,针对教育教学行为,采取统一的要求去衡量,就忽视了教师在教育教学中会影响到学生的情绪态度及情感这方面的问题。按照条条框框的要求来开展教育教学工作,限制了教师的思想。统一的规范要求,就显得僵化、不够灵活,影响到师生间在学习方面的探索。对任何一位教师来说,要将内心的潜力和工作热情充分发挥出来,就必须有一个既合理又宽松的教育教学管理环境,由此才能给予学生积极的影响,但很少有学校是这样的,所以一直限制着教师的思想、行为等。

5. 教学目标不合理

中学教育教学中教学目标既包括知识目标、能力目标,也包括情感目标,这就意味着教育教学中需要教师传播知识时能融入德育和情感教育。但是,如今很多中学都将教育教学情感目标当成了空话,或者是泛泛而论。长期下去,这样的教学手段不利于培养学生的情感以及树立正确的价值观。

6. 教育教学质量监督机制不健全

有的中学质量监督机构既在做球员同时又在做裁判员,即教务处与教学团队是管理教育教学质量的机构,同时是监控教育教学质量的机构,教学的决策、管理、评价集中于一体,对于完善教育教学质量非常不利,阻碍了教育教学质量保障机制的正常运行。如果缺少教育教学质量监督机制,那么教育教学中的事故就得不到及时处理,使得教育教学质量监控非常被动。

三、质量监控的长宁实践

(一)指向"三个指数"的学生评价

为贯彻落实国家和上海市中长期教育改革和发展规划纲要精神,实施"为了每个学生更好地学习与成长"的核心理念,长宁区整体思考科学的质量观、评价观和教学观之间的良性互动,其核心是以科学的评价观为支撑,提高教育质量,促进教学改革。为此,长宁于2010年下半年启动了教育评价改革工作,以构建科学的教育质量评价标准为切入口,努力为学生提供更适合、更全面、可选择、有竞争力的教育。经过一年多时间的认真调研和详细论证,确定了以"学生身心健康指数""学习生活幸福指数"和"学业成就发展指数"三个指数为主要内容的测评体系。

1. "三个指数"评测的初衷

长宁教育"三个指数"测评工作的出发点是基于长宁教育充分考虑科学的质量观、评价观和教学观之间的良性互动,探索实施以科学的评价观为支撑,以科学的教育质量观为根本出发点,以落实科学的教学观为直接目的,最终促进教育教学改革的高质量发展。其一,坚持科学的教育质量观,就是把促进人的全面发展、适应社会需要作为衡量教育质量的根本标准。国家中长期规划纲要中明确提出:教育的时代重点是面向全体学生、促进学生全面发展,着力提高学生服务国家服务人民的社会责任感、勇于探索的创新精神和善于解决问题的实践能力。其二,探索实施科学的评价观,就是扎实推进"三个指数"为核心的区域中小学教育质量监测评估体系。身心健康指数,是学生全面发展的"基础";学习生活幸福指数,着力考量学生在学校学习的"环境";学业成就发展指数,在于评估学生学业发展的状况。其三,牢固树立科学的教学观,就是遵循学生身心发展的规律、教育教学的规律以及教育与社会经济发展相适应的规律。继续推行"主题—运动"项目、"快乐拓展日"活动、"阅读领航计划"、高中多样化特色发展等四个学段的重点项目,再学习、再思考、再进步,切实优化课堂教与学方式,将教育教学的改革探索落到实处。

2."三个指数"评测的运行

第一步准备阶段。2010年9月启动,研究确定"三个指数"框架构成;组建了"中小学教育质量监测评估中心"并明确其功能定位;组织学习、研究与培训;制定长宁区中小学教育质量监测评估标准和实施方案等。

第二步是调研阶段。2011年11月,长宁区面向全体小学教师召开视频动员会,"三个指数"测试评估正式启动。选择长宁区所有小学开展教育质量监测评估试点,在全区小学范围确定年级和学科。

第三步是结果反馈。2012年3月,长宁区教育局将三个指数的调研结果进行新闻发布。按照市教委的要求,"三个指数"报告其主要目的在于"为我所用、充分解读、立足整改,切实为改进学校教学、提升学校教育质量提供依据"。

(二)坚定实施作业质量监测观

网上流传这样一些"古诗新说":举头望明月,低头写作业;少壮不努力,老大写作业;洛阳亲友如相问,就说我在写作业;……这是聪明而无奈的孩子们的"杰作",却直指当下作业环节中普遍存在的效率低下、类型单一、过分注重知识与技能训练,缺乏分层多元,仅仅是简单、机械、重复等问题。卢梭在其名著《爱弥儿》中自问:"什么是最好的教育?"他认为:"最好的教育就是什么也不去做。"冰心先生也说,要"让孩子像野花一样自然生长"。这些话或许有些不够完善,但都揭示了成长的真谛,告诉我们教育要遵循人的身心发展规律,让孩子在自然的阳光与空气中自由生长。长宁教育改革的宗旨——"顺天性而教"恰恰体现了这一点：那就是想方设法把孩子的眼光引向校园外无边无际的知识海洋，让孩子们知道，生活的一切都是他们学习的课堂，告诉孩子们怎样去思考问题，教给他们如何在陌生领域寻找答案的方法，肯定孩子们的一切努力，赞扬孩子们自己思考的结论，保护和激励孩子们所有的创造欲望和尝试。因此，开展小学作业效能监测工作，就是力求以优化作业推动教育改革，把孩子从繁重、重复、机械的作业中解放出来，让他们拥有快乐的小学生活，尝试幸福人生。

具体来说，有三点：首先，实施作业效能监测是区域教育改革的系统工程。当前，上海的教育进入到内涵发展阶段，重心是追求教育公平与均衡，让每个学生都获得最合适、最有利、最充分的发展。长宁区已基本实现了教育优质均衡发展，课程改革的目标定位在让每个学生更好地学习，在更高水平上实现终身发展，我们全面推广了"快乐拓展日"课程活动，建立了"学科发展中心"，开展了"学生身心健康""学习生活幸福"和"学业成就发展"三个指数测评，但就作业环节而言，超时、无效、不合理、不匹配、不科学的情况依然存在。因此，进行作业效能监测，就是要促使我们对教育问题的严肃思考和反观自省，在制度上加以完善，在观念上加以更新，从系统性、整体性的高度开展教育改革，以期真正实现教育内涵发展。

其次，实施作业效能监测是课改瓶颈问题的突破渠道。长宁教育改革立足于全球化特征初显的大数据时代，新的科技知识大约每两年就会成长一倍……这就是我们所处时代的写照。孩子们要适应世界发展，必须学习更多、思考更多。这时减负到底有没有可能？该怎么做？这是全世界都在致力研究的教育改革的瓶颈问题。我们的理解是：理清负担的源头，减掉不必要的负担，建立合理的负担梯度，让学生的学习变得更有意义。作业是学生获得科学知识、形成能力、体验过程和掌握科学方法的重要手段和必经途径,作业质量影响学生生命质量。因此,我们选择了作业作为切入口,实现作业的"量的把控"和"质的提升",切实减轻了学生过重课业负担,促进学生快乐学习、健康成长。

再次,实施作业效能监测是教学管理模式的优化路径。在课堂教学五环节中,作业最具活力,也是课堂教与学的反馈和重要组成部分,实施作业效能监测必须扎根于科学、实效的学校教学管理,必须汇聚家校共同力量,通过作业效能监测的校本化实施,推动监测工作不断持续发展。通过作业改革落实减负的道路该如何走?这是一个沉甸甸的问题,更是一道必答题。2011年,我们成立了长宁区小学作业效能监测中心,以实现"三多三少"——"多一点睡眠,多一点游戏,多一点运动;少一点近视,少一点肥胖,少一点无效作业",全面开展作业改革,我们期待:立足学生的全面发展和终身发展,完成真正意义上的学习和成长。一种好的理念,必须诉诸一种务实的行为方式,否则就只能停留于"空中楼阁"。作业是个小环节,但是对于作业的改革是个系统工程。我们在教育转型的过程中,加强整体规划,以项目为抓手,以课程为重点,以评价为突破,顺天性而教,分学段推进。建立了由区教育行政部门统筹领导、区教育学院专业支撑的机制,在作业效能监测工作的实施过程中,逐步完善了单元作业指导建议网上发布制、网上作业两级备案制、常态调研制、实时咨询制四项制度建设。

日本教育界提出,"交流、做家务、睡眠、运动、兴趣、体验"六项是造就优秀儿童的重要方面。这六项与作业都有一定的关系,比如,如果对作业数量进行把控,就能让孩子有充足的睡眠时间,可以让孩子在空余时间多运动;如果精心设计作业形式,可以让孩子在交流、做家务中接触世界,进而培养孩子的兴趣,丰富生活体验。在实施作业

第十八章 学 思 论

效能监测工作的这两年,我们不断地扪心自问:我们收获了什么?我们达到初衷了吗?我们的努力探索并实践着的工作是不是真正提升了孩子们的生命质量、幸福指数?通过跟踪研究我们欣喜地看到作业效能监测不仅实现了作业的"量的把控",在作业的"质的提升"上也有明显的突破。

第一,实现了学生的幸福成长。最有价值的教育转型,是真正把学生的健康快乐成长当作第一要务。我区的作业改革,真正关注了学生的学,将所有教育观念、教学方式的转变,最终都落实到学生学习方式的转变上,而学习方式的转变正促使学生各方面的能力不断提升。从调研报告来看,作业效能监测实施以来,学生的学习成本明显降低,自主学习的意识和能力得到了提升和加强,解决实际问题的能力有所提升,学习兴趣在提高,学习态度在改进,综合素质有所提升,同时自信心也在不断增强。比如,学习兴趣从2011年1月的38.75%提升到2012年6月的46.96%。作业改革赋予了作业新的内涵,新的生命,学生"顺天性而学",作业的内驱力得到了进一步激发,学习的积极性也随之高涨。

第二,优化了学校的过程管理。学校的可持续发展是长宁区教育内涵发展的追求,作业效能监测的校本化实施是此项工作不断推进、持续发展的永久动力。两年来,全区所有小学健全管理机制、明确实施规范、加强过程监控,涌现了诸如"学校作业激励性评价方法""单元作业校本实施建议""课程教学双向细目表""主题长作业课程化"和"学校作业堂堂清、每天精炼一刻钟"等既带动整体推进又彰显学校特色的校本实施经验。这些科学、有效的过程管理模式通过区域的合作共同体、学校教研组等的集体学习,共同研究,相互分享,正逐步将快乐学习惠及于每一位长宁学子!

第三,促进了研训的转型发展。作业效能监测工作的实施和推进,整合了区域语文、数学、英语学科发展中心和教育教学质量监测评估中心的力量,在学科核心知识点的梳理、评价的研究等方面,共同为学校提供有效的帮助。中心依托区教研室以"课例研究"为载体,以"工作单"为指导,以"研究讨论"为主要方法,开展了诸如"核心知识点的梳理""单元作业指导建议的编制""单元作业指导建议的校本化实施""长作业的设计与实施"等专题培训,强化教师对作业设计的"四性"认识,提升教师的作业设计能力,也促进了自身教研方式的转型发展。

第四,促进了教师的专业提升。两年的教育转型实践和探索中,长宁的作业改革始终将一线教师的专业提升作为核心指向。在这样的任务驱动下,长宁教育者对于作业效能监测工作的认识,从"反感"到"习惯"到"认为有帮助"。作业的研究促使教师重新定位教材、学生、教学之间的关系,开放教学内容,转变教学方式,由传统的讲授式教学为主逐步转变为讲授式、讨论式教学整合。师生共同设计学习方案,教师关注学生学习过程,注重学习方法指导,开展多向合作互动。设计"导学单"和"任务书",让学生真正成为课堂的主人,从教师问题引导教学,变成以学生问题引导课堂讨论。教师正逐渐成为研究者,逐渐体现出作为课程实施者强烈的课程意识、学科意识和育人意识。

第五,加强了家校的协商互动。家庭是教育过程不可或缺的元素。在作业效能监测工作实施的过程中,家校的协商互动逐渐得到加强。愚园路第一小学针对以往"家校间各执其词,教育观缺乏有效沟通"的现状,首创了"单元学科学习反馈建议书"网上发布制,实现了"家校教育同步化",家长在第一时间了解了孩子当前的学习状况和存在问题,并及时获得指导孩子学习的相应对策,为形成家校教育合力提供了支撑;家长通过一级备案平台及时了解学生作业量的现状,实现对作业量的把控的齐抓共管,并在不断分享孩子完成作业的喜悦中感受他们的成长,天山路第一小学的家长用这样一段话见证了长宁作业改革的阶段成效:"终于可以理解女儿对于长作业的喜爱——作业的内容无关枯燥的语法计算,作业的形式不是传统的对错之分,作业的过程其乐无穷,而最终一个满意的作品所带给她的成就感更是无可替代的。"

作业是教学的重要环节,它牵动着每堂课的质量神经。作业是一扇窗,打开的是学生的学习过程;作业是一把尺,检验的是学生的学习成效。我们不能让作业只是负担,只见知识不见人。今天,我们进行的这场改革关乎民生,我们带着问题而来,不断地解决问题,也在不断地产生新的问题,我们的工作才刚刚起步,还有很多科学研究的空间,真诚地希望能够得到专家和领导的支持,加强与兄弟区的交流合作,凭借科学的专业引领,深入课改实践,努力促进教育转型,真正优化学校的教学管理,完善教师的专业发展,实现学生的幸福成长!

"体检"是对于人的身体进行"检查",对于既有的抑或潜在的"病症"予以"对症施药"。体检对于人的健康成长是重要的,不体检我们不能发现潜藏在我们身体内部的病症。同样的道理,对于教育也要进行"体检",它关系到我们教育的健康发展,这就是对于教育进行有针对性的"评价",借助评价结果对教育进行"摸底",发现存在的问题进行有针对性的解决。对学生进行"体检",是指向学生的"三个指数"教育评价,对学校进行"体检",是指向学校内部评价体系优化的教育评价,对于教育生态进行"体检",是指向对于区域教育发展状况的教育评价。这三者构成了对于教育发展本身"体检"的教育评价系统与体系的基本图景。

第十九章 体 检 论

"体检"是人们耳熟能详的一个语词,一般是指对于人的身体进行的检查,如果查到病症则要"对症施药";如果没有查到病症则是要维系既有的生活习惯,保持一个健康的体态。如果将"体检"这个词运用到教育领域,则是对于"教育"进行"评价",即借助评价结果对于看似运行良好的教育进行"摸底",发现教育中存在的问题就要进行有针对性的解决,如果没有发现问题则继续维系时下的教育样态与生态。对于教育的"体检"很重要,尤其是在强调"评价体系改革"的今天更是重要,将"体检"引入到教育领域提出教育"体检论",既能够对于教育进行全过程的监测,摸清楚教育发展的实际状况与真实水平,又能够迎合当下推进教育评价改革的大势,是一种具备多种利好的教育理念和行动创新举措。

一、"体检"是教育评价的重要方式

为贯彻落实国家和上海市中长期教育改革和发展规划纲要精神,实施"为了每个学生更好地学习与成长"的核心理念,长宁区整体思考科学的质量观、评价观和教学观之间的良性互动,其核心是以科学的评价观为支撑,提高教育质量,促进教学改革。为此,长宁于2010年下半年启动了教育评价改革工作,以构建科学的教育质量评价标准为切入口,努力建构更适合、更全面、可选择、有竞争力的学校教育评价体系。一方面是指向学生的"三个指数"建设,另一方面是指向学校的内部评价体系建设。这二者是"体检论"诞生的背景,也是构成体检论的重要因子。

(一)指向学生的"三个指数"建设

众所周知,学生是教育的主体,为学生"体检"即检验学生在一定时期的受教育水平和质量,由此就会带来学生评价方式的改革与创新。基于这样的考虑,长宁教育开展了针对学生的"三个指数"测评工作,它是"体检论"的构成主体。"三个指数"测评的出发点是基于长宁教育充分考虑科学的质量观、评价观和教学观之间的良性互动,探索实施以科学的评价观为支撑,以科学的教育质量观为根本出发点,以落实科学的教学观为直接目的,最终促进教育教学改革的基本思考。整体讲,其主要内容包括如下三个部分。

一是"学生身心健康指数"。该指数分为身体素质和心理成长两个部分。身体素质主要从运动能力、营养评价和视力状况等方面进行测评调研,分别依据《国家学生体质健康标准》《全国学生营养评价标准(身高、体重85年标准)》和《标准对数视力表(GB11533-89)》进行评价分析。心理成长部分从认识兴趣、成就动机、情绪稳定性、责任感、意志力、自信心、好胜心、安全感、时间管理倾向和耐挫能力10个方面进行测评调研。需要说明的是,长宁的心理成长评价维度,没有从传统的个体躯体化、强迫、焦虑、抑郁、恐怖、偏执等症状角度出发测量个体心理健康,而是从"长宁的小学教育要在学生心里种下什么种子?"这个问题出发,参考国内外众多发展心理学理论,结合长宁区小学生学习生活情况和专家意见,从非智力因素方面着手,确定了对学生发展、成长过程中影响比较大的10个维度作为调查内容,不求涵盖非智力因素的所有方面,但求能贴近学生生活,从而反映出长宁区小学生的心理成长现状,为教育质量评价提供依据。

二是学生学习生活幸福指数。幸福感是一种主观感受,指数除了要反映学生体验的主观幸福感,更要发现影响学生幸福感的因素。因此,长宁将影响和制约学生幸福感的因素作为测评内容,具体分解成学习生活过程中的可控感、成就感、兴趣感、融洽感、舒适感和总体感受6个方面,并用课业安排、教学过程、课外活动、师生关系、校园服务和总体感受作为具体评价内容一一对应。

三是学生学业成就发展指数。该指数主要从学习成绩、学习兴趣和学习成本3个方面进行测评调研。学习成绩关注当前学生学习学校课程的状况、对现有课程中知识与技能掌握的情况,包括了实践能力和创新能力;学习成本关注学生为了取得目前的成绩所付出的代价,包括学习学校课程的时间、通过课外辅导完成学校课程的时间等;学习品质反映学生的学习能力、学习素养等,包括学习态度、学习习惯、学习方法。

(二)指向学校的内部评价体系建设

事实上,虽然学校在很多方面相互类似,单个的学校在它自己的文化方面仍有其独特之处,没有任何一套评价方法会同样适用于所有的学校,只有把学校作为一个拥有特殊文化的社会系统来对待,才能用各种干预策略使所有学校都发生变化①。因此,指向学校的内部评价体系建设成为长宁区教育评价体系改革的重点工作,由此也使其成为"体检论"的重要观点。

正如王学所说:"如要实现教育功能新内涵,则需要改革教育评价,重组教育鉴别力"②。构建学校新的教育评价方式,需要从关注学校教育的结果转向学校教育过程、学校教育的内在品质、学校教育质量、学校教育的内涵,它要求由单一的评价方式走向多元的评价方式,将评价的权力下放到学校教育内部的各个主体,重组教育者与受教育的教育鉴别力。

理念的转变必然带来行为的优化,教育行政人员切实转变政府评价、学校办学质量的管理职能,强化宏观指导、专题调研,注重测评结果的分析、监测和反馈,实施动态管理。学校领导注重研究学生需求、加强价值引导,逐步把学生身心健康发展作为工作的出发点和落脚点,为每个学生提供"比较适合的、可选择的、有竞争力的教育";教师在日常教育教学工作过程中,逐步树立"科学的质量观,科学的教育教学观、科学的评价观",并落实到日常的教育教学工作中。家长眼中传统意义上的好学校因为各种原因,未必是最佳的,这也促使家长进行了反思,更关注孩子的身心健康。以教师评价为例,根据学校教育教学工作需要及党员现状,大胆创新,以课题的形式提出了"探索党员教师专业化发展评价方式、完善先进性教育长效机制"的研究内容。其中,党员教师的专业化发展虽然与个人的内驱力有关,但也离不开外部环境的有力支持,包括组织制度政策上的支持、理念上的

---

① [挪]波尔·达林.教育改革的限度[M].刘承辉,译.重庆:重庆出版社,1991:9.
② 王学.教育功利性取向的德性反思[J].南京师大学报(社会科学版),2021(2):28—37.

支持和环境、物质保障上的支持等。而评价方式作为制度中的一项重要内容必然可以促进、保证党员教师的专业化发展更有效地开展。所以,党员教师的专业化发展需要有效的评价机制的支持与保证。

二、"体检论"的学理基础

"体检论"的核心是为"教育"进行一场立足"评价"的教育改革,指向学生的"三个指数"建设和指向学校的内部评价体系建设,抓住了现如今教育评价体系改革中的重点和难点,这决定了"体检论"的提出有其自生的学理根基。

(一)"以评促改"是教育发展的常态需要

美国学者泰勒(Taylor,S.)在其著名的"八年研究"(1933—1940)报告(《史密斯-泰勒报告》)中,首次提出并正式使用"教育评价"这一概念①。教育的目的是培养人,培养国家和社会需要的人才,但是如何探明教育培养人的质量、如何评价教育发展水平、怎样应用教育评价结果,这对办好人民满意的教育至关重要。理论上讲,教育评价功能通过教育评价活动与结果,作用于评价对象而体现出来,其功能的内容取决于评价活动的结构及运行机制。强调教育评价在区域教育发展中的重要地位,这是源于"以评促改"是教育发展的常态需要。

谈松华指出:"我国现行教育评价存在目标比较狭窄、方法相对陈旧、主体比较单一、结果呈现过于简单等弊端,不能适应新的历史阶段教育发展的新需求,需要制度性转变"②。这是我国教育评价制度的特型表征之一。同时,我国基础教育评价中的选拔性评价几乎

---

① 辛涛,李雪燕.教育评价理论与实践的新进展[J].清华大学教育研究,2005(6):38—43.

② 谈松华.关于教育评价制度改革的几点思考[J].中国教育学刊,2017(4):7—11.

替代了合格性评价,这是基础教育走向均衡发展过程中的一个根本症结,这种取向异化了现代基础教育的性质,限制了青少年儿童的个性,也使高等教育和精英教育迷失了真正意义上的公平起点①。在类似的背景下,长宁区在教育质量评价上,从过度注重学科知识成绩,转向全面发展的评价。为此,推出"学生身心健康指数""学习生活幸福指数"和"学业成就发展指数"三个指数。"三个指数"评价方法就是要突破学业评价的单一性、系统内评价的封闭性以及传统评价过程中忽略学生主观感受的弊端,确立科学的教育质量评价观。身心健康指数,是学生全面发展的"基础";学习生活幸福指数,着力考量学生在学校学习的"环境";学业成就发展指数,在于评估学生学业发展的状况。这既是区域教育发展的需要,又是推进区域教育评价体系完善的必要选择。

(二)"评价改革"是提高教育治理能力和水平的关键

2020年9月,教育部等八部门联合印发《关于进一步激发中小学办学活力的若干意见》的要求,建立健全以发展素质教育为导向的学校办学质量评价体系,强化过程性和发展性评价,更加注重评价学校提高办学质量的实际成效,并作为对学校核定绩效工资总量、对校长教师实施考核表彰的重要依据,引导和促进学校持续改进提高办学水平。各地要树立正确的政绩观和科学的教育质量观,不得以中高考成绩或升学率片面评价学校、校长和教师,坚决克服"唯升学""唯分数"的倾向②。无独有偶,2020年10月,中共中央国务院印发《深化新时代教育评价改革总体方案》(以下简称"方案")强调:"教育评

---

① 杨启亮.合格性评价:基础教育评价的应然选择[J].教育研究,2006(11):11—17.
② 教育部等八部门.教育部等八部门关于进一步激发中小学办学活力的若干意见[EB/OL].http://wwwmoegovcn/srcsite/A06/s3321/202009/t20200923_490107.html,2020-09-22.

价事关教育发展方向,有什么样的评价指挥棒,就有什么样的办学导向"①,内含的方案的关键是破"五唯"等顽瘴痼疾,树立科学正确的教育发展观。其中,破除"唯分数"论是其中的重点内容。前述这些内容与"三个指数评价"具有内在的逻辑一致性。

《国家中长期教育改革和发展规划纲要(2010—2020年)》明确提出:教育的时代重点是面向全体学生、促进学生全面发展,着力提高学生服务国家服务人民的社会责任感、勇于探索的创新精神和善于解决问题的实践能力。其中,科学的教学观是遵循学生身心发展的规律、教育教学的规律以及教育与社会经济发展相适应的规律的评价观。长宁区为增强区域课堂改革的科学性,一方面主张以研促教,深化教研员角色内涵。依托实录资源,优化教研方式;聚焦实际问题,提出改进方案;制定评课标准,加强行为引导。另一方面坚持以评促教,彰显学科专家引领。组建学科专家团队,点评"优质课",发现亮点、提炼特色、辐射共享;会诊"一般课",找出问题、提出意见、督促改进。这说明"评价改革"是教育改革的构成主体,以"评价"为主体的"体检论"是构建适应时需的教育评价的重要选择。

三、"体检论"的长宁实践

长宁教育在教育价值取向上,追求教育对人的发展的价值,在教育质量评价上,注重全面发展的评价,力求培养目标更加全面,推进过程更加科学。以此为基础,从三个方面创造出"体检论"的长宁实践。

(一)指向"三个指数"的学生评价

经过一年多时间的调研和详细论证,长宁区确定了以"学生身心

---

① 新华社.中共中央国务院印发《深化新时代教育评价改革总体方案》[EB/OL]. http://www.gov.cn/zhengce/2020-10/13/content_5551032.htm,2020 - 10 - 13.

健康指数""学习生活幸福指数"和"学业成就发展指数"三个指数为主要内容的测评体系。就其过程而言,第一步是准备阶段。2010年9月启动,研究确定"三个指数"框架构成;组建了"中小学教育质量监测评估中心"并明确其功能定位;组织学习、研究与培训;制定长宁区中小学教育质量监测评估标准和实施方案等等。第二步是调研阶段。2011年11月,长宁区面向全体小学教师召开视频动员会,"三个指数"测试评估正式启动。选择长宁区所有小学开展教育质量监测评估试点,在全区小学范围确定年级和学科。第三步是结果反馈。2012年3月,长宁区教育局将三个指数的调研结果进行新闻发布。按照市教委的要求,"三个指数"报告其主要目的在于"为我所用、充分解读、立足整改,切实为改进学校教学、提升学校教育质量提供依据"。并在"一校一报告"全部完成送递学校之后,召开了全体小学教师视频工作会议。

长宁区"三个指数"教育评价改革工作于2010年启动,以构建科学的教育质量评价标准为切入口,努力为学生提供更适合、更全面、可选择、有竞争力的教育。以"三个指数"为核心的区域中小学教育质量监测评估体系,分别从身心健康指数——学生全面发展的"基础";学习生活幸福指数——着力考量学生在学校学习的"环境";学业成就发展指数——评估学生学业发展的状况等三个方面全面测评学生的在校学习生活,试图突破学业评价的单一性、系统内评价的封闭性以及传统评价过程中忽略学生主观感受的弊端,通过确立科学的教育评价观,引导教育科学发展,提高社会参与度和社会满意度。在推进的过程中,区教育局组建了"中小学教育质量监测评估中心",制定长宁区中小学教育质量监测评估标准和实施方案,并在测试评估正式启动时召开了全体教师的视频动员会。在调研结果完成后,又进一步明确了测评结果的使用原则,并在"一校一报告"全部完成送递

学校之后,召开了全体小学教师视频工作会议,保证"三个指数"工作推进有流程、有制度。2012年"三个指数"的测评工作将在小学试点2年的基础上,向全区的初中学段延伸,目前推进方案正在制订当中。

(二)聚焦党员教师专业发展评价

根据学校党员现状,在开展以教师为主体的、以促进教师专业发展为目的的教师自我评价,使教师真正成为专业发展的主动者的基础上,加强过程评价与结果评价的有机结合;加强党员考核与教师岗位考核的有机结合;加强党员手册评价与个人专业化发展档案袋评价的有机结合;加强自评、他评与组织评价的有机结合;加强评价与长效机制建设的有机结合,效果很好。

首先,在评价内容上,长宁把党员义务、理论学习、凝聚力工程、教育教学等工作作为党员教师考评的重要内容。同时,把教师各类岗位考核、党员手册评价、个人专业化发展档案袋评价等有机结合在一起。

其次,在评价形式上,把过程评价、结果评价相结合;把自评、互评、组织评价相结合。同时,长宁根据党员教师现状,在"同一性"评价标准的基础上,尝试进行"差异性"评价(指在对党员教师专业化发展计划中所制定的目标进行评价,注重评价对象的发展速度和发展趋势,侧重评价对象自身的纵向比较,确定评价对象的"发展速度"),克服了单一的"同一性"评价弊端,使不同层次的党员教师的各项专业化评价指标都在原来的基础上有所提升,从而获得成功的体验。长宁还注意到,单纯运用定性的评价方法或者定量的评价方法都不能准确地反映教师专业发展的支持水平。因此长宁把定性评价和定量评价有机结合,使得评价更为客观公正。

再次,在评价的过程中,长宁党支部和全体党员教师坚持开展长期的协商和对话过程。如对党员教师的专业化发展方案的评价时,党支部、党小组与党员教师积极协商、交流,最后达到一致的看法。同时,长宁坚持把评价与党员的先进性教育长效机制结合起来,把构建"加强理论学习""发扬党内民主、严格党内组织生活""密切联系群众、强化服务师生意识"和"强化党建工作、改进督导和检查措施"四个方面、十九项的长效机制内容融入各项评价内容中,并在专业化发展及其评价过程中,不断完善、发展。使党员的政治觉悟、专业理念、知识结构、能力技能、服务意识等方面持续提升,党员的先锋模范作用持续彰显,学校凝聚力工程建设得以不断发展。

最后,长宁坚持评价成果的反馈与共享。长宁利用党小组会议、支部党员大会,推荐优秀党员教师交流个人专业化发展的成功经验,用身边的先进人物和事迹启发同志,效果更好。如某校高中化学高级教师沈树人的"做一名合格的共产党员"先进事迹报告,给党员同志留下了深刻的印象。团队精神是事业获得成功的重要保证之一,初一年级组"做模范党员,为党旗增辉"的团队精神报告,展现了长宁党支部的群体意识和团队精神。

(三)注重区域教育评价体系建设

教育评价作为一种教育活动,是实现教育目标的特殊手段。长宁区校本督导中的德育专项评估和近年来在教育评价上"三个指数"的探索和改革有利促进了教育教学改革,为"立德树人"这一教育根本任务的实现提供保障。

一方面,重视教育评价的督导评估,促进学校德育工作的规范发展和特色建设。以发展性督导引领学校自主规划、自主实施、自我评价、自我改进是长宁区教育督导的重要指导思想,在这一思想的指导下,从上个世纪初开始,长宁区构建了学校管理、德育工作、教学工作等各方面工作的"基础性指标"和"发展性指标"督导评估指标体系对学校发展进行督导评估。基础性指标是学校发展必须达到的规定。

德育工作基础性指标是依据中小学德育大纲及相关的法律法规,从"管理制度、队伍建设、三位一体、自主教育、行为规范教育、心理健康教育、青少年保护"等方面制定了对学校德育工作进行基础性评价,发展性指标则是各学校依据学校的办学目标和发展规划自行确定的发展方向。多年来,基础性评估指标和发展性评估指标在学校发展督导中,既保证了德育基础工作的扎实开展,又促进学校依据校情、生情开展特色教育,提高教育的实效。

另一方面,问诊评价指导,确保区域教育改革方向。整合区内区外专家资源,借力借智,问诊评价指导,增强区域教育评价体系建设的有效性和科学性。其一,坚持德育为先。坚持"立德树人",把社会主义核心价值体系融入国民教育全过程。创新德育形式,丰富德育内容,不断提高德育工作的吸引力和感染力,增强德育工作的针对性和实效性。长宁区围绕"富强民主文明和谐,自由平等公正法治,爱国敬业诚信友善"的社会主义核心价值观,开展德育工作。其二,坚持能力为重。优化知识结构,丰富社会实践,强化能力培养。着力提高学生的学习能力、实践能力、创新能力,教育学生学会知识技能,学会动手动脑,学会生存生活,学会做人做事,促进学生主动适应社会。长宁区将继续深化课程教学改革,推进学前阶段"主题—运动"项目活动、小学"快乐拓展日"、初中"阅读领航计划"和高中多样化特色发展项目,把握学段特点,系统培养学生终身学习的能力,提高学生的综合素质。其三,坚持全面发展。加强体育,牢固树立健康第一的思想,确保学生体育课程和课余活动时间,提高体育教学质量,加强心理健康教育,促进学生身心健康、体魄强健、意志坚强。加强美育,培养学生良好的审美情趣和人文素养。加强劳动教育,培养学生热爱劳动、热爱劳动人民的情感。重视安全教育、生命教育、国防教育、可持续发展教育。促进德育、智育、体育、美育有机融合,提高学生综合素质。

学校教育过程中总是会伴随一些偶发、随机的事件，特别是在课堂教学过程中。那么教师或教育管理者如何根据自己已有的经验正确的处理所遇到的问题就凸显其教育机智。机智的呈现更多表现为一种神来之笔的灵感，能恰如其分又高效高质地解决问题。而机智的实现与达成，需要长期的培养。在具体的教育管理过程中，应该重视家校合作、协同育人；加大行政推动的力度，激活基层；加强自我管理意识，不断提升工作能力。通过具体措施形成教育管理机制，以此来保障在遇到教育偶发事件时，依据已有经验和完善的制度体系来保障适当地解决教育问题。

第二十章 机 智 论

所谓"机智论"就是指在教育过程中总是会伴有一些偶发、随机的事件，那么教师或教育管理者如何根据自己已有的经验正确的处理所遇到的问题就凸显其教育机智。在具体的教育管理过程中，应该重视家校合作、协同育人；加大行政推动的力度，激活基层；加强自我管理意识，不断提升工作能力。通过具体措施形成教育管理机制，以此来保障在遇到教育偶发事件时，依据已有经验和完善的制度体系来保障适当地解决教育问题。

一、重视家校合作，共同育人

苏霍姆林斯基说："儿童只有在这样的条件下才能实现和谐的全

面发展,就是两个教育者,即学校和家庭,不仅要有一致行动,要向儿童提出同样的要求,而且要志同道合,抱着一致的信念。"孩子的成长离不开学校教育和家庭教育,为充分发挥家校协同育人的作用,把家庭教育的支持与配合作为学校教育取得成功的一个非常重要的因素,就要健全组织、完善制度,促进家校之间的教育合作,加强家校信息的交流,增进家庭与学校、教师之间的理解与沟通,积极帮助家长提高家庭教育水平,形成"家、校、社会三结合,齐抓共管育新人"的局面。

长宁学生对优势资源的要求比较高。相对而言,白领家庭的家长对孩子本质的成长是比较关注的,因此我们也就比较关注"根"的发展。我认为对小孩的要求,是习惯、礼貌、身体好。因此,我们幼儿园关注"主题运动",通过运动来促进孩子的发展。为什么市里面强调零起点教育,这是很好的一点,但是有的老师、家长都没有意识到这一点,还是抢跑。怎样让校长、教师、家长认识到这些项目的重要性。我每年都跟长宁的全体老师交流一次。最大的问题是上下形成共识,项目要落地。李希贵做的都是落地的事情,但是没有理念的东西。比如体育课有体育老师,有物理老师,也有数学老师来上。其实由其他学科老师上体育专项课(比如乒乓球),有其背后很多的思考。因此,项目要落地,活力教育要实现,一定要发挥校长、老师的创造力。社会、家庭也要参与这些项目的落实。我跟一位家长交流,那个家长说已经落实了家校共育计划,妈妈负责阅读、爸爸负责运动,保姆负责劳动。家长学校有时候也不一定请专家,可以让家长来讲、让毕业生来讲,最终目的是家校合作,共同育人。

家校合作是国家总体社会发展、教育政策以及科学研究多维推动下的产物,仅靠学校单独行动容易因为政策转向或学校领导更换造成制度化中止。其次,家校合作是学校的组成部分,它在目标设立上通常表现为基于学校发展和儿童成长的具体目标,在组织上是学校官方组织的一个组成部分,应在行动上融入学校教学管理常规。当前学校亟须摆脱"为了家校合作而家校合作"的形式化做法,需要在政策和专业支撑下出台本土专业技术规范,面向学校的真正需求,利用好家长资源,同时为家长提供指导和服务,克服家长参与的阻碍。教师作为学生家庭的教育指导者,需要掌握必要的家庭教育原理和知识,并在处理原有的师生关系、校师关系基础上,懂得并学会利用家庭和社区资源,作为解决教育教学问题的手段①。

在教育教学工作中开展教育研究,不是要求每个班主任形单影只地进行,而是提倡多方面的团队合作。行动研究的特点是边发现问题边研究,边提出研究策略边开展行动来解决问题,边反思修正边提出新阶段的行动方案,这是一种螺旋上升的研究推进方式,一种适合班主任在家校合作中进行的行动研究,它倡导班主任之间,班主任与科任教师、高校学者、家长、社区工作者形成研究共同体,开展合作研究。家校合作形成共育合力是为了促进学生"德智体美劳"全面发展,所以有许多值得研究的主题,比如家长参与课程开发、建设家长课堂,再比如家校合作开展阅读活动、劳动教育等。对于学校来说,积极支持班主任牵头开展各类行动研究,通过教育研究提升班主任的专业水平和综合素质是可行之举。

学校担负着家庭教育指导的重要工作,班主任在其中是关键角色,鼓励和支持班主任开展家庭教育指导方面的探索具有很强的现实意义。实践证明,从研究家庭教育、家长教育入手,结合班主任丰富的学生研究和班级管理经验开展家庭教育指导是可行的。比如,

---

① 吴重涵,张俊.制度化家校合作的国际比较:政策、学校行动与研究支撑[J].中国教育学刊,2019(11):31—38.

祖辈参与养育中的隔代教育问题，父母直接参与教育中的亲子关系问题，一方家长缺位或单亲家庭教育中的问题，都需要班主任因地制宜、有针对性地给予指导。班主任不断提高家庭教育指导的有效性，才能更好地提高家校合作质量。班主任开展家庭教育指导是一项长期而艰巨的工作，学校的全力支持和团队力量应形成坚实的后盾。

在家校合作研究中，班主任应逐步学会将借鉴与探索相结合，及时反思和总结家校合作的策略，逐步构建并不断完善家校合作的模式、路径、机制。对于家校合作的反思与评估，班主任可以从学生身心发展的积极变化、自身工作质量和专业水平的提升、家长对学校教育的理解和支持程度、"家校社"一体化育人机制建设等方面入手，推进教育合力的形成，构建一个"绿色"发展的教育生态圈，促进学生全面发展、健康成长。班主任在家校合作方面开展研究并不是理想化的设想，而是针对教育现实的呼吁。新时代班主任的教育实践、专业智慧和研究优势会随着每一届学生的变化，随着家长素质的整体提升，随着基础教育改革与创新的推进，随着社会发展和时代变迁而不断深入。这是提升班主任专业素质的途径，也是新时代对学校教育的呼唤。

教育向来是媒体关注的焦点，最近网络上又出现一个新词——爸爸"渐崩式"作业辅导，并罗列了辅导作业的十大后遗症，作业成为夫妻矛盾升级、亲子关系恶化，甚至是各种身体疾病的罪魁祸首。减轻学生学业负担，作业问题再次被推上了风口浪尖，作业改革仍然任重道远。从"立德树人"、学生核心素养发展观来看，作业改革不仅要控制作业的数量，更要提高作业的质量，在让作业成为一种真正的有意义的学习过程中，实现减负增效。建立"家庭——学校——教师"合作教育机制，为学生减负，为家长减负，走向教育上的合作共赢。

重视建立健全学校、家庭、社区互动合作机制。这有三个方面的考虑：一是积极呼应家长、社区等方面合理诉求的需要。目前在学校和家庭之间,常常出现互不理解的情况:一方面,校长和老师们觉得我们尽心尽力做了那么多的工作,为什么还是受到家长们的指责和批评,觉得家长不了解、不理解学校。另一方面,有的家长却在抱怨学校不民主,对家长不尊重,有意见没地方反映。出现这种局面,显然表明教育公共服务的提供者和消费者之间的沟通出了问题。二是提高基础教育满意度的需要。上海已经明确把将教育领域纳入质量工作体系之中,要求开展教育公共服务领域满意度测评工作。在满意度测评模型中,有一个重要指标叫"响应性"。所谓"响应性",就是机构对于公众需要的响应速度。如果我们的学校及时了解了公众的呼声并且响应得迅速、准确、有效,那么家长和社会对我们教育的满意度,就会不断提高。三是学生健康成长的需要。学校、家庭和社区、社会对于学生的作用一致起来,形成教育合力,共同创设良好的育人环境,才能保障和促进青少年成人成才。

因此,会议提出要大力推进学校信息公开工作,这也是教育部专门发文提出的要求;要用多种形式推进学校与家长、社会联系沟通。所谓"多种形式",首先是学校要明确与家长、社区联系的责任人。我们知道,企业有公关部和公关员,为社会提供公共服务的学校也应该有从事公关、协调社会关系的功能与角色。其次是要通过设立热线电话、家长接待室和微博、虚拟社区等传统与现代相结合的举措,建立交流、对话的渠道和机制,学校主动倾听、捕捉和回应家长、社会的意见和需求,寻求家长、社会对学校的理解、支持和帮助。

现在,在一些中心城区以学校的服务对象为群体已经自发出现了以微博和虚拟社区为平台的新型沟通方式,学校和教师是否参与其中,将对学校教育的效果产生影响。比如,虹口区三中心小学的全国模范班主任李莉老师,在开心网上建立班级社区,将学生每天的在校生活、班级活动和学习过程通过照片或文字的方式上传,让家长及

时了解孩子的学习生活状况,积极配合学校教育,有时在虚拟社区中寻求解决问题的办法,甚至出现了家长"一呼百应"的效果,建立起师生之间、家长与老师之间的和谐关系。

随着信息时代的迅猛发展,通过网络获取资讯和发表个人见解已经成为新生代家长的生活方式。这些家长自发组建起博客群,开通时时处处可表达想法的微博,有的博客群就是以同一区域或学校的家长为基本对象的。从有利的方面看,他们通过网络交流育儿体会,分享教育经验,弥补家庭教育指导的不足;但不利因素在于,由于一些"意见领袖"并不完全按照教育规律和身心发展规律发表言论,往往因自身的遭遇或经历主观判断教育的问题,致使家长群体中对教育的某些不满情绪在网络中滋生和蔓延甚至发酵,往往在我们始料未及时,这种发酵已呈几何级数增长。

教育部门和学校都要正视在现代社会应运而生的这种信息传播方式,在这些新生领地中不能"缺位"不能"失语","埋起头来当鸵鸟"是没有出路的,要起到有效的引导作用,要用好这个平台。同时也要借此平台,健全家校联系沟通制度,变被动为主动,传播学校的办学理念、愿景和改革举措,及时把握家长和社区的教育思想动态和利益诉求,引导家长和社会正确看待和处理孩子的教育问题,把"家长参与学校教育""家校共同关注孩子成长"作为深化教育改革的一个切入口。许多事情不能一蹴而就,中心城区的学校要带头开通微博,开辟虚拟社区,成熟后逐步推广到所有学校。

二、加大行政推动的力度,激活基层

在"以人为本"的理念引领下,教育必须从学生出发,从师生互动的教学过程出发去观察和思考。政府所提供的教育资源必须通过学校专业化的劳动,创造性地转化为能让学生切身体会到的教育服务。

为此,学校就必须研究学生,寻找适合学生的教育。教育改革既需要自上而下的推动,也需要自下而上的创造。也就是说,方向来自政府,力量源自基层。近年来,上海下移管理重心,把区县和学校推到教育改革与发展的最前沿,已经探索了不少新鲜经验。比如,从2009年起,市教委每学期推出4个区"深化课程改革,加强素质教育,促进内涵发展"的个性化举措。静安区的N项学习经历,长宁区的快乐拓展日,徐汇区的减负增效,杨浦区的创新实践等,一大批区域的创新与实践都取得了良好的效果,在社会上产生了积极影响。

今后,在推进教育改革的过程中,市级教育行政部门将更加关注区域层面在改革进程中的重要作用和独立价值,也就是区域的教育领导力。各区应从本地区的实际情况出发提出关于改革实施的重点方向、侧重面和着力点,把行政推动力和专业推动力结合在一起,使教育改革更适合于区域内的每一所学校。

教育行政部门的领导要按照以下几点要求保障管理的执行力度。基础教育工作千头万绪,市教委机关和各区的教育行政部门面临的压力非常大,大家都觉得很忙,但有的事情热闹了一阵子,最后不了了之,没有真正落实,没有达到预期效果。

1. 更新观念,转变工作作风

要学习国家和本市的教育中长期改革与发展规划纲要,深刻把握教育规划纲要提出的新思想、新理念、新部署,深刻理解上海基础教育发展的历史方位和历史责任,不断反思和改进自身工作中存在的问题。机关干部必须要学以致用、善于思考、满腔热忱,才能在繁杂的工作中保持清醒的头脑和良好的心态,才会转变工作作风,不断提高自身的工作水平。

2. 要牢固树立群众观点

要始终站稳群众立场,倾听群众呼声,了解群众对基础教育的各

种需求,完善各种政策和工作机制。要深入基层学校,了解学校的具体困难,了解家长、学生的真实需求,增强服务意识,主动热情地为基层服务、为群众服务、为师生服务。要尊重和鼓励基层学校自主办学和改革创新,及时发现和总结成功的教育改革经验,挖掘基层的先进典型,进行宣传和推广。

3. 要狠抓落实

马克思有句名言:"一个实际行动,胜过一打纲领"。人民满意的教育是干出来的,不是说出来的,也不是靠发文件发出来的。抓而不紧,等于不抓;抓而不实,等于不抓。要围绕群众关心的热点、难点问题,以一抓到底的精神和工作成效取信于民,不断提高教育工作的执行力和公信力,不断增强市民对于基础教育改革发展的信心。上海的基础教育只有通过改革和发展,才能增加老百姓的信心,对于我们教育工作者的满意度也会提高。教育工作者在新形势下要增强转型发展的责任感、使命感和紧迫感,聚精会神,开拓创新,真抓实干,努力开创上海基础教育内涵发展的新局面,为上海城市的"创新驱动、转型发展"做出应有的贡献!

三、加强自我管理意识,不断提升工作能力

作为一名长宁区的教育工作者应努力承担新的使命,不断增强国家意识、法律意识、公仆意识、勤政廉政意识,以饱满的热情、坚定的信心、求实的作风和创新的精神,恪尽职守,不遗余力地为长宁教育发展走在全市前列努力工作。长宁教育工作者将一如既往,脚踏实地做好原有各项工作,在工作中坚持做到以下三点。

1. 依法管理,自觉接受各方监督

正确对待人民赋予的权力,认真履行法定职责。努力学习各项法律法规以及党和国家的教育方针政策,认真贯彻执行《国家中长期

教育改革和发展规划纲要(2010—2020年)》，推进上海市、长宁区中长期教育改革和发展规划纲要实施。按照长宁区国民经济和社会发展"十二五"规划的总体部署，围绕"精品城区、活力城区、绿色城区"和"五个提升"的区域发展要求，推进长宁教育优先发展、创新发展、均衡发展、内涵发展、特色发展。坚持民主决策，依法治教，推进教育政(事)务公开，自觉接受人大及社会各界的监督，认真办理落实人大代表的建议和议案，推动长宁教育改革和发展。

2. 凝心聚力，促进教育质量提升

坚持在区委、区政府的正确领导下，按照教育党工委的工作分工，党政班子齐心协力，团结带领好教育系统广大干部教师爱岗敬业，开拓进取。坚持树立科学的教育质量观、科学的教育教学观和评价观，坚持长宁教育"为了每一个学生更好地学习与成长"的理念，把提高质量作为教育改革的核心任务，把促进人的全面发展、个性发展和适应社会发展需要作为衡量教育质量的根本标准；立足长宁实际，推进社会主义核心价值体系进校园、进课堂、进头脑；分学段系统深化中小学、幼儿园的课程和教学改革，切实推进以德育为核心的素质教育，促进学生身心健康成长；积极探索和创新教育行政与教育教学管理机制，以信息化推进长宁教育现代化发展；不断深化名校长、名教师和基础教育人才培养工程，切实提高教师师德修养和业务能力，注重充分调动广大教职工教书育人的积极性、主动性和创造性；推进实施"西进战略"，不断改善办学条件，促进长宁教育优质均衡发展，努力满足人民群众不断增长的对优质教育的需求，促进长宁城区品质提升。

3. 廉洁自律，发扬党的优良作风

教育属于公权力大、公益性强、公众关注度高的"三公部门"之一，要认真执行党员领导干部廉洁自律的若干规定，坚持警钟长鸣，做到自省、自警、自重、自律，不断增强自身拒腐防变的意识和能力。坚持民主集中制原则，严格执行"三重一大"工作要求，坚持完善教育系统管理制度和管理机制，努力做到"总揽不包揽、兼听不偏听、放手不撒手、爱护不袒护、直率不轻率、果断不武断"，不断提升管理的科学性和有效性。坚持家庭、学校、社会三位一体的大教育格局，鼓励社会各方关心长宁教育、参与长宁教育发展。坚持全心全意为人民服务的宗旨，弘扬党的优良传统，求真务实，密切联系群众，坚持深入学校、深入课堂，努力在教育系统广大党员和教职工中发挥好表率作用。

根据教育改革和发展中长期规划及"十二五"规划，按照为了每个学生更好地学习与成长的理念，长宁区2011年教育各项工作有序推进，并取得良好成效。主要包括：一是全国未成年人思想道德建设测评总分在全市各区中排名第一，为长宁区全国文明城区创建做出了贡献。二是以项目为抓手，分学段系统推进基础教育改革创新，获得第二届全国教育改革创新特别奖。三是长宁区在全市率先完成全国中小学校舍安全工程三年行动计划，教育设施水平进一步提升。四是教育质量稳步提升，中、高考成绩在全市保持前列；职业教育在全国和上海市职业技能大赛中取得奖项名列前茅；中小学生在全国和上海市体育、艺术和科技活动中成绩优秀。五是终身教育体系更加完善，社区教育、老年教育在全国和上海市获得先进集体荣誉，教育服务业园区引进高端培训机构，区税收增长显著。六是制定实施师德建设实施意见，多途径加强干部和教师队伍建设，促进师资队伍综合素质提升，教育系统涌现出一批全国和市、区师德楷模和优秀园丁。七是加强教育系统后勤保障、安全管理、人才交流、会计结算、教育信息五大中心建设，推进专业化、信息化、集成式管理，区域教育管理效能进一步提升，得到市政法委、市教委及区委、区政府的肯定。

后　记

历经一年有余,《教育管理行为逻辑20论》这本书,终于付梓了!

这本书记录了我从事教育教学实践和教育教学管理近40年的思考、探索和实践。学生的成长、教师的成就、学校的成功,是一个区域教育成为人民满意教育的基本标准。而曾经走过的岁月,是自己的生命融入长宁教育,在自己教育生涯中呈现着自己的教育追求,在自己的教育成长中展现教育的魅力。

我要感谢一路走来相伴相助的我的学生们、老师们、同事们,这近40年间,给予我无数帮助、支持和锤炼的上海市第三女子中学、上海市延安中学、上海市番禺中学(现华东政法大学附属中学)、长宁区教育局的伙伴们;尤其是这十几年来,一同协力探索教育综合改革的长宁的教育同仁们。

这本书从选题到构思,从框架到内容,既是我自己思考、探索、实践的过程,也无处不体现着我们曾经积极工作、自主探究、追寻发展的心血和智慧,展现着我们大家共同的教育风采、教育历程和教育印记。

我要感谢在本书撰写过程中,给予我诸多帮助的专家、同仁,感谢你们为这本书的出版所做的精心组织和安排,使得书稿得以顺利杀青。

书稿虽然付梓，然而其间的错漏在所难免，我敬请同仁们不吝斧正！

　　最后衷心祝愿长宁教育的明天更美好！

2021 年 9 月 1 日